VOYAGES

A TRAVERS LE MONDE

A LA MÊME LIBRAIRIE

ALBERT WOLFF, Histoire d'un chroniqueur parisien, par GUSTAVE TOUDOUZE, 1 vol. in-18 jésus.................................... 3 fr. 50

CORBEIL. — IMPRIMERIE B. RENAUDET.

MÉMOIRES D'UN PARISIEN

VOYAGES

A TRAVERS LE MONDE

I

LONDRES TÉNÉBREUX

Partis de Paris, à la poursuite d'un voleur, nous arrivions dix heures après à Charing-Cross.

M. Pietri, préfet de police sous l'Empire, avait annoncé notre visite à sir Richard Mayne, le chef de la police anglaise qui devait mettre ses plus fins limiers à notre disposition. Quelle ne fut pas ma surprise en apercevant le petit hôtel du préfet de police, qui ne ressemble en rien à la préfecture de Paris! Aucun corps de garde, pas un factionnaire ni un poli-

MÉMOIRES D'UN PARISIEN

Voyages
A TRAVERS LE MONDE

PAR

ALBERT WOLFF

HUITIÈME ÉDITION

PARIS
VICTOR-HAVARD, ÉDITEUR
175, BOULEVARD SAINT-GERMAIN, 175

1884

Tous droits de traduction et de reproduction réservés.

ceman armé. On dirait le bureau d'un huissier ou d'un notaire.

Nous fîmes passer nos lettres de recommandation à sir Richard Mayne, qui nous reçut sur-le-champ.

Il nous accueillit, non en fonctionnaire important qui songerait à la petite danseuse, tandis que le visiteur lui expose le motif de sa visite, mais en homme du monde; sir Richard Mayne était seul dans son cabinet; aucun homme d'armes ne veillait à la porte du temple. Après avoir écouté avec beaucoup d'attention l'exposé des motifs qui nous avait fait entreprendre le voyage de Londres, sir Richard hocha la tête, et dit :

— Que voulez-vous que je fasse, Messieurs? Votre individu est un affreux gredin, mais je n'ai même pas le droit de le déranger sans un ordre des magistrats.

Et comme il lut notre extrême surprise dans nos yeux, sir Richard Mayne ajouta :

— Je sais ce que vous pensez... que la loi anglaise est pitoyable... Mais que voulez-vous, Messieurs? c'est une loi, et je dois plus que tous les autres citoyens la respecter, même dans ses erreurs. Allez trouver le sollicitor, dont voici l'adresse. Il se rendra avec vous chez le président du tribunal, à qui je vous recommande. Le magistrat avisera... Ce qu'il fera sera bien fait... Je ne suis que le bras de la justice; mais ce bras est à vous; croyez-le bien.

Je vous laisse à deviner si nous fûmes stupéfaits

en entendant ce petit discours de l'un des premiers fonctionnaires de Londres. Son raisonnement si simple, si logique, n'admettait pas de réplique.

Sir Richard Mayne sonna son secrétaire, qui devait nous accompagner, et il nous congédia, en nous priant de venir lui rendre compte de nos démarches.

Nous voici donc chez le sollicitor. C'est un avoué anglais, très anglais. On lui expose l'affaire : il consulte le traité d'extradition, toute une collection de lois, puis :

— Nous ne pouvons rien contre votre voleur, dit-il. Nous avons à Londres dix ou quinze mille filous étrangers qui mangent en toute sécurité le fruit de leurs vols. S'ils escroquaient seulement un penny à un citoyen du royaume, on les coffrerait. Mais ils ont volé à l'étranger ; aucun Anglais n'a à se plaindre d'eux... que voulez-vous que la loi anglaise fasse en pareil cas ? Votre homme n'est ni faussaire ni assassin, et le traité d'extradition ne porte que sur les criminels de ces deux catégories. C'est égal ! allons toujours trouver le juge.

Nous remontons en cab et nous nous rendons au tribunal. Le juge est seul, sans conseiller ; il ne porte ni robe ni uniforme. Mais je remarque non sans une nouvelle stupéfaction avec quelle extrême politesse il parle aux témoins. Il les appelle « Messieurs », les interroge avec beaucoup de bienveillance et les prie de se défendre sans crainte. Il s'agit d'une rixe entre matelots. Les coupables sont à la barre ;

ils balbutient quelques mots d'excuse. Pierre accuse Paul et Paul dit que Pierre a commencé. Le président de police correctionnelle écoute les prévenus avec une grande attention, puis il leur dit d'un ton tout paternel :

— Mes enfants, je pourrais vous envoyer en prison, mais, en ne vous condamnant qu'à une légère amende, j'espère vous donner une leçon suffisante, dont vous profiterez. Allez, mes enfants, et ne recommencez plus !

Le sollicitor s'avance vers le président et lui expose l'affaire.

— La loi d'extradition n'ayant pas prévu le vol nous ne pouvons rien contre le voleur, dit le juge.

— Je vous l'avais bien dit, semble ajouter le sollicitor.

Nous remontons en voiture pour retourner auprès de sir Richard Mayne.

— Mais quelle est donc cette singulière loi qui protège le voleur ? demandons-nous au sollicitor.

— Que voulez-vous ? nous répondit-il, il faut respecter la liberté anglaise.

Il y avait bien des choses à répondre à cet axiome, mais nous arrivions à la préfecture de police. Le sollicitor nous abandonne, et nous remontons au premier étage, où est situé le cabinet du préfet.

— Eh bien ? nous demande sir Richard Mayne.

— Il n'y a rien à faire.

— Je vous le disais bien.

C'est alors que mon compagnon, qui était le volé, et qui avait bien payé le droit de maudire la loi anglaise, demande au préfet de police :

— Mais si je rencontrais mon voleur dans la rue... S'il me riait au nez.... Si je lui cassais ma canne sur la figure...

— C'est vous qui iriez en prison pour un délit commis en Angleterre, répond en souriant sir Mayne, et moi, préfet, je n'aurais pas le droit de vous faire mettre en liberté! La loi est plus forte que moi !

Je profitai de la tournure gaie que venait de prendre la conversation pour dire au préfet :

— Monsieur, vous savez que je suis écrivain, sachez encore que, depuis mon départ de Paris, j'ai l'idée de vous demander un service.

— Lequel ?

— J'ai, Monsieur, le désir de visiter la nuit les quartiers les plus mal famés de Londres, de m'arrêter dans les cabarets borgnes, de voir les mendiants de Whitechapel et les voleurs de Spittelfield....

— Je ne vous le conseille pas, me dit en souriant le préfet de police.

— Cependant, hasardai-je, si vous vouliez bien me faire accompagner par deux ou trois agents....

Sir Richard Mayne réfléchit pendant quelques instants, puis :

— Écoutez, Monsieur, me dit-il du ton le plus aimable, je n'ai jamais accordé à personne ce que vous me demandez. Mais je comprends tout l'intérêt que doit

offrir à un écrivain étranger ce tableau sombre de
Londres. Vous le verrez demain soir. Où demeurez-
vous ?

— A Alexandra-Hôtel, Hyde-Park.

Sir Richard Mayne inscrivit mon adresse sur un
registre et me dit en me tendant la main :

— Demain soir, à neuf heures, un homme viendra
vous prendre à l'hôtel. Vous pouvez sans crainte le
suivre partout où il vous conduira. C'est mon agent
le plus sûr, le plus fin et le plus intelligent. Il vous
fera les honneurs de Londres.

Il était neuf heures du soir quand nous montions en
voiture avec l'officier de police. Le temps était atroce.
Il faisait un froid abominable, et un brouillard épais
s'était abattu sur la ville. Le vent sifflait avec véhémence, et de temps en temps une bordée de grêle
faisait tressaillir les glaces de notre cab. La mise en
scène ne laissait rien à désirer, comme vous voyez.

Notre voiture, partie d'Hyde-Park, roulait le long
de Piccadilly, cette chaussée aristocratique où toute
maison abrite un millionnaire. Nous passons devant
Regent-street, la rue aux brillants magasins, nous
laissons à droite le bruyant Hay-Market, où la basse
prostitution envahit les trottoirs et se propage dans
les estaminets. Voici Leicester square et l'Alhambra,
illuminé de mille becs de gaz. Nous traversons Trafalgar-Square, la grande place, gigantesque monument du mauvais goût anglais.

Nous passons devant Charing-Cross, nous longeons

le Strand, la rue la plus bruyante de Londres. Voici l'Adelphi-Théâtre, où Fechter l'Armand Duval de la *Dame aux camélias* joue le drame en anglais. Nous traversons Temple Bar, puis toute la City. Nous laissons à gauche l'église Saint-Paul et nous passons devant la Banque, cet arc de triomphe des Anglais. Notre fiacre marche toujours vers la destination que l'agent a indiquée au cocher.

Après avoir traversé le West-End, où la froide folie des viveurs se débat, ainsi que la City silencieuse et déserte, car tous les bureaux de ce quartier commerçant sont fermés depuis longtemps, nous errons dans un district de la ville calme et tranquille, comme une cité de petits rentiers. Puis, tout à coup, au détour d'une rue, le tableau change comme dans une féerie. Nous retombons dans le bruit, le mouvement et l'agitation d'une population ouvrière qui envahit toutes les rues, toutes les boutiques des bouchers, des boulangers et des épiciers pour faire les provisions du lendemain, vendredi saint : holy day.

Malgré la grêle, le vent et le froid, mille marchands ambulants stationnent le long du trottoir et mille tuyaux de gaz, rampant le long des baraques, se faufilent à travers les charrettes et étalages et projettent une clarté éblouissante sur le tableau fantastique. On court, on marche, on crie, on marchande; hommes, femmes et enfants encombrent les trottoirs; les uns portent un pain, les autres des choux, les plus misérables une poignée de pommes de terre, car demain toutes les boutiques seront fermées et l'on pourra mourir de faim pour le salut de son âme. On voit passer des êtres étranges, couverts de haillons, des fantômes qui jettent un regard éteint sur l'étalage des boulangers, des ivrognes portés par la foule, des filles que leur fol amant entraîne au comptoir des marchands d'eau-de-vie.

Le cocher crie et jure dans cette foule qui l'empêche d'avancer; enfin le fiacre tourne à droite, entre dans une rue tranquille et s'arrête devant une maison noire comme toutes les maisons de Londres.

Nous sommes au bureau de police de Whitechapel.

Nous descendons de voiture; nous pénétrons dans une étroite allée où nous heurtons en passant quelques mendiants. Nous voici dans une cour. Quel spectacle! Assis sur les marches qui conduisent au bureau, adossés contre le mur, couchés sur les dalles humides et froides, une centaine de misérables, hommes, femmes, enfants et vieillards forment un vaste camp de la misère. Des nez colorés par le froid se détachent sur des visages blêmes décomposés par la faim. Parmi ces pauvres gens, le mendiant classique de Londres, avec son habit en haillons et son chapeau crasseux, est représenté par plus d'un exemplaire; c'est navrant de voir ces enfants sans souliers et presque sans vêtements, ces vieillards écrasés par l'âge et les privations.

Toutes ces femmes et ces hommes ont faim, ont froid et ne savent où passer la nuit.

Le souvenir brillant du West-End, avec ses palais

et ses millionnaires, se dresse devant vos yeux pour faire pendant à cette étude sombre de la misère humaine qui déchire le cœur et remplit l'âme d'une immense mélancolie. Je ne sais au monde de spectacle plus attristant que la vue d'un enfant qui grelotte dans la pluie et vous demande un morceau de pain. On ignore quelles causes inconnues ont pu conduire ces hommes et ces femmes dans cette lugubre cour de la police; c'est peut-être la conséquence logique de leurs fautes; mais ces enfants, innocents de leur misère, ces pauvres petits maudits, qu'ont-ils pu faire pour tomber si bas! Rien? Quelle faute ont-ils pu commettre pour être si misérables? Aucune.

Leurs parents étaient pauvres... ils le sont à leur tour.... C'est l'hérédité de la misère.

Nous portons instinctivement nos mains à nos porte-monnaie.

— Pas ici! nous dit l'agent de police. Nous ne pouvons recueillir que les individus absolument dépourvus de moyens d'existence. Si vous leur donniez un shilling, nous serions forcés de les renvoyer. D'ailleurs vous aurez plus d'une fois, cette nuit, l'occasion de vous débarrasser de votre argent.

— Et jusqu'à quelle heure tous ces pauvres gens resteront-ils dans cette cour?

— Jusqu'à dix heures. Passé ce délai, nous ne recevons plus personne; quant aux pauvres qui se sont présentés avant cette heure, nous leur délivrons un bon qui leur assure un morceau de pain et un lit.

Vous les voyez ici. Dans une heure vous les verrez là-bas dans des dortoirs bien chauffés, étendus sur des matelas, enveloppés dans de bonnes couvertures. La police paye au logeur six sous de votre monnaie par tête, et elle surveille ces asiles dont l'extrême propreté ne sera pas votre moindre étonnement.

— Mais, c'est très bien ! m'écriai-je.

— Avec notre système, répondit l'agent de police; le vagabondage n'a plus d'excuses. Dans d'autres pays, l'homme trouvé la nuit sur la voie publique est taxé de vagabond, quels que soient ses malheurs et les efforts qu'il ait pu faire pour vivre honnêtement. Nous aussi, nous arrêtons sans pitié les vagabonds, mais du moins nous avons le droit de dire aux misérables de Londres : « Si nous vous ramassons sur la voie publique, c'est que vous n'avez pas voulu accepter l'hospitalité que nous offrons aux pauvres. Donc, vous n'avez pas d'excuses, et le magistrat qui vous jugera demain ne flottera pas, comme ailleurs, entre la loi qui le forcera de vous condamner et son cœur qui voudrait vous acquitter. » Nous autres, Anglais, continua l'agent, nous appliquons la loi dans toute sa rigueur, mais aussi nous nous efforçons de soustraire à ses sévérités tous les misérables. Arrêter un vagabond, c'est bientôt fait ; mais mieux vaut encore lui offrir un gîte pour la nuit et un morceau de pain pour la faim. Tenez, Monsieur, vous voyez une centaine d'individus dans cette cour ; dans un quart d'heure ils seront deux cents ; vous en trouverez autant dans tous les bureaux de police de Londres. Que deviendraient-ils sans nous? Ceux qui ne mourraient pas de faim ou de froid sur la voie publique seraient arrêtés par les policemen et peupleraient demain nos prisons déjà suffisamment garnies. Grâce à nous, ils vont dans un instant manger et dormir. Nous aimons mieux les nourrir et les chauffer une nuit que les arrêter et les nourrir ensuite un mois en prison. En distribuant volontairement aux pauvres le pain que nous sommes forcés de leur donner en prison, nous combattons le vagabondage par les moyens les plus humains, et nous permettons aux misérables d'espérer en le lendemain. La besogne est plus agréable et plus facile.

Cet agent parlait d'or, et je compris en un instant pourquoi la police est en Angleterre plus respectée et surtout plus estimée que partout ailleurs.

Il était alors dix heures moins un quart.

— Le dernier délai approche, me dit l'officier de police. Voyez venir les retardataires!

En effet, de l'étroite allée qui conduit à la cour, débouchait une nouvelle collection de pauvres. D'aucuns, exténués de fatigue et de faim, se traînaient péniblement et tombèrent tout d'une pièce sur les dalles froides. Des enfants qui avaient ramassé quelques restes sur la voie publique les rongeaient, et leurs petites dents grinçaient sur l'os que le hasard avait jeté sur leur passage. Un pauvre en redingote fit semblant de boutonner son vêtement qui n'avait pas un seul bouton ; je vis un jeune malheureux qui portait des gants autrefois blancs. On a souvent dépeint l'accoutrement fantastique des pauvres de Londres, mais aucune description, aucun tableau ne peut vous donner une idée de la réalité. Il faut les avoir vus dans la cour du bureau de police, transformée en une sorte de Cour des miracles, pour comprendre comment on peut se faire un habillement complet avec un vieux sac et un bout de ficelle.

Nous entrons dans le bureau où les policemen, nous voyant arriver avec l'un de leurs chefs, s'écartent respectueusement sur notre passage. Tout au bout de ce nouveau couloir nous apercevons une série de petits cachots. L'officier de police fait signe à un policeman d'ouvrir les portes. Le couloir est éclairé au gaz, mais, afin de mieux nous faire voir l'intérieur des cellules, le policeman arrive avec une lanterne sourde.

Il ouvre le premier cachot. Trois ivrognes se roulent dans leurs déjections ; le parquet forme un plan incliné, d'où le liquide coule dans un égout. Ivres morts, ces gens ne nous voient pas venir : ils ne nous entendent pas. La porte se referme sur eux, le verrou crie.... ils dorment du sommeil du juste.

On ouvre une seconde cellule.

Là, sont assis sur un banc étroit cinq ou six filous de toute espèce. Parmi eux, un pick-pocket vêtu à la dernière mode, rasé de frais, avec des bottines vernies, et qui proteste de son innocence.

— Vous vous expliquerez demain matin avec le magistrat, lui répond l'officier.

Et la porte se referme.

On ouvre une troisième cellule. La lumière de la lanterne frappe en plein visage un petit être chétif, malingre, hideux ; c'est un homme de cinquante ans à peu près ; son crâne est chauve, quelques rares poils gris garnissent ses joues. Le vent qui souffle dehors jetterait cet homme à terre tant il paraît faible et malade.

— Quel délit a-t-il pu commettre? dis-je à l'agent.

— Oh ! presque rien, me répondit-il, c'est l'auteur présumé d'un double assassinat. On l'a arrêté il y a une heure chez une fille....

On ferme la porte et nous retournons dans la cour.

Dix heures sonnent. Les pauvres accroupis à terre se relèvent.... un policeman apparaît, il leur distribue des petits morceaux de fer-blanc. Ce sont des billets de faveur qui leur ouvrent les salles à manger et les dortoirs des asiles. A mesure qu'ils reçoivent leur ticket, ils s'éloignent vivement et sans bruit et sans escorte. C'est qu'ils savent le chemin.

— Plus tard, nous reverrons tous ces malheureux, me dit mon guide. En attendant, je vais vous montrer un tableau plus gai. Voulez-vous faire un tour dans les petits théâtres et les petits cafés-concerts?

— Volontiers. Le spectacle que je viens de voir m'a écœuré. Je ne serais pas fâché de rire un peu.

— Eh bien ! en voiture !

L'officier de police ouvre la portière et nous remontons en cab. Après avoir dit quelques mots au cocher, notre guide nous rejoint. Mais, au moment où le fiacre part, je vois une sorte d'hercule armé d'une canne plombée qui grimpe sur le siège à côté du cocher.

— Voyez donc, dis-je à l'officier de police, voilà un homme qui monte sur le siège.

— Ne faites pas attention, dit mon guide, c'est un de mes amis à qui j'avais donné rendez-vous au bureau de police de Whitechapel.

Après avoir quitté le bureau de police, nous étions remontés en voiture. L'hercule qui avait grimpé sur le siège n'était autre que l'inspecteur de Whitechapel, une sorte d'officier de paix anglais. Il était en bourgeois comme son chef à qui il témoignait beaucoup de respect, conformément à la hiérarchie de l'administration.

— Votre ami restera-t-il toute la nuit avec nous? demandai-je à mon guide.

— Oui, me répondit-il, il connaît mieux que moi tous les mystères des quartiers que nous visiterons....

— Et, hasardai-je, c'est un gaillard solide de la race des Porthos.

— Quel Porthos? fit l'agent; est-il de la police de Paris.

— Oui, dis-je, pour éviter une conférence sur la littérature française; oui c'est Porthos qui a arrêté Lacenaire.

Après quelques minutes, le fiacre s'arrêta. L'hercule vint ouvrir la portière. Nous descendîmes, et, tandis que la voiture stationnait au coin, nous nous engageâmes dans les rues étroites de ce quartier d'ouvriers et de mendiants.

— Veuillez me suivre, dit l'hercule.

Nous descendons dans une cave. Devant un buffet couvert de sandwichs douteux, de saucissons qui avaient eu des malheurs, d'œufs durs et de bouteilles contenant différentes liqueurs, stationnent quelques individus qui absorbent plusieurs grands verres de brandy ; derrière le buffet un homme en manches de chemise.... c'est le gargotier-directeur.

Le théâtre est au fond. Pour y arriver, il faut d'abord traverser un couloir humide ; on tourne à droite. Voici la salle de spectacle. C'est le maître de l'établissement qui nous fait les honneurs de son théâtre. En nous voyant arriver avec l'inspecteur, il a quitté son comptoir et nous conduit dans la salle. A l'entrée du couloir se tient une marchande d'oranges qui est en même temps buraliste. Le prix d'entrée est de deux pence... quatre sous. Je fais mine de prendre des billets, mais le directeur m'arrête et me dit que nous sommes ses hôtes.

Un peu plus, il me donnait mes entrées à vie.

La salle est éclairée au gaz.... c'est-à-dire du plafond descend une lampe à deux bras qui a dû autrefois fonctionner au-dessus d'un billard. Des planches remplacent les fauteuils d'orchestre. Sur ces planches d'orchestre, où les dames sont admises, la foule avide d'émotions se compose de jeunes ouvriers, de vauriens, de filous et de petites filles de treize ou quatorze ans dont les traits sont déjà flétris par le vice. Les premières banquettes seules sont garnies. La semaine sainte fait du tort au théâtre. Sur les autres bancs s'étalent dans toute leur longueur des ivrognes qui, pour quatre sous, viennent dormir deux ou trois heures. L'un de ces messieurs a glissé de son lit et est tombé sur la terre humide, où il continue ses doux rêves.

Notre hercule s'approche de lui, l'enlève d'une seule main comme un pot de fleurs, et le recouche sur son banc. Une harpiste ambulante figure à la place de l'orchestre, et arrache des accords étranges aux trois ou quatre cordes qui lui restent de son immense prospérité d'autrefois. Le public exhale une odeur de gin et de tabac qui vous donne des nausées ; mais il faut rester pour voir les spectateurs qui n'ont pas d'yeux pour le jeune premier qui vient d'entrer en scène et nous contemplent à leur aise. Quelques pâles voyous se montrent l'hercule.... Décidément, cet homme jouit dans le quartier de quelque célébrité.

— Retrouvez-vous quelques figures de connaissance parmi ces gens-là ? lui demandai-je.

— Parbleu ! répond l'hercule, il y a là une douzaine de gredins qui ne sont pas à leur aise depuis notre entrée.

— Auriez-vous l'intention de les arrêter ?

— Je m'en garderai bien, dit l'hercule, les uns ont fait leur temps... les autres ne sont pas encore mûrs pour la prison... c'est une question de temps... voilà tout.

Le maître de la maison nous avait quittés un instant. Il revient et dit quelques mots à mon agent qui paraît être visiblement embarrassé; le directeur semble lui demander quelque chose qu'il refuse avec obstination. Une explication directe entre le directeur et son ami nous apprend tout. Voulant nous faire les honneurs de la maison, le directeur a préparé de sa propre main quatre verres de grog qu'il nous prie d'accepter au comptoir.

Une politesse en vaut une autre! Allons trinquer avec ce brave homme. D'ailleurs, je n'étais pas fâché de goûter le brandy du peuple. A la première gorgée, un cri de douleur nous échappe. C'est du vitriol et de l'eau chaude.

L'officier de police boit son verre en donnant des signes d'une visible satisfaction. Nous déposons les nôtres sur le comptoir en remerciant notre amphitryon.

L'hercule, qui ne laisse rien traîner, absorbe nos deux verres de brandy, qui, ajoutés au sien, font trois. Ce gros homme est décidément le tonneau d'Heidelberg de l'eau-de-vie.

Nous visitons successivement une douzaine de théâtres borgnes.

A la Comédie-Française de l'endroit on paye huit sous une loge d'avant-scène. Partout les directeurs nous reçoivent avec le même empressement; l'un d'eux nous offre de nous conduire dans les coulisses, où nous adressons quelques compliments à l'actrice qui joue lady Macbeth ; car on joue du Shakespeare comme à l'Odéon, à cette différence près, toutefois, que le grand poète national n'est qu'un auteur de lever de rideau... la great attraction de la soirée est le ballet final.

Versons un pleur sur la décadence de la littérature sérieuse en Angleterre et partons.

Nous remontons en cab... nous traversons Whitechapel... le fiacre s'engage dans des rues étroites et peu éclairées.

— Où allons-nous ? dis-je à l'officier de police.

— Nous allons retrouver nos pauvres à l'asile.

Je manifestai quelque répugnance à visiter ce bouge. Dans une relation, publiée d'abord par un journal anglais, puis reproduite dans les feuilles françaises, il y a deux ans à peu près, ces réduits des misérables avaient été dépeints sous des couleurs si sombres que je n'osais y pénétrer. On avait écrit que ces pauvres, rongés par la vermine, gisaient à terre et qu'on emportait d'une visite de cinq minutes, une collection d'animaux choisis... une ménagerie complète !

— Vous verrez, se contenta de répondre l'agent.

La voiture s'arrête devant une petite maison... Nous y entrons. Dans le vestibule, derrière un comptoir, se tient une fort jolie Anglaise qui reçoit les tickets des pauvres. Les femmes entrent à droite. les hommes à gauche.

— Combien ? lui demande l'officier de police.

— Cent vingt-trois hommes, cent trente-quatre femmes.

Nous prenons la gauche, et nous sommes dans une salle de bains ; quatre hommes se débattent dans les quatre baignoires, et se lavent avec du savon que leur fournit l'administration ; les derniers qui ont quitté ce bain, où l'eau se renouvelle sans cesse, sont à côté dans une grande pièce où ils sèchent leur peau tout autour d'un immense four. Dans ce four sont enfermés les haillons de tous les locataires, et, tandis qu'ils se reposent, la chaleur et la vapeur détruisent la vermine de leurs vêtements.

Quoi ! le massacre des innocents !

Le misérable, après avoir pris son bain, se couvre d'une chemise qu'il lui faut rendre le lendemain. On lui donne un énorme morceau de pain, un verre d'eau, et il prend son numéro d'ordre dans le dortoir.

Nous les suivons. Le dortoir est une longue galerie : deux lits de camp occupent toute la longueur ; des planches, hautes de quinze centimètres environ, séparent le lit de camp en autant de couchettes. Un matelas, une couverture, un oreiller, voilà pour le luxe. Les premiers arrivés dorment déjà, et les bottes ferrées de l'hercule qui résonnent sur les dalles ne troublent pas le repos de ces malheureux. D'autres, assis sur leur lit, dévorent le pain qu'on vient de leur délivrer.

On a quelque peine à croire que ce sont là les mêmes

individus que nous avons rencontrés tout à l'heure dans la cour de la police, tant leurs figures sont transformées par le savonnage et le *souper*. Tout dans cet asile est d'une propreté parfaite : les dalles du parquet sont luisantes, les murs sont blancs. Assurément, je ne conseillerais pas à M. de Rothschild de descendre dans un de ces asiles à son prochain voyage à Londres. Mais un pauvre qui, une heure auparavant, se mourait de faim et de froid, doit se croire au Grand-Hôtel quand la police lui a ouvert les portes de la maison hospitalière.

A six heures du matin, tous les locataires doivent être debout. Ils rendent leurs chemises, reprennent leurs vêtements épurés, mangent une bonne soupe et s'en vont sans qu'à leur départ pas plus qu'à leur arrivée on leur demande tous les détails sur leur état civil que l'on exige dans d'autres pays. A Paris, par exemple, où l'administration est bourrée de bonne volonté, les choses se passent tout autrement. Ainsi, j'ai l'honneur de connaître le Directeur de l'assistance publique à Paris ; c'est un excellent homme, toujours prêt à soulager l'infortune qu'on signale à son attention ; mais que de formalités à remplir avant que le secours arrive au pauvre ! Les employés marchent, trottent, se démènent, prennent des renseignements, tandis que le pauvre attend dans son grabat le secours qui arrivera infailliblement, mais un peu tard.

En Angleterre, on procède tout autrement. Un

pauvre a faim, on commence par lui donner un morceau de pain; il a froid, on le chauffe; il est sale, on le lave, et en un tour de main on fait un homme d'un être étrange qui ressemblait à une bête.

— Et si ces misérables ne trouvent pas d'ouvrage demain, si ces mendiants n'encaissent pas un penny, peuvent-ils revenir demain soir? demandai-je à mon guide.

— Tant qu'ils voudront, me répondit-il. Les trois premiers jours ils ont leurs entrées de faveur; mais, pour éviter que les paresseux viennent prendre la place des honnêtes gens, nous forçons nos locataires payer leur loyer à partir du quatrième jour.

— Qu'exigez-vous d'eux, en échange de votre hospitalité écossaise ?

— Du travail dans la mesure de leurs forces.

. . . .

Les derniers misérables s'étaient glissés sous leurs couvertures... Il fallait les laisser dormir.

— Puis-je leur offrir quelques shillings? demanda mon compagnon de voyage.

— Non, fit l'agent, c'est rigoureusement défendu.

Après avoir répondu ainsi selon la consigne, le brave officier de police se détourna pour laisser à mon ami le temps de jeter quelque monnaie sur les lits.

L'hercule est déjà à la porte. Nous le suivons. Le fiacre repart au grand trot. L'allure de ce cheval donnerait le vertige à un cocher de la Compagnie des fiacres parisiens. Nous traversons une foule de rues, nous longeons quelques docks et nous arrivons dans le quartier des matelots où chaque maison est une taverne... Dans toute taverne on danse.

Nous entrons au premier bal, et, en passant devant le comptoir du marchand d'eau-de-vie, nous apercevons une pancarte qui vaut tout une étude de mœurs :

AVIS AU PUBLIC

Les personnes qui ont des couteaux sont priées de les laisser au comptoir.

Le quartier des matelots n'a plus le grand mouvement que nous dépeignent les récits des romanciers anglais : la vapeur a enlevé aux tavernes des docks une partie de leur animation. Les navires arrivent, débarquent les marchandises et en embarquent d'autres ; le tout se fait à la vapeur, en un tour de main et si bien que les marins ont à peine le temps de s'amuser un brin et d'échanger quelques coups de couteau avec leurs camarades. D'ailleurs, le plaisir n'est pas concentré comme à Paris ; là-bas, il n'y a pas une de ces immenses salles où un grand nombre de matelots pourraient se réunir à la fois. Ils se dispersent dans les petites tavernes au nombre de cinquante ou soixante, tenues par des hommes de tous pays, où l'on parle toutes les langues et où l'on se grise avec les boissons nationales des quatre coins du globe.

Ainsi le tavernier qui prie messieurs ses clients de

laisser les couteaux au comptoir est de Francfort, le pays des saucissons et des banquiers. Il était venu à Londres lors de la première Exposition universelle, avait commencé par servir les Allemands au Cristal-Palace d'Hyde-Park, et finalement avait créé près des docks une taverne à l'enseigne de *la Marine de la confédération du Nord.*

A mesure qu'on approche du quartier des matelots, l'oreille est charmée par les accords des nombreux orchestres qui entraînent les viveurs de la marine à la danse.

De loin, on peut croire qu'on se rend à la foire de Saint-Cloud, à l'heure où les saltimbanques font la parade.

Les violons, cornets à pistons, tambourins, flageolets et grosses caisses entonnent pêle-mêle des airs nationaux de tous les pays. On danse au rez-de-chaussée, au premier, dans des hangars, dans des caves. Devant tous les comptoirs des innombrables marchands de vin et de bière, une foule pittoresque s'attroupe ; le brandy circule et le grog de l'amour unit deux cœurs faits pour se comprendre. Des femelles de la dernière catégorie trébuchent de comptoir en comptoir, et, l'œil allumé par l'ivresse, les toilettes détériorées par les luttes, se jettent des bras d'un Portugais dans ceux d'un Américain, prennent un petit verre par-ci, un grog par-là, plus loin du porter ou de l'ale jusqu'au moment où quelque matelot en ribotte les demande en mariage pour quelques heures.

Dehors, les couples trébuchent sur le trottoir, et c'est vraiment un tableau charmant, que de voir monsieur se rouler dans le ruisseau, où madame va le rejoindre quand, dans un effort désespéré pour ramasser son amant, elle a, à son tour, perdu l'équilibre.

Les femmes entre trois âges qui se grisent au comptoir n'inspirent que du dégoût; mais à la vue de jeunes filles, disons plutôt de tant d'enfants de douze, treize ou quatorze ans, que la prostitution a jetées dans la circulation, on éprouve je ne sais quelle pitié, mêlée d'un fort dédain de ce respect de la liberté individuelle qui tolère jusqu'aux orgies de l'enfance.

Pêle-mêle, toute cette foule prise de gin se heurte, trinque, s'embrasse et se disperse dans les salles de bal, où deux ou trois musiciens ambulants arrachent des sons plaintifs à leurs instruments invalides.

Des deux côtés de la salle est une longue file de tables; tout autour, des matelots, des vieilles femmes ivres, des jeunes filles, des danseuses de corde et autres acrobates que le maître de la maison a engagés pour une soirée, et qui, entre deux gigues, donnent des représentations sur le théâtre qui est là-bas au fond. Quand je dis théâtre, vous lirez : tréteaux; car ces petites scènes n'ont que tout juste la place pour permettre à un père de jongler avec la vie de son enfant, ou à une danseuse ambulante d'exécuter un pas fantaisiste avec accompagnement de cornet à piston.

Le porter et le brandy, renversés par les amoureux dans les fureurs d'un épanchement intime, fusionnent sur le parquet et forment un petit ruisseau fort gentil qui donne une certaine gaieté au tableau.

L'agent de police a laissé l'hercule dans la rue, car sa personne redoutée arrêterait l'élan de cette populace qu'on veut nous montrer dans toute sa splendeur.

De tous les renseignements que je recueille sur l'hercule, il résulte à l'évidence qu'il est la terreur de ce quartier. Ainsi, la semaine dernière, une querelle a surgi dans une maison mal famée où des matelots italiens et espagnols se sont rencontrés. Une bataille s'est engagée... les couteaux sortent de toutes les poches... les dames se précipitent dans la rue et appellent : Au secours ! Deux ou trois policemen arrivent sur le champ du carnage... on n'en fait qu'une bouchée !... Mais voici l'hercule en tournée dans ces parages, qui arrive au pas de course... il fend la foule, s'élance dans la mêlée, fait le vide autour de lui avec sa canne plombée, sépare les combattants et recueille treize blessés.

On voit que l'agent de police avait choisi un gaillard solide pour notre escorte. D'ailleurs, qu'on se rassure, aucun danger ne nous menaçait. Nous nous attablons avec la populace, qui répète en chœur le refrain d'une chanson vulgaire qu'une *artiste* vient chanter sur la scène, et quelques verres de brandy, offerts par nous aux chefs du parti voyou, nous attirent sur-le-champ de nombreuses sympathies. Les dames veulent bien accepter six pence ou un verre de brandy, et la danseuse en maillot, qui a précédé la chanteuse sur la scène, vient nous offrir des cigares ; car cette pauvre fille cumule les deux professions, de première danseuse et de marchande de tabac. Au reste, les *artistes* ne sont pas fiers ici ; après chaque exercice, de nombreuses monnaies de cuivre tombent sur la scène, et le premier sujet interrompt son speech pour ramasser l'aumône ; quand il a fait sa caisse, il reprend son rôle...

Le cornet à piston prélude à la danse ; les clowns, chanteurs et pitres ambulants se mêlent au public panaché. La première danseuse, avec son maillot couleur de charbon, fait vis-à-vis à un matelot ; le clown enlace la taille svelte d'une petite fille de treize ans au plus, qui a depuis longtemps oublié de se défendre, et l'entraîne à la danse. Le cornet à piston entonne une gigue que le reste de l'orchestre, se composant d'une seule contrebasse, accompagne de ses lourds grognements.

De temps en temps quelques filles ivres, attirées par la musique, sautent parmi les danseurs et gigottent au hasard dans les groupes. L'une de ces rosières, qui a perdu la moitié de son corsage dans une bagarre et porte une rose artificielle dans ses cheveux défrisés, gêne un matelot dans ses mouvements gracieux ; le butor la renvoie d'un coup de poing, et la malheureuse tombe sur une table, où elle se console en vidant d'un trait un verre de brandy dont le propriétaire est occupé ailleurs.

Assurément, le tableau que nous avons sous les yeux, et qui se répète dans toutes les tavernes d'alentour, est plein de charmes et de fantaisies, mais il arrive un moment où la meilleure société se quitte.

Dans la rue, nous retrouvons l'hercule. L'officier de police échange quelques paroles avec lui ; Porthos rejoint le cocher et lui dit de nous attendre ailleurs. Puis nous continuons notre promenade à pied à travers toutes les hontes accumulées pour les besoins de la marine internationale. Le vent ne nous apporte plus que de faibles échos des bals. Nous nous hasardons dans un quartier affreux, à peine éclairé par quelques rares becs de gaz. Les rues deviennent de plus en plus étroites, et nous nous engageons dans une boue profonde. Au détour d'une rue nous rencontrons deux policemen en tournée. L'officier de police se fait connaître et ordonne à ses inférieurs de nous précéder avec leurs petites lanternes pour éclairer la route ; les policemens vont devant nous et l'hercule ferme la marche. De loin en loin une fenêtre des masures à un étage s'ouvre, et quelque étrange figure nous contemple d'un air hébété.

Nous avons l'air de marcher à la recherche d'une bande de faux monnayeurs.

Le vent souffle avec plus de véhémence. Quelques volets invalides, agités par l'ouragan, grincent et vont heurter le mur. Les rues sont désertes, les lumières éteintes dans toutes les chambres et il est une heure du matin. On pourrait se croire dans un cimetière et prendre les petites maisons pour des tombeaux de famille. Le quartier est habité par des pauvres, des ouvriers et des misérables qui payent deux schellings de loyer par semaine pour une maison entière.

Nous nous arrêtons enfin devant l'un de ces taudis ; l'officier de police pousse la porte, qui est entrebâillée.

— Qui va là ? s'écrie le locataire.

— Ne crains rien, Jack, c'est moi ! répond l'hercule.

Et il ouvre la porte donnant sur un étroit vestibule. Une odeur étrange, nauséabonde, s'échappe de la chambre, et nous reculons vivement.

— Entrez toujours ! dit l'agent. C'est l'odeur de l'opium.

A la lueur vacillante du feu qui brûle dans la cheminée, j'aperçois celui que l'hercule a appelé Jack. C'est un Chinois qui tient un petit taudis où l'on peut s'enivrer d'opium. La chambre où nous pénétrons est si basse de plafond, que nous ne pouvons pas nous tenir debout. Sur un matelas, étendu par terre, gisent pêle-mêle des Chinois, des Lascars de l'Inde et des voyous anglais qui savourent l'opium. Les uns, étendus sur le dos, s'abandonnent aux hallucinations de l'ivresse ; les autres commencent seulement la petite fête et allument leurs pipes à une sorte de veilleuse placée à côté de chaque fumeur.

Jack, le maître de la maison, baragouine un peu l'anglais. Il nous demande si nous voulons fumer de l'opium et nous indique sur une table, entre quelques pommes de terre et deux ou trois morceaux de charbon, des pipes qui ont déjà passé par mille bouches gracieuses et qu'il serait heureux de nous offrir. L'officier de police explique à ce tavernier du diable que nous sommes venus en simples curieux. Puis :

— N'y a-t-il personne là-haut ? demanda-t-il ?
— Si, il y a une femme.
— Où, là haut ? dis-je en regardant autour de moi, il n'y a pas d'escalier.

Jack cherche dans la cour une petite échelle, l'adosse contre le mur où sont suspendus des haillons, des peaux de chats et des peaux de rats, monte trois échelons, découvre un trou dans le plafond, et dit :

— Par ici !
— Nous ne tiendrons pas tous là-haut, me dit l'agent ; suivez le Chinois. Je vous attends ici.

A notre tour nous grimpons et nous nous faufilons à travers l'ouverture. Une vieille femme, les cheveux gris épars, l'œil éteint dans un visage amaigri, éclairée par la seule lampe des fumeurs d'opium, lâche un nuage de fumée, se redresse sur son matelas, tousse comme une phtisique de première classe, jette sur nous un regard hébété, se recouche, reprend sa pipe et continue de fumer de l'opium.

La pièce où elle se trouve est un petit grenier encombré par mille objets de ménage de l'excellent Jack : mais, en dehors du matelas sur lequel gît la vieille sorcière, pas un meuble... L'atmosphère est tellement empestée par l'opium, que, sur le point de suffoquer, je casse avec ma canne le seul carreau d'une fenêtre par où un chat aurait eu de la peine à pénétrer.

L'air frais inonde la chambre... la sorcière se soulève et lâche une bordée d'injures dans une langue incompréhensible. Un shilling, jeté sur cette couche immonde, radoucit la vieille; ses yeux s'ouvrent tout grands, dans un effort surhumain; elle prend l'argent dans sa main osseuse et le contemple avec bonheur. Un nouvel accès de toux plus formidable que le premier ébranle la poitrine de cette phtisique et déchire le reste de ses poumons, tandis que nous nous en retournons par le petit trou et l'échelle. Au rez-de-chaussée nous retrouvons nos guides, qui vont nous faire l'honneur de nous présenter aux voleurs de Londres.

Dans toutes les grandes villes, les pauvres sont refoulés par la marche triomphale de la civilisation dans les quartiers éloignés du bruit et du mouvement et que les rôdeurs de nuit, voleurs et autres mauvais drôles recherchent, parce qu'ils s'y croient à l'abri de la justice. C'est la plus triste des servitudes de la pauvreté que d'être constamment exposée au voisinage du crime. En appréciant cette cause première de bien des démoralisations, on ne peut s'empêcher d'admirer les honnêtes gens, nés misérables, qui depuis leur naissance ont vécu dans un contact immédiat avec les malfaiteurs et des filles, et ont néanmoins conservé quelques bons instincts dont on ne leur sait d'ailleurs pas le moindre gré.

Il en est de même à Londres. Le quartier de Spittelfield n'héberge pas seulement des filous de toute espèce, mais encore toute une population de pauvres tisserands et de braves ouvriers qu'un trop maigre salaire et une trop nombreuse famille rejettent dans les coins reculés de cette immense cité. Je n'étais pas fâché d'apprendre tout cela de la bouche de l'agent de police, tandis que notre cab roulait de nouveau à travers la nuit. Le lecteur sera assurément fort désappointé quand en quelques lignes je lui aurai dépeint le quartier : j'ai été fort surpris moi-même en arrivant à Spittelfield. Au lieu d'un décor de mélodrame, avec des maisons pittoresques se découpant sur un ciel étoilé, je vis, à ma grande stupéfaction, une petite ville de cabarets et d'hôtels garnis dont la mise en scène extérieure n'a rien qui puisse surprendre le voyageur.

Rien, dans cette monotone architecture n'est de nature à inspirer un décorateur. Ce sont les mêmes petites maisons en briques, noircies par la fumée du charbon que l'on revoit partout à Londres, où, sauf quelques chaussées aristocratiques, toutes les rues se ressemblent, et où toutes les maisons semblent avoir été bâties par le même architecte. Seuls les nombreux policemen qui circulent avec leurs petites lanternes, nous disent que les hommes de sir Richard Mayne ont ici plus de besogne qu'ailleurs. On ne sera plus surpris que les filous de Londres se donnent ainsi rendez-vous dans un quartier bien connu de la police, où ils sont presque sûrs d'être pincés par elle, quand on voudra bien se rappeler que, malgré les nombreuses arrestations que la police de sûreté opère dans les carrières d'Amérique à Paris, messieurs les vagabonds n'ont pas encore compris chez nous les inconvénients du four à plâtre.

— Il faut à tous ces gens-là un centre de réunion, me disait l'officier de police. C'est ici qu'ils ont leurs relations et leurs amis. Spittelfield est une sorte de bourse du méfait où les voleurs se trouvent, s'associent pour une seule entreprise ou pour une série d'exploits, où ils échangent leurs confidences. Les ouvriers qui logent à la nuit moyennant quatre sous dans ces tavernes, ne fraternisent pas avec les malfaiteurs. Ici, chaque lodging-house, toute maison garnie de bas étage a sa clientèle déterminée. Il est bien rare de voir un voleur se faufiler dans les greniers où couchent les ouvriers sans ouvrage. Qu'y ferait-il ? Il n'y a rien à voler dans ces taudis, et l'ouvrier, sachant qu'il vit au milieu de voleurs, est méfiant et ne se lie pas facilement avec les inconnus.

Nous entrons dans certains hôtels garnis où les tisserands passent la nuit. A l'estaminet du rez-de-chaussée, quelques retardataires seuls sont encore assis devant la grande cheminée où flamboie le charbon de terre. Les autres dorment déjà au grenier que nous visitons. Moyennant deux pence, payables d'avance, on leur permet de s'étendre sur les vastes lits de camp qui rappellent les dortoirs des asiles. A l'hôtel du Louvre de l'endroit, on paye trois pence; on ne repose plus sur un lit de camp, mais chaque locataire a droit à un lit dans le grenier, qui, aux deux extrémités, est éclairé par un bec de gaz.

A mesure que nous avançons dans ce quartier maudit, nous rencontrons de ces figures, que l'on n'aime pas à contempler dans un bois entre deux et trois heures du matin.

Des filous, qui ont manqué leur journée, se traînent dans les rues étroites, où ils guettent un ami qui leur offrirait l'hospitalité dans une taverne quelconque. Les filles ivres, chassées du quartier des matelots, où la petite fête se termine avant deux heures, arrivent par groupes, et trébuchent à chaque obstacle dans le ruisseau.

La police voit tout, ne dit rien, laisse faire, jusqu'au moment où quelque attroupement trop considérable se forme et menace de troubler le doux repos des milliers d'individus entassés dans tous les greniers.

Alors, comme par enchantement, surgissent quelques policemen qui s'étaient cachés on ne sait où. Ils rejettent toute cette populace ambulante dans les maisons aux lanternes rouges qui portent cette inscription : *Good Beds*.

Nous avions déjà visité cinq ou six de ces tavernes, quand notre guide nous désigne un de ces taudis et nous dit :

— Entrez seuls, ma présence gênerait ces messieurs et ces dames. Je vous préviens que dans cette taverne il n'est pas un honnête homme.

Et comme nous hésitons, il ajoute cette phrase, qui lui avait déjà échappé à notre départ de l'hôtel :

— You are in our hands!

— Yes! dit l'hercule en fendant l'air avec sa canne plombée.

Oui, nous étions dans les mains de la police : mais qu'entendait l'agent par ces mots? Se fiait-il à nos propres forces pour nous tirer au besoin d'un mauvais pas? Avait-il envoyé des agents en bourgeois dans ces tavernes de voleurs? A vous franchement parler, je l'ai cru et je le crois encore, quoique l'officier de police ne m'ait fait aucun aveu à ce sujet.

Nous entrons cependant.

La porte donnant sur la rue est toute grande ouverte. Dans l'allée, on se trouve devant une autre porte battante que l'on pousse.

A gauche, dans une sorte de loge de concierge, une adorable petite fille de dix ans remplace à la caisse sa mère malade, qui dort là-bas au fond, tandis que l'enfant délivre des tickets à messieurs les voleurs. L'enfant, qui s'était endormie, se réveille au bruit de nos pas, et frotte ses grands yeux bleus; nous lui jetons quatre pence, en échange desquels elle nous délivre les tickets en fer-blanc... bon pour un lit.

Quelques pas plus loin, une troisième porte... nous l'ouvrons.

Quel tableau fantastique! Là dans une salle longue, étroite, basse de plafond, nous voyons, noyé dans la fumée du tabac et du charbon, tout un camp de mauvais drôles.

Les uns ont fait une bonne journée et le gin coule à flots sur les tables qu'ils occupent ; d'autres, couchés devant l'immense cheminée qui occupe toute la largeur de la salle au fond, sont accroupis à terre et sèchent leurs vêtements tout en prenant du thé, dans lequel ils trempent du pain de seigle. Un filou qui a dérobé un jambon, le partage avec un confrère qui a volé un pain chez le boulanger. Des filles hideuses, plus repoussantes encore que les vieilles ivrognes du quartier des matelots, circulent dans les groupes ou se sont endormies sur un banc. On voit des hommes sans chemise, avec des souliers percés en dix endroits, et qui portent un paletot tout neuf qu'ils ont volé dans la journée; un autre, couvert de haillons, a un chapeau gris à la dernière mode ; celui-ci a des bottines vernies très élégantes, mais son pantalon retroussé fait voir qu'il n'a pas de chaussettes.

Sur les épaules d'une vieille fille, dont la robe, couverte de boue, est déchirée en vingt endroits, un fol amant a jeté un manteau de velours, qu'il a conquis dans quelque escapade. Je vois des groupes où l'on discute avec passion ; d'autres où l'on échange des confidences à voix basse. Une odeur de charbon et de grog se mêle agréablement aux nuages de vapeur qui s'échappent de tous ces haillons trempés par la pluie et qui sèchent devant l'âtre.

Cependant nous avançons, non sans un serrement de cœur, je l'avoue, et nous nous glissons derrière une des tables, contre le mur.

Aussitôt quelques filles et deux ou trois voyous nous entourent et nous regardent d'un air surpris. En nous entendant parler français, tous ces gens-là ont l'air de se dire :

— Voilà deux petits camarades étrangers.

Une de ces filles se lève vivement, va réveiller un misérable qui dort devant la cheminée et nous l'amène.

— Ces messieurs sont Français ? nous demande le nouveau venu.

— Oui, et vous aussi ?

— Parfaitement, dit-il en s'attablant. Ah ! qu'il est bon de rencontrer des compatriotes ! Vous allez me donner des nouvelles de mon cher Paris !

— Volontiers ! Acceptez-vous un verre de bière ?

— Avec plaisir, fit le voleur français.

Le tavernier arrive avec l'ale demandé, qu'il se garde cependant de poser sur la table ; mais il étend vers moi sa main calleuse et me regarde en clignant des yeux comme un homme qui semble me dire :

— La monnaie d'abord !

Nous lui jetons un shilling. Il lâche la bière et nous voici attablés avec les voleurs. Le Français nous demande des nouvelles des nouveaux boulevards, qu'il ne connaît que par les journaux. Nous lui donnons tous les renseignements désirés sur les efforts du baron Haussmann et de ses démolisseurs.

— O mon cher Paris ! s'écrie le filou de temps en temps, mon cher Paris !

Puis il se tourne vers ses amis et leur explique en anglais le sujet de notre conversation : après quoi il me tape amicalement sur l'épaule en me disant en français :

— Que je suis donc heureux de vous avoir rencontré !

Je voyais venir le moment où il allait ajouter :

— Qu'il est doux de retrouver un ancien camarade de pension !

Tout à coup il se fait un mouvement au fond de la salle. Quel événement extraordinaire agite cette foule ? C'est que l'agent a été vu à la porte... la nouvelle vient de se propager que la police n'est pas loin... elle parvient jusqu'à notre table. Le Parisien, comme mû par un ressort, se lève et me dit :

— Dis donc ! est-ce que tu serais un mouchard ?

— French policemen ! s'écrient les Anglais.

C'est alors... je l'avoue franchement, c'est alors que j'eus peur un instant, et j'armai dans ma poche le revolver, que d'ailleurs ma main n'avait pas quitté un instant... Il y eut deux ou trois secondes d'une angoisse terrible ; mais voici la porte d'entrée qui s'ouvre. J'aperçois les traits chéris de l'agent et de l'hercule.

Sauvé ! sauvé ! merci, mon Dieu !

Rien ne me serait plus facile que de finir cette petite série de croquis par un roman à grande sensation. Je n'aurais qu'à raconter au lecteur comment les choses ne se passèrent pas, après l'entrée de l'agent et l'hercule ; il me suffirait d'inventer quelque scène de mélodrame, de vous raconter une lutte entre la police et les voleurs qui finirait par l'arrestation d'une bande de malfaiteurs. Dans cette histoire, mon revolver pourrait jouer le premier rôle, et la canne à épée de mon ami pourrait tenir l'emploi de jeune première, mais je ne me laisserai pas égarer sur le terrain de la haute fantaisie par le désir d'émouvoir le lecteur autrement que par la vérité pure.

Elle suffit d'ailleurs.

L'entrée de l'agent et de son camarade fut un coup de théâtre.

Au cri : « La police ! » les dormeurs se réveillent, les ivrognes se dégrisent, et moi, je respire.

Mais, cette sensation joyeuse fait aussitôt place à un désir sauvage, féroce.

Il y a des moments où les instincts de la bête féroce se montrent chez l'homme le plus doux et le moins aventureux. Ainsi, votre très humble serviteur est ordinairement tout juste assez sanguinaire pour épargner la vie du lièvre qui, à la chasse, s'égare à la portée de son fusil ; mais les surexcitations de la soirée, les sensations diverses que j'avais éprouvées, venaient de bouleverser mon système nerveux, et cet état anormal faisait naître en moi des espérances cruelles.

Les choses ne devaient pas prendre une tournure tragique, et je m'en réjouis aujourd'hui. A l'entrée de l'agent, une clameur immense s'était élevée autour de nous. Lui, l'officier de police, calme comme un général au début d'une bataille, intrépide comme le dompteur Batty, pénètre dans cette cage et s'avance résolument vers tous ces misérables, qui reculent, en grognant, devant cet adversaire redouté.

Seule, une vieille femme s'élance d'un bond sur l'agent, le saisit par le revers de sa redingote, et lui dit, d'un ton où la colère se mêle à la menace :

— Ah çà ! quand me rendrez-vous mon mari?

L'officier de police la repousse doucement, et lui répond en souriant :

— Hé ! la mère, vous êtes donc encore amoureuse, à votre âge !

A ce lazzi, un immense éclat de rire part de toutes les gorges. L'officier s'avance toujours, tandis que l'hercule reste immobile près de la porte pour pouvoir, au besoin, opérer sa jonction avec les policemen de la rue, et que nous suivons l'agent dans les groupes. Décidément, cet homme jouit d'une certaine réputation dans le quartier, car devant lui les plus récalcitrants se découvrent respectueusement. Lui, qui n'a plus d'émotions, distingue dans le groupe une vieille connaissance, va droit à ce malfaiteur et lui dit :

— Eh bien ! mon garçon, quand es-tu sorti de prison ?

— Hier.

— Eh bien ! tâche de ne pas te faire repincer ! reprend l'agent.

— Ah ! quant à cela, je vous le promets, dit l'autre.

La vieille femme qui a réclamé son mari essaye bien encore de maudire la police, mais elle est accueillie par des huées de la foule idiote et abrutie qui se range du côté du plus fort ; elle pense assurément qu'au dehors une légion de policemen n'attend qu'un signal pour se précipiter dans la taverne. Le maître du logis, qui s'était sans doute endormi dans la cave, est attiré par le bruit ; il fend la foule d'un bras robuste et parvient jusqu'à nous.

— Eh bien ? demande-t-il à l'agent d'un air inquiet.

Celui-ci lui glisse quelques mots dans l'oreille... la figure du tavernier s'illumine d'un rayon de bonheur ; il nous regarde avec étonnement, puis vient à moi et me dit tout bas :

— Pardonnez-moi, Sir, de ne pas vous avoir délivré la bière sans argent... Je ne savais pas.

L'agent ne lui laisse pas le temps de finir.

— Montons ! dit-il.

Il va droit à une petite porte du fond qu'il ouvre et fait voir un escalier tortueux. L'hercule s'avance, se poste devant cette porte, faisant face à l'estimable assemblée qu'il surveille, et, précédés du tavernier qui porte une lampe, nous montons dix ou douze marches et nous arrivons dans les dortoirs.

Un bon tiers du lit de camp est déjà occupé par des drôles qui dorment.

— Debout, mes gars ! s'écrie l'agent avec la voix de Bertram évoquant les nonnes trépassées....

Aussitôt les couvertures se remuent de toutes parts. Des hommes étranges, hideux, sinistres, se dressent sur les matelas, se frottent les yeux et nous regardent d'un air hébété. Au fond de la salle j'aperçois quelques femmes à peine vêtues qui restent dans l'ombre.

Elles ont deviné la présence de la police.

Nous passons alors la grande revue non de minuit, mais de quatre heures du matin ; nous parcourons le grenier d'un bout à l'autre ; de temps en temps, l'agent s'entretient un instant avec ces repris de justice qui, dominés par la peur, balbutient à peine quelques paroles ; un seul, qui connaît la loi comme un sollicitor, s'écrie :

— C'est abominable de réveiller les gens paisibles pour rien !

— Voyons, lui répond l'agent, nous nous fâchons donc avec les amis ?

— Fichez-moi la paix ! riposte le drôle, j'ai fait mon temps, et je me moque de vous !

Il se glisse sous la couverture et nous tourne le dos en signe de mépris.

A mesure que nous avançons vers le fond du grenier, les silhouettes de femmes s'évanouissent. Ces misérables sont allées rejoindre leurs hommes dans les cabinets particuliers. Au bout du grenier se trouve une autre pièce que de minces cloisons en bois, autrefois blanc, séparent en loges comme les restaurants anglais. Dans chaque box des lits plus larges pour les heureux couples qui se retrouvent au foyer conjugal après le labeur du jour.

Notre écœurement est à son comble.

— Allons-nous-en ! dis-je à l'agent.

Le tavernier nous précède avec la lampe, et l'agent forme l'arrière-garde. Nous descendons l'escalier, au bas duquel l'hercule est toujours fidèle au poste; les malfaiteurs du rez-de-chaussée semblent tout surpris de nous voir revenir sans prisonniers. Nous traversons la longue salle, et ce n'est que lorsque nous sommes près de la porte de sortie, que l'hercule quitte son poste d'observation et vient nous rejoindre. Nous repassons devant la loge du concierge où l'on prend les tickets. La petite fille, vaincue par la fatigue, s'est endormie sur la caisse.

Nous voici dans la rue. Le bruit de l'arrivée de la police s'est propagé dans le quartier et a attiré une foule curieuse. Cinq ou six policemen rejettent ces vauriens et toutes ces filles dans les tavernes d'alentour, car ils n'ont pas le droit d'envahir la chaussée.

Dix ou douze maraudeurs résistent seuls aux injonctions de la police. C'est qu'ils n'ont pas de quoi payer leur logis.

— Pourquoi n'êtes-vous pas venus au bureau de police? leur demande l'agent.

— Je suis arrivé trop tard! dit l'un.

— J'attends un ami qui m'a invité! répond l'autre.

— Eh bien! tâchez de vous caser quelque part... ou sinon.

— Pouvons-nous leur offrir quelque argent? demande mon ami à l'officier de police.

— Non, dit-il, mais je ne veux pas vous empêcher de leur prendre des tickets pour un lit et le souper dans un hôtel garni.

— Ah! que vous êtes bon! semblent dire les gredins.

L'un d'eux, dans un élan de reconnaissance, serre avec effusion la main de l'agent.

Nous entrons dans un lodging-house, où moyennant quelques sous, nous casons tous ces drôles, et nous voici de nouveau dans la rue.

— Êtes-vous contents de votre soirée? nous demande l'agent.

— Nous sommes ravis.

— D'ailleurs, dit-il avec son éternel sourire, je ne pourrais guère vous offrir maintenant qu'un assassinat. Nous n'aurions qu'à étendre la main pour nous procurer des assassins, mais là, franchement, la police ne peut pas vous fournir la victime.

Quatre heures sonnent : c'est le moment où tous ces taudis doivent fermer leur portes. Les lanternes rouges, avec ces mots « Good beds! » bons lits, s'éteignent peu à peu ; les rues sont désertes. De loin en loin, nous rencontrons encore quelque filou qui, en apercevant les deux policemen qui nous précèdent avec leurs lanternes, va au-devant d'une explication inévitable, et nous dit vivement :

— Je vais me coucher... je suis en retard, mais je vais me coucher.

— Alors dépêchez-vous, lui répond l'agent.

Nous retrouvons notre cab... L'officier de police monte avec nous, l'hercule grimpe à côté du cocher, et nous traversons tous les quartiers que nous avons visités depuis neuf heures du soir. Nos guides veulent nous reconduire à l'hôtel ; mais à Trafalgar-Square nous prenons congé d'eux, et nous rentrons chez nous en récapitulant les incidents de cette nuit pleine d'émotions. Les sensations avaient été si violentes et notre système nerveux était tellement bouleversé que nous ne songions pas à nous coucher et que nous passâmes le reste de la nuit au coin de la cheminée dans la chambre d'hôtel en fumant et en causant.

Une autre fois je tâcherai de compléter ces études de la misère et du crime à Londres ; mais avant tout je tiens à remercier sir Richard Mayne, préfet de Londres, à qui je dois tous ces souvenirs. Je voudrais adresser aussi quelques mots de remerciements à l'officier de police dont j'ignore le nom, et c'est ce qui vous explique pourquoi dans mes récits je ne l'appelle pas autrement que : l'agent.

Dans la longue excursion que j'ai faite en la société

de l'officier de police, mon esprit a été tellement absorbé par les tableaux étranges que je contemplais, que je n'ai pas pensé un instant à adresser à mon guide cette question élémentaire :

— Comment vous appelez-vous ?

II

LES CHAMPS DE BATAILLE

LA LIGNE DU MEIN — SADOWA

Coblence, août 1866.

On a beaucoup parlé des ravages causés dans la campagne de la Prusse contre l'Autriche par le fusil à aiguille, et des pertes énormes subies par les armées autrichiennes et fédérales. A Paris, nous nous figurions volontiers que les Prussiens n'avaient qu'à tirer *dans le tas* à une distance qui les mettait, pour ainsi dire, à l'abri du feu de l'ennemi.

C'est là une grave erreur, et l'on n'a qu'à consulter les listes officielles des pertes prussiennes, pour apprendre que, malgré le fusil à aiguille et le canon en acier fondu, les Prussiens sont tombés à droite et à gauche comme des mouches sur tous les champs de bataille. Telle compagnie a perdu quatre-vingt-douze hommes.

Depuis un mois la *Gazette de Cologne* publie chaque jour, les noms de cinq ou six cents soldats qui ont été tués ou blessés, tant en Bohême qu'au Mein, et cette terrible addition donne déjà un total de plus de vingt mille victimes sans qu'elle soit arrêtée définitivement, car, au bas de la liste, on lit toujours : « *La suite à demain.* » Et dans cette lugubre énumération ne sont pas compris les combattants qui, après avoir échappé aux balles ennemies, meurent à présent misérablement du choléra qui décime les armées; c'est ce qui explique la réponse suivante que me fit un marchand de Coblence :

— Le commerce commence-t-il à se relever un peu? lui demandai-je.

Ne m'en parlez pas, fit-il, nous sommes tous ruinés, excepté les magasins de deuil, qui font fortune.

En effet, les négociants d'objets de deuil doivent faire fortune, car on rencontre dans les villes prussiennes une quantité considérable de femmes et de jeunes filles vêtues de noir, aux visages pâles et amaigris par la douleur et les larmes.

Tenez, il y a dans les environs de Bonn, le charmant village Godesberg, où les habitants riches de Cologne et de Bonn font construire des villas pour la saison d'été. Dans cette agglomération de petits châteaux on remarquait sur une colline une maison en briques rouges cachée presque sous la vigne folle qui couvrait tous les murs.

On appelait cette villa la maison du bon Dieu, et

jamais titre ne fut mieux mérité, car là-bas vivaient dans une heureuse intimité quelques âmes d'élite, et la maîtresse de la maison, madame veuve Z..., était la providence de tous les malheureux qui souffraient.

Toutes les fois que je venais sur les bords du Rhin, j'allais frapper à cette porte hospitalière, où j'étais reçu par une femme remarquable et sa blonde fille de seize ans. Les deux fils étudiaient à l'université de Bonn; ils servaient en même temps dans un régiment de hussards qui était en garnison dans la ville. Le soir, les deux braves garçons venaient à la villa, où le souper réunissait toute la famille, les invités intimes et le fiancé de la jeune demoiselle. On respirait dans le château comme un parfum d'honnêteté; c'était la vie de famille dans sa plus noble pureté et avec ses plus tendres épanchements; les hussards caressaient leur vénérable mère comme des petits collégiens qui se seraient échappés de leur pension.

Il y avait dans cette maison une exubérance de jeunesse, une abondance de bonté qui charmait et enivrait.

J'avais passé deux jours dans cette famille distinguée, au mois de mars, alors que je me proposais de suivre les armées belligérantes en cas de guerre. La mère s'inquiétait de l'avenir de ses deux hussards adorés, la jeune fille tremblait pour son fiancé, lieutenant de la landwehr. Bien souvent, pendant la guerre, j'ai pensé à ces braves êtres, que j'ai voulu revoir un de ces derniers jours.

Je me suis dirigé vers la *maison du bon Dieu*, et mon cœur battait d'émotion et de peur; j'avais un pressentiment sinistre; à l'entrée du jardin, je rencontrai un vieux domestique qui me reconnut, secoua tristement la tête et me fit signe d'entrer au salon.

Le doute n'était plus permis... le malheur s'était abattu sur cette famille, mais dans quelles proportions?

Au bout de cinq minutes de cruelle attente, je vis arriver la maîtresse de la maison, et, en l'apercevant, mon cœur se serra; cette femme que j'avais connue resplendissante de bonheur et de contentement, n'était plus qu'une ombre; un bonnet noir encadrait son visage livide et amaigri... Elle vint à moi et me tendit la main; je ne trouvai pas une parole... je n'osai interroger cette malheureuse mère, qui m'entraîna dans une chambre voisine. L'aumônier était en prières au pied d'un lit sur lequel dormait d'un sommeil fiévreux la blonde enfant, qui se meurt depuis le jour où son fiancé tomba devant Aschaffenbourg, où une balle fédérale le frappa dans l'œil droit.

— Voilà tout ce qui me reste, me dit la mère d'un ton qui me glaça d'effroi en désignant sa fille. Mon fils aîné est mort à Sadowa... le choléra vient d'emporter le cadet à Brünn... Bientôt je resterai seule... mais pas pour longtemps!

． ． ． ． ． ． ． ． ． ． ． ． ． ． ． ． ．

En présence des innombrables malheurs qui ont frappé les familles riches ou pauvres de ce pays, où tout le monde est soldat jusqu'à quarante ans, la charité publique épuise tous ses efforts en faveur des blessés qui gisent dans les grands et petits hôpitaux, aux quatre coins de l'Allemagne.

C'est à qui donnera le premier, et de toutes les villes partent des convois de vivres ou de médicaments pour les blessés. A Coblence, j'ai trouvé la femme d'un banquier et ses deux petites filles de cinq et six ans en train de faire de la charpie, tandis que le père récoltait dans un bureau spécial les nombreux objets qu'on lui envoyait pour les blessés. Je promis à madame X... de venir dîner chez elle le surlendemain, et, dès le lendemain de ma visite je reçus le mot que voici :

« N'oubliez pas que vous dînez avec nous jeudi. Je vous frappe d'un impôt de deux bouteilles de rhum, et de cent cigares pour nos blessés du Mein. »

Vous pensez bien que je ne refusai pas cette légère contribution, et à l'heure du dîner j'arrivai avec les deux bouteilles de rhum et les cigares demandés.

Quand nous fûmes à table :

— Mon ami, dis-je au maître du logis, vous envoyez sans doute tous ces dons au quartier général ?

— Non, me répondit-il, je les porte moi-même.

— Vous-même ?

— Oui. Demain j'entreprends mon second voyage. Déjà, il y a dix jours, je suis parti pour la ligne du Mein avec tout un wagon de vivres et de linge. Quand nous avons récolté une certaine quantité de dons de toutes espèces, l'un des délégués se dirige soit vers la Bohême, soit vers le Mein, avec son fourgon. La guerre moderne sur la ligne droite du chemin de fer, et par conséquent les hôpitaux militaires se trouvent presque tous à proximité d'une gare quelconque. Nous nous arrêtons ainsi sur tout le parcours, nous donnons du vin par-ci, du linge par-là.

En route nous prenons nos informations auprès des chefs de corps. On nous dit que tel hôpital manque de linge, tel autre de vins généreux pour les convalescents, et nous distribuons le tout au fur et à mesure suivant les besoins; mais le service sanitaire de l'armée est si bien fait, et les dons volontaires arrivent en si grande quantité, que souvent nous ne trouvons pas à placer notre marchandise. Un de mes amis, qui est parti pour la Bohême avec un convoi d'offrandes, a été renvoyé de sept ou huit hôpitaux, où l'on ne manquait absolument de rien et où l'on ne savait que faire de nos cadeaux.

Pour éviter ce désagrément après un pénible voyage, l'autorité militaire nous tient à présent au courant des objets qui manquent aux blessés de telle station. Pour le moment il faut du bordeaux et du rhum pour les cholériques de la ligne du Mein, où l'épidémie vient d'éclater dans plusieurs hôpitaux. Je pars demain; voulez-vous venir avec moi?

— Et où allez-vous?

— A Aschaffenbourg en Bavière.

— Mais le choléra?

— Il n'y est pas encore.

Les dernières paroles du banquier m'avaient un peu rassuré.

— J'accepte, lui dis-je. Quand partons-nous ?

— Demain matin, à neuf heures. Venez donc avec moi au chemin de fer, je vais voir si le fourgon est prêt.

En arrivant à la gare, j'entendis des clameurs étranges qui venaient du perron où stationnait une foule turbulente. Le bruit s'était propagé dans la ville que le train de Mayence amènerait une société de misérables qui avaient suivi l'armée du Mein et dépouillé les morts sur les champs de bataille. Deux de ces brigands, pris en flagrant délit, avaient été fusillés, les autres, solidement garrottés, furent arrêtés, et en ce moment on les conduisait à Cologne par le chemin de fer.

Ils étaient au nombre de huit dans un fourgon, tous solidement enchaînés et gardés à vue par des gendarmes. La foule demanda à voir les misérables ; on ouvrit les portes du fourgon, et je pus contempler à mon aise cette collection de hideux visages.

— Cela ne vaut pas le pain qu'on leur donne en prison, s'écria un homme du peuple.

— Fusillez-moi donc cette canaille ! exclama un autre.

— Oui, à mort ! à mort ! répéta la foule, en montrant le poing aux prisonniers.

Les voleurs tremblaient et se cachaient derrière les gendarmes.

Pour faire comprendre au lecteur français cette colère populaire, je dois lui dire que les prisonniers faisaient partie d'une vraie bande de sauvages. A l'ombre de la nuit, ils se glissaient sur le champ de bataille, et, de peur d'être surpris par une patrouille, ils ne se contentaient pas de dévaliser les morts, mais ils les mutilaient encore. Dans la poche de l'un de ces voleurs, on a trouvé un doigt que le malfaiteur avait coupé pour s'emparer de la bague en or qu'il ne pouvait enlever. Néanmoins, les gendarmes protégeaient les brigands contre la foule ; ils fermèrent le fourgon, et, un instant après, le train roula vers Cologne.

Aschaffenbourg, 10 août.

La ville d'Aschaffenbourg, sur la rive droite du Mein, à neuf lieues de Francfort, a acquis une certaine célébrité par le sanglant combat qui y a été livré le 14 juillet entre les Prussiens et l'armée fédérale ; c'est, d'ailleurs, une agréable petite cité, que le roi Louis, grand-père du jeune souverain actuel, affectionne à ce point qu'il a fait construire à Aschaffenbourg une maison pompéienne, où il passe une partie de la belle saison. La veille du combat, le roi Louis, protecteur des arts, de la musique et même de la danse de Lola Montès, était encore dans sa maison de plaisance ; mais jugeant avec raison que le moment n'était pas favorable à la villégiature en Bavière, le vieillard s'était éloigné dans la direction du Tyrol.

Les habitants de la petite ville du Mein ne se doutaient pas des malheurs que leur apporterait la guerre ; ils allaient, venaient, vaquaient à leurs affaires et se disaient :

— On ne viendra pas nous déranger dans notre vie paisible.

Ils virent bien passer des détachements de l'armée fédérale, Autrichiens, Bavarois, Hessois, etc., mais les différents corps ne faisaient que traverser la ville après s'y être reposés un instant, et allèrent ensuite rejoindre la grande armée de la confédération sous les ordres d'un prince hessois.

Je roulai donc vers Aschaffenbourg avec le banquier de Coblence, qui, ainsi que j'ai eu l'honneur de le dire, y conduisait un fourgon rempli de dons volontaires pour les blessés. Notre voyage s'effectua sans aucun accident, car depuis l'armistice toutes les routes sont libres et la plus grande partie des chemins de fer démolis est rétablie déjà; les Prussiens avaient amené à la suite de l'armée du Mein tout un bataillon d'ingénieurs, de mécaniciens et même de chauffeurs. Partout, sur leur passage, ils recrutaient les employés des chemins de fer dont le service était interrompu. Les ingénieurs, les mécaniciens et les chauffeurs en disponibilité, presque tous pères de famille, ne demandaient pas mieux que de faire partie de l'armée, et ce d'autant plus qu'on leur payait d'avance un mois d'appointements. A mesure donc que les Prussiens avançaient, ils faisaient reconstruire les voies ferrées pour rétablir les communications avec la patrie; une fois les rails posés, les mécaniciens se rendaient à la prochaine gare d'une grande ville et revenaient avec des locomotives et des wagons pour faire le service de l'armée; les Prussiens avaient aussi dans leur train militaire tout un matériel de ponts de chemin de fer, que le génie reconstruisait là où l'on avait fait sauter les petits ponts en pierre. J'ai causé, il y a quelques jours, avec deux mécaniciens du duché de Nassau, qui ont suivi les Prussiens jusqu'à Wurtzbourg, en Bavière ; l'un d'eux a conduit un convoi de vivres entre Hanau et Francfort, et les troupes fédérales qui se trouvaient encore dans les environs, l'ont salué au passage par une pluie de balles, qui sont venues s'aplatir sur une espèce de guérite en fer dans laquelle se tient le mécanicien allemand.

Nous arrivâmes à Aschaffenbourg vers midi, et dès notre entrée en gare nous eûmes un tableau complet des désastres de la guerre, toutes les maisons d'alentour sont criblées de balles ; quelques-unes portent des traces de boulets, mais l'artillerie n'a joué qu'un rôle secondaire dans le sanglant combat du 14 juillet.

Quelques jours avant les habitants avaient vu arriver, à leur plus grande stupéfaction, des corps nombreux de troupes fédérales qui campaient dans les rues et sur les places publiques ; mais les bourgeois ne s'attendaient à aucun engagement sous les murs de leur ville.

Tout à coup, le 16 juillet, les Autrichiens qui mangeaient tranquillement la soupe, sautèrent sur leurs fusils. On entendait du côté de la gare, d'abord des détonations isolées, puis des feux de peloton. Le tambour retentit et toute l'armée se précipita vers le chemin de fer, d'où l'on apercevait l'avant-garde de l'armée prussienne qui s'abattit sur le pays comme une nuée de sauterelles.

Aux premières détonations, les habitants d'Aschaffenbourg avaient fermé leurs boutiques et s'étaient réfugiés dans les caves où ils restèrent pendant quatre heures sans nouvelles du combat. Tandis qu'on s'égorgeait dans une sorte de faubourg qui enveloppe la gare, les bourgeois tremblants étaient occupés dans leurs caves à porter secours à leurs femmes évanouies et à calmer leurs enfants qui poussaient des cris de détresse. La femme de l'aubergiste chez qui nous avons déjeuné est morte de frayeur pendant le combat, et le mari, un jeune homme de vingt-cinq ans, après quatre heures d'angoisses, est sorti de la cave avec des cheveux blancs.

La gare d'Aschaffenbourg fut prise d'assaut après une vive fusillade; toutes les maisons voisines furent emportées à la baïonnette. Parmi les soldats autrichiens se trouvait un bataillon d'Italiens. Quand ceux-ci virent arriver le gros de l'armée prussienne, ils se débarrassèrent de leurs armes et se jetèrent à terre. La fumée était telle, que les Prussiens ne distinguaient rien et continuaient à tirer sur les Italiens, tandis que l'armée fédérale canardait ces mêmes malheureux, qui refusaient de se battre contre les alliés de leur patrie.

Tandis que ce drame se passait à droite de la gare, un autre drame se jouait à gauche. Un bataillon autrichien, décimé par les Prussiens, commençait à se retirer sur l'ordre du commandant, quand un lieutenant, enivré par la poudre, se mit à la tête et s'écria :

— Pas de retraite, mes amis! En avant!

— En arrière, cria le commandant.

— En avant! hurla le lieutenant.

On vit alors un incident terrible. Le commandant, l'épée à la main, se précipita sur le lieutenant, et, au milieu d'une pluie de balles, il s'engagea entre les deux officiers un combat singulier au sabre. Pendant quelques instants ils s'attaquèrent avec une fureur incroyable... Le lieutenant avait reçu un coup de pointe dans l'épaule, le commandant avait la joue droite emportée par un coup de tranchant. Tout autour d'eux les soldats tombaient : dans leur aveugle acharnement, les duellistes ne voyaient rien... Tout à coup le lieutenant chancela... une balle prussienne lui avait cassé la tête.

Pour le plus grand bonheur des habitants, l'armée fédérale battit en retraite en suivant une large voie qui conduit de la gare au parc du château, en dehors de la ville ; elle cherchait à gagner le Mein. Sur tout le parcours, la fusillade continua de part et d'autre ; la dernière maison qui fut défendue par les fédéraux est celle du restaurateur Münch, qui est entièrement démolie, et dans laquelle on trouva quarante et un cadavres après le combat.

L'armée fédérale toujours poursuivie par les Prussiens, traversa le parc et gagna une faisanderie, entourée de murs, toujours en dehors de la ville ; c'est dans cet enclos qu'eut lieu un combat désespéré; dans tous les arbres se trouvent des balles par douzaines, et le soir on y enterra pêle-mêle les monceaux de cadavres qui gisaient de tous les côtés après cette effroyable tuerie.

On creusa à la hâte une immense fosse commune et l'on y jeta les uns et les autres; la fosse n'était pas assez profonde, de sorte qu'on ne couvrit les victimes que d'une mince couche de terre; aussi, au bout de huit jours, quand les dernières pluies eurent détrempé le sol, on vit reparaître à la surface des mains et des visages en décomposition.

Il fallut enterrer une seconde fois tous ces malheureux, et, aujourd'hui encore, le sol de la faisanderie exhale des émanations qui donnent des nausées.

Quand les Prussiens furent maîtres de toutes les positions, ils interrompirent leur sanglante besogne et rentrèrent dans la ville. Peu à peu les bourgeois sortirent de leurs caves et ouvrirent leurs boutiques.

Pas un seul citoyen de la ville n'a été blessé : les soldats prussiens, après s'être reposés un instant, commençaient à ramasser les nombreux blessés qui gisaient de la gare à la faisanderie, et jusqu'au bord du Mein. Un premier hôpital fut installé à la caserne; ce bâtiment à trois étages fut bientôt rempli, et les bourgeois, tout à fait rassurés, ouvrirent volontiers leurs maisons aux pauvres diables ensanglantés à qui les douleurs arrachaient des cris terribles. Un pensionnat de jeunes demoiselles anglaises recueillit quinze blessés, dont la plupart, ici comme ailleurs, étaient ces Italiens sur lesquels, ainsi que je l'ai dit, les Prussiens et les Fédéraux avaient tiré à la fois. Les bourgeois d'Aschaffenbourg ont trouvé chez les Italiens morts, sous leur toit hospitalier, à la suite de leurs blessures, des lettres inachevées que ces malheureux écrivaient à leurs parents entre deux combats. Tous ces papiers ont été pieusement recueillis et envoyés aux familles italiennes, quand l'adresse était en tête de la lettre.

Après le déjeuner pendant lequel j'ai recueilli les renseignements qu'on vient de lire, je parcourus le champ de bataille tandis que mon ami livrait une quantité considérable de vin, de rhum et de couvertures de laine à l'administration militaire, pour être distribués ensuite aux blessés, à quelque nationalité qu'ils appartinssent d'ailleurs. J'ai poussé ma promenade jusqu'à la fameuse faisanderie dont je viens de parler, et j'ai failli me trouver mal en respirant l'atmosphère empestée par les cadavres.

Avant de retourner sur nos pas, j'ai voulu suivre en voiture la route que les Prussiens avaient prise après le combat d'Aschaffenbourg, et qui s'éloigne cette fois du chemin de fer. Je fis une promenade de quatre heures en voiture, et sur tout le parcours le paysage était dévasté. Des débris de voitures, des roues et des harnais encombrent encore par-ci par-là le chemin qui conduit à travers les champs ravagés dans la direction de Wurtzbourg. Sur toute cette ligne ont eu lieu les plus sanglants combats; l'armée du Mein a semé son passage de nombreux dépôts de blessés. Il y en a dans la moindre petite ville. Typhus et choléra se promènent sur toutes ces routes comme une paire d'amis, et achèvent ceux qui n'ont pas succombé à leurs blessures.

Je ne saurais vous dire tout l'écœurement que j'ai rapporté de ce triste voyage. A vous franchement parler, toutes ces horreurs me font mal, et je commence à aspirer à des émotions moins violentes et plus saines.

Kissingen, 20 août.

Il est des gens qui aiment la guerre pour la guerre, et dont la position sociale est de se faire casser n'importe quoi aux quatre coins de l'Europe, pour le seul amour de l'art et sans que leur intérêt, leur nationalité, le drapeau de leur pays ou leur honneur personnel soient en jeu.

Un tel excès de courage est respectable, je ne le nie point; mais il peut nous étonner, nous autres bourgeois qui poussons la curiosité jusqu'à demander pourquoi nous nous battons avant de mettre l'épée à la main. Les tempéraments purement belliqueux, ceux qui ont la bosse de la fusillade, pensent autrement : peu leur importe la cause, ils ne voient que les effets, et au besoin ils feraient quinze cents lieues pour fendre le crâne à un monsieur quelconque, comme le commun des mortels prend l'omnibus pour manger un perdreau chez un ami.

Dans l'excursion que je viens de faire, j'ai eu l'avantage de causer avec un de ces commis-voyageurs en coups de sabre qui offrent leur épée à n'importe quelle cause et se font hacher menu comme chair à pâté pour le gouvernement qui daigne les honorer de leur confiance.

Celui dont je parle se traînait sur la promenade du Kursaal de Wiesbaden et portait l'uniforme des cavaliers autrichiens. Son teint, alternativement jaune ou vert, témoignait des souffrances qu'il avait endurées, et tous les regards se tournaient avec compassion vers ce grand jeune homme boiteux. Aussi, comme bien vous pensez, je saisis la première occasion venue pour causer un brin avec cet intéressant blessé. Quand le hasard nous eût réunis à la même table :

— Monsieur, lui dis-je en allemand, à quelle bataille avez-vous été blessé ?

— I do not understand you ! me répondit ce singulier Autrichien.

Sans être précisément de la force de Bulwer, je parle assez l'anglais pour écrire au besoin « English spoken here » et en remplaçant avantageusement par une pantomime vive et animée les mots qui m'échappaient, je parvins à entamer une sorte de causerie internationale d'où il résultait ce qui suit :

Ledit Autrichien qui parlait l'anglais est Américain. Au début de la sanglante guerre de l'autre monde, il vivait de ses rentes dans les environs de New-York.

Un beau matin il monta à cheval, et alla se battre comme un enragé contre le sud, où il reçut un coup de sabre sur le front et un coup de revolver dans l'épaule, ce qui est une bonne moyenne.

Après la guerre américaine, le jeune rentier retourna dans ses terres, où il s'ennuyait profondément; il avait un coup de sabre, mais il lui fallait la paire, et au commencement du mois de février il résolut de se procurer le pendant en Allemagne. Il offrit d'abord ses services à la Prusse, mais on lui déclara, à Berlin, que l'organisation de l'armée ne souffrait pas d'*amateurs* dans les rangs. L'Américain fut plus heureux à Vienne, où grâce à de puissantes protections, on lui permit de prendre service dans un régiment de cavalerie. A Sadowa, il eut la jambe cassée par une balle, qu'il reçut au-dessus du genou, et qui l'a rendu boiteux pour le reste de ses jours.

— Mais, demandai-je à cet Autrichien d'Amérique, avez-vous eu du moins la satisfaction de pourfendre un adversaire avant d'être blessé?

— Oh yes! me dit-il, j'ai fendu deux crânes prussiens à Sadowa.

— Et, hasardai-je, cela ne vous faisait rien d'exterminer des soldats qui ne vous avaient jamais offensé ni vous ni votre pays ?

— Rien du tout, me répondit-il, je ne connaissais pas ces messieurs.

Je n'avais plus rien à faire à Wiesbaden après ce court entretien ; aussi je partis pour Kissingen, où a eu lieu le terrible choc entre les armées bavaroises et prussiennes, pour me diriger de là sur Langensalza. Le champ de bataille de Kissingen est affreux ; sur les hauteurs que les Prussiens ont prises d'assaut après une défense désespérée, il n'y a plus un arbre debout ; sur quelques troncs, brisés par les boulets, on voit encore des taches de sang, et par-ci par-là une petite croix en bois s'élève tristement sur une colline qui cache dans ses entrailles les victimes de l'affreuse journée ; les soldats prussiens rendaient d'ailleurs pleine justice aux fantassins bavarois, qui se sont battus, paraît-il, avec un courage remarquable, et c'est ce qui explique pourquoi l'on voit dans les environs de Kissingen une si navrante collection de tombes surmontées de croix qui portent la date du combat et le chiffre des morts qu'on a ensevelis là après la bataille. Je ne saurais vous dire l'écœurement, le dégoût qui m'est venu de cette lugubre promenade.

Tous les grands mots qui émeuvent les cœurs bien nés, toutes les grandes phrases qui excitent les passions et enflamment les cerveaux, vous semblent bien peu de chose à côté de la navrante éloquence des petites croix sur les immenses fosses communes du courage malheureux.

De tant de forces dépensées, de tant de patriotisme, de tant de courage, de toute cette jeunesse, cette bravoure et cette abnégation, il ne reste que des petites collines avec des croix sur lesquelles on lit la date du combat et le chiffre des victimes qui reposent sous chaque colline.

Les noms de tous ces pauvres garçons ne sont même pas inscrits sur les tombeaux. Un jour ou l'autre, quelque parent des morts passera par là, s'arrêtera et se dira :

— Tiens, mon frère repose peut-être sous cette colline, où l'on a enterré soixante-deux soldats. A moins qu'il ne dorme dans cette autre fosse qui renferme quatre-vingt-onze cadavres.

Nul ne sait au juste le nombre des victimes de cette courte et sanglante guerre ; chaque jour, les paysans trouvent dans quelque coin lointain un cadavre en putréfaction, caché sous des branches et le feuillage que les camarades ont jetés à la hâte sur le mort. Le sergent qui m'accompagnait dans ma promenade à travers le champ de bataille de Kissingen, m'a conté des histoires épouvantables que je vous dirai une autre fois.

C'était un guerrier sentimental que ce jeune sergent prussien ! Quand nous fûmes arrivés devant les tombes des Bavarois, le Prussien ôta sa casquette et me dit avec une certaine émotion :

— Croyez-moi, Monsieur, ceux qui sont couchés là étaient des braves.

Nous n'étions d'ailleurs pas seuls. Au cabaret où j'avais prié le sergent de me servir de guide, ce qu'il avait accepté en riant, un commis-voyageur de Cologne nous avait demandé la permission de nous accompagner, et je n'avais point osé la lui refuser. J'eus bientôt à me repentir de ma politesse, car ce tout jeune homme affectait un cynisme qui me révoltait. Le sergent, homme fort poli du reste, n'était pas plus content que moi, et à plusieurs reprises il avait regardé le voyageur avec colère et ne semblait attendre qu'une occasion pour lui donner une leçon.

Cette occasion ne se fit pas attendre.

Quand le sergent m'eut dit ces mots que j'ai rappelés plus haut :

« Croyez-moi, Monsieur, ceux qui sont couchés là étaient des braves ! »

Le commis-voyageur répliqua en riant :

— Ah bah ! ils ne sont déjà pas tant à plaindre, puisqu'ils n'ont pas de loyer à payer.

Je me contentai de tourner le dos à ce jeune drôle, mais le sergent indigné prit le commis-voyageur par le collet de son habit, le souleva d'un bras vigoureux, le secoua en l'air et lui dit :

— On ne plaisante pas avec ces choses là, mon petit monsieur ! et si vous vous étiez trouvé en face de ces braves Bavarois, ils vous auraient renvoyé chez papa à grands coups de botte comme j'ai l'honneur de le faire.

Ce disant, le soldat appliqua la semelle de sa botte dans le dos prolongé du jeune sceptique et ajouta :

— Allez au diable et ne demandez pas votre reste ou je vous étrangle !

— Vous abusez de votre force ! s'écria le nigaud ; car enfin vous êtes armé et je ne le suis pas !

— C'est vrai ! dit le sergent.

Il ôta son ceinturon et son sabre, qu'il me tendit, et :

— A nous deux maintenant, dit-il au commis-voyageur.

Je me jetai entre les belligérants :

— Sergent! m'écriai-je, vous avez bien fait de donner une leçon à monsieur; mais elle suffit... Allons-nous-en!

Derrière moi, le commis-voyageur criait et sautait. Devant moi, le sergent jurait qu'il tuerait l'autre, et lançait des coups de poing par-dessus mes épaules dans le vide.

— Sapristi! crai-je au sergent, tenez-vous donc tranquille; vous me battez, moi, votre ami !

A ces mot, le soldat se calma :

— Pardon, me dit-il, c'est la colère... Au fait, allons-nous-en !

Entre nous, je n'étais pas fâché d'arrêter le combat, car mon sergent n'eût fait qu'une bouchée du jeune homme de Cologne.

Quand nous fûmes loin du commis-voyageur, qui criait toujours, le sergent s'essuya le front avec le revers de la main et me dit :

— Voyez-vous, Monsieur, quand on a vu de près la guerre et que l'on s'est battu avec des gens qui ont fait leur devoir, on n'aime pas à les entendre insulter par un polisson qui passe et qui mourrait de frayeur le jour où on lui mettrait un fusil sur l'épaule. Je ne souffrirai jamais qu'on dise du mal des Bavarois. S'ils avaient été mieux commandés, tous ces pauvres diables seraient peut-être debout à cette heure, et moi je serais à leur place.

Ce sergent me plut, je lui offris un thaler... qu'il refusa.

— Vous vous trompez, Monsieur, me dit-il en souriant. Je n'ai pas besoin d'argent, Dieu merci ! Papa ne me laisse manquer de rien, et si jamais vous passez par Breslau, vous me ferez, je pense, l'honneur de venir me voir.

Le sergent déboutonna son uniforme... tira un élégant calepin de sa poche et me tendit une carte sur laquelle je lus à ma grande stupéfaction :

WILHELM BODMER

AVOCAT A LA COUR DE BRESLAU

Langensalza. 24 août.

Vous allez lire le compte rendu exact d'un drame terrible, et les détails sont, je l'avoue, tellement invraisemblables, que j'hésite à vous les dire. Dans l'intéressant voyage que je fais en ce moment, j'ai vu et entendu bien des choses extraordinaires ; mais ce que je vais avoir l'honneur de vous conter, dépasse de beaucoup tout ce que l'imagination d'un écrivain peut rêver. C'est la guerre dans toute sa laideur, mais aussi dans la plus absolue vérité.

Mon projet de me rapprocher autant que possible de Berlin, pour assister à la rentrée de l'armée de Bohême, fixée d'abord au 2 septembre, puis remise à une époque indéterminée, m'avait conduit à travers la Thuringe dans la petite ville de Langensalza, sur la lisière du Hanovre. C'est là, on ne l'a point oublié, qu'eut lieu un choc sanglant entre les soldats du roi Guillaume et cette armée du Hanovre qui essayait d'opérer sa jonction avec le corps fédéral. J'arrivai à Langensalza après une journée terrible, et j'avais tellement souffert de la chaleur, que je respirais avec bonheur l'air frais du soir devant la porte de l'hôtel de la *Clcohe-d'Or*. L'aubergiste venait de m'apporter une bouteille de vin aigre, et sur mon invitation, il vint s'asseoir à côté de moi sur le large banc en chêne.

—Pourriez-vous me dire, demandai-je à l'aubergiste, où je trouverai quelques détails intéressants sur le combat de Langensalza ?

— Volontiers, me répondit-il ; voyez-vous sur le banc d'en face, un homme de quarante-cinq ans environ qui fume sa pipe ?

— Oui.

—Eh bien ! je vais vous présenter à mon voisin, il vous contera son histoire.

Nous allâmes nous asseoir à côté du fumeur, et nous causâmes un instant de choses fort indifférentes, puis l'aubergiste dit à son voisin :

— Mon ami, avez-vous lu la feuille du soir ?... la paix est définitivement signée.

Le bourgeois devint sombre et :

— Qu'est-ce que cela peut me faire? murmura-t-il ; avec tous leurs traités et tous leurs millions ils n'effaceront pas les traces du sang qui a coulé.

Le bourgeois s'arrêta...

Il y avait dans son regard une tristesse qui me navrait.

Il se tut pendant dix minutes, et je n'osai le troubler dans ses réflexions. L'aubergiste me poussait du coude pour me dire :

— Il y viendra ! ne le lâchez pas ! Il faut qu'il vous conte son histoire.

Cette histoire, la voici :

Le bourgeois de Langenzalza était un homme heureux avant la guerre, car à la suite d'un héritage il s'était retiré des affaires et vivait de ses rentes dans une jolie maisonnette que j'apercevais de ma place. Sa famille se composait d'une femme aimée, d'une jeune fille de quinze ans et d'un gaillard qui venait d'atteindre sa majorité et servait dans l'armée.

Une lettre du jeune Karl avait informé ses parents que le régiment auquel il appartenait ne partait pas pour la Bohême, mais qu'il restait en garnison pour rejoindre plus tard un autre corps d'armée. Il n'en savait pas davantage sur son avenir, mais il promettait de tenir ses parents au courant des événements de sa vie future.

Quinze jours s'étaient écoulés sans que le bourgeois de Langensalza eût d'autres nouvelles de son fils ; puis, un beau matin, le bruit courut que les Prussiens cernaient l'armée du Hanovre, et que l'on s'attendait à un engagement d'un moment à l'autre.

En effet, on entendit une fusillade acharnée. On se battait aux portes de la ville. Le combat fut long... sanglant, et, lorsque vint le soir, on apporta dans la ville un nombre considérable de blessés.

Le petit hôpital fut bientôt plein, et il fallait caser les autres malheureux en ville. Le bourgeois accueillit chez lui un pauvre soldat qui avait l'épaule fracassée par une balle. Les premiers soins lui avaient été prodigués sur le champ de bataille sans que le blessé fut revenu de son évanouissement. Le bourgeois le fit coucher dans le meilleur lit de la maison et veillait au chevet du soldat avec sa femme et sa jeune fille.

A minuit, enfin, le blessé revenait à la vie.

A peine aperçoit-il le maître de la maison, qu'il pousse un léger cri de surprise.

On s'empresse autour du soldat.

— Qu'avez-vous mon ami ? lui demanda le bourgeois.

— Oh ! murmure le blessé, en regardant son hôte, quelle ressemblance !

— Que voulez-vous dire ? s'écrient toutes les personnes présentes.

Le blessé lève péniblement la tête, regarde le maître de la maison et murmure :

— Comme vous ressemblez à un de nos camarades.

— A un de vos camarades ? Mais j'ai un fils à l'armée... le connaissez-vous ?

— Oui.

— Vous avez de ses nouvelles ?

— Oui ; j'étais à côté de lui.

— Où, grand Dieu ?

— Là-bas... Karl est mort le premier.

A ces mots, la femme du bourgeois tombe tout d'une pièce sur le parquet ; la jeune fille se jette sur sa mère évanouie et pousse des cris de détresse ; les voisins accoururent... parmi eux se trouve l'aubergiste.

Le malheureux père est comme foudroyé par la terrible nouvelle, puis :

— Ils ont tué mon fils ! sanglote-t-il, mon enfant est mort ; il me faut mon fils, m'entendez-vous ! je le veux !

— Voyons, voyons, dit l'aubergiste, calmez-vous d'abord, tout espoir n'est pas perdu... Demain nous verrons...

— Demain ! s'écria le père, demain ! mais demain ils l'auront jeté dans la fosse commune avec les autres, et je veux mon fils, m'entendez-vous, je veux enterrer mon enfant moi-même !

La mère, qui a repris connaissance, se lève alors. Elle est livide, tremblante, mais pas une larme ne s'échappe de ses yeux.

— Viens ! dit-elle à son mari.

— Où ?

— Nous allons chercher notre enfant !

Tous les efforts des voisins, pour retenir les malheureux parents, sont inutiles. A une heure du matin, le père, portant une lanterne, sort de la ville... Derrière lui marchent sa femme et sa jeune fille ; l'aubergiste et quelques voisins suivent la pauvre famille.

On arrive enfin sur le champ de bataille, et là, à la lueur de la seule lanterne, le père, la mère et la sœur parcourent en chancelant le terrain, éclairent la tête de tout cadavre ; la jeune fille soulève dans ses bras les corps pour examiner les visages.

On fouille dans les tas de morts qui gisent à droite et à gauche... Rien ! rien !

Deux heures se passent ainsi... sur le passage du funèbre cortège, quelques blessés abandonnés sur le champ de bataille tendent leurs mains suppliantes et demandent du secours. On ne les entend pas... On ne s'arrête pas... il faut retrouver Karl !... On marche toujours en avant... on fouille le bois... on cherche dans tous les fossés... rien encore !

Vers trois heures du matin on s'arrête un instant dans une clairière pour respirer. La première lueur du jour se montre...

— Cherchons encore, cherchons toujours ! s'écrie le père.

La jeune fille marche en tête. Elle pénètre dans les buissons... écarte le feuillage... tout à coup elle jette un cri déchirant... les autres accourent...

Le cadavre de Karl gît dans une mare de sang !

. . . .

Quand le pauvre bourgeois de Langensalza, car c'est lui qui me racontait le drame, en fut arrivé à cette partie de son récit mouvementé, il appuya la tête dans ses mains tremblantes, et se mit à pleurer.

Je n'osai l'interroger, et d'ailleurs, je vous prie de croire que je n'eus aucune envie d'en entendre davantage. L'aubergiste, un brave homme, prit son voisin par le bras et l'entraîna vers la maisonnette, où la mère pleurait sans doute de son côté.

Quand l'hôtelier revint vers moi, il me dit, en me montrant la demeure de son voisin :

— Jamais je n'oublierai ce que j'ai vu là-bas quand

nous avons rapporté *le petit*... C'était un beau garçon, allez! et cela faisait de la peine de le voir ainsi... Je ne suis pas bien sensible, non! mais j'ai pleuré comme si j'avais perdu un fils... Le lendemain nous avons enterré l'enfant au cimetière de la ville... C'est là que la mère et sa fille passent à présent leurs journées!...

. . . .

Voilà, ami lecteur, la guerre chantée par les poètes!

Prague, hôtel de l'*Ange-dO'r*.

Si l'on veut se rendre compte de la position que j'ai occupée l'après-midi de ce jour, il faut se placer devant cette merveille des merveilles qu'on appelle le vieux pont de Prague.

Au premier plan l'on voit cette étonnante tour du quinzième siècle si admirablement conservée, et à travers la grande porte on aperçoit le pont avec ses nombreuses et exécrables statues. A droite, on remarque celle de saint Jean de Nepomouk; au pied de cet honorable patron de la Bohême figurez-vous un voyageur en extase devant le magnifique panorama qu'il a sous les yeux.

Ce voyageur, c'est moi !

Après avoir stationné quelque temps aux pieds de saint Népomouk et admiré les deux villes que sépare le fleuve, je continue ma promenade et j'arrive de l'autre côté du pont, au sommet du Hradschin, planté sur une hauteur que couronne la cathédrale.

Arrivé au sommet du Hradschin, là où, dans le palais impérial qui date du dix-huitième siècle, se trouvent encore quelques ruines de l'antique château des rois de Bohême, je m'arrête, et, après avoir jeté un premier regard sur la vieille ville de Prague, la ville aux cent clochers, comme on l'appelle, je déclare, en mon âme et conscience, qu'il est impossible d'avoir sous les yeux un spectacle plus pittoresque et plus imposant. Que de fois vous êtes-vous arrêté dans une ville pour voir un seul palais, une seule cathédrale, n'est-il pas vrai ? Eh bien ! ici tout est art et histoire ; pas une pierre des nombreuses tours gothiques qui s'élèvent au-dessus des toits de cette admirable ville n'est sans intérêt ; vous n'apercevez pas une rue où n'ait coulé le sang des peuples, pas un édifice qui n'ait son histoire ; chaque coin de cette admirable cité parle à la pensée et pousse à la méditation.

Vous voyez surgir de la foule Jean Huss, et dans cette terrible hallucination, vous croyez assister aux carnages entre les soldats de l'empereur Sigismond et les révoltés de la Bohême. Ils vous semble voir le grand Zisca, le chef des rebelles, rendu aveugle par une flèche qui pénétra dans l'œil droit, et conduisant néanmoins ses armées à la victoire. Tout autour de vous rappelle la guerre et le carnage ; il vous semble que le fleuve qui sépare la petite ville de la grande est un fleuve de sang ; tout vous parle de révolution et de guerre, d'assassinat, de destruction, d'égorgement; la vieille Bohême a été de tout temps l'abattoir des peuples, où les hommes de toutes les nations sont tombés comme du bétail sans profit pour l'humanité. Il en a toujours été ainsi, et tout fait présumer que ce siècle, qui se dit civilisé, ne verra pas encore la fin des égorgements internationaux.

Dans la demeure princière que l'ex-souverain de la Hesse-Électorale habite en hiver, au pied du Hradschin, on resterait des heures entières en contemplation devant cette magnifique ville, en songeant aux siècles passés ; mais le jardin de l'ex-électeur, que j'aperçois en bas, me ramène en plein dix-neuvième siècle. Parmi les princes dépossédés après la campagne de 1866, celui-ci mérite le moins d'intérêt ; oui, il n'en mérite pas du tout, car ce fut bien le plus insupportable petit despote que l'on connaisse. Pour celui-là, le pays était la propriété de sa couronne de fer-blanc, et les habitants étaient de simples fellahs. De son auguste main, avec son auguste canne, il rossait ses domestiques, et le simple mot de liberté publique le rendait fou furieux.

Un jour que l'Électeur visitait la galerie des tableaux à Cassel, ce petit despote ridicule fut tout étonné de ne pas recevoir sur son passage les hommages du peuple qui lui tournait le dos avec un certain enthousiasme.

— Que font tous ces gens ici ? demanda-t-il d'un ton courroucé.

— Altesse, tous ces gens regardent les beaux tableaux du Musée.

— Le peuple n'a pas besoin de tableaux, fit l'électeur de Cassel ; à partir d'aujourd'hui le musée est fermé.

Et le musée demeura fermé jusqu'en 1866, époque à laquelle cette ridicule Altesse fut expropriée. Non, vraiment, quand des princes de cette espèce, après avoir résisté pendant des années au mépris de leur peuple, tombent enfin par suite d'une circonstance quelconque, il ne convient pas de mettre un crêpe à notre chapeau et de verser des larmes d'attendrissement, dont nous trouvons partout ailleurs un plus louable placement.

Au temps de sa splendeur, l'Électeur eut sa cour, ses courtisans, son théâtre et ses acteurs. Il lui sera beaucoup pardonné parce qu'il a trouvé un moyen original de ramener à la raison un ténor récalcitrant. Ledit ténor s'étant vu refuser une augmentation d'appointements, ne voulant pas chanter dans une représentation par ordre, sous prétexte qu'il était enroué.

Son Altesse ne l'entendait pas ainsi.

Le jour de la représentation, la police envahit l'appartement du ténor ; on déshabille le chanteur et on lui met la camisole de force. Le ténor se débat en vain, il crie au secours! mais sans le moindre succès. Enfin, exténué, abattu, plus mort que vivant :

— Que signifie tout ceci ? murmura-t-il ; où me conduisez-vous ?

— Nulle part ! répond un médecin, vous resterez

chez vous, gardé à vue par deux hommes, car vous êtes fou !.

— Fou ? moi ?

— Certainement, cher monsieur ; Son Altesse l'a décidé ainsi. Elle a émis l'avis, que je partage d'ailleurs, qu'un ténor qui refuse de chanter dans une représentation par ordre doit être fou.

— Et que faut-il faire pour prouver le contraire ?

— Il faut chanter ce soir.

— Eh bien, je chanterai.

Avec ce système, que je recommande au directeur de théâtre, jamais de relâche par indisposition.

Mais comme je ne suis pas venu à Prague pour écrire une biographie de l'électeur de Hesse-Cassel, ou pour faire un cours d'histoire, nous allons jeter un dernier regard sur cette ville étrange, sur laquelle s'étend déjà la nuit.

Dans cette masse imposante de vieilles maisons et d'antiques édifices, quelques fenêtres s'éclairent déjà, et dans les cent cinq églises s'ébranlent à la fois toutes les cloches pour annoncer l'approche du dimanche.

Je n'essayerai pas de donner une idée du tableau de mélancolique grandeur qu'offre cette ville fantastique, ainsi noyée dans les brumes du crépuscule, tandis que les cloches sonnent à toute volée.

Il faut s'arracher à ce merveilleux spectacle, descendre du Hradschin, et, à travers les rues sombres, où la populace bohémienne parle une langue incompréhensible, regagner la ville en repassant sur ce vieux pont merveilleux, qui est si grand, si beau que les abominables statues dont on l'a orné nous apparaissent comme des chefs-d'œuvre de la sculpture, tant l'impression générale est majestueuse et écrasante.

Nous repassons à travers la porte de cette magnifique tour, et nous voici dans la grande ville, errant au hasard à travers les rues et ne comptant que sur le hasard pour nous ramener à l'hôtel.

C'est ainsi que nous nous enfonçons dans les pauvres ruelles du quartier juif, qui, depuis 1848 seulement, n'est plus un ghetto officiel où l'on enfermait les enfants d'Israël pendant toute la journée du sabbat.

Nous errons à travers cette ville d'un autre âge, et à tout moment une œuvre d'art nous force à nous arrêter. Ici c'est une magnifique grille en fer forgé qui nous arrache des cris d'admiration ; là-bas, on s'arrête devant une église gothique ou un palais de l'époque de la Renaissance ; plus loin on contemple une antique fontaine ou un monument d'un vieux roi de Bohême.

Sur ce, la nuit est venue et nous arrivons à cette charmante place de l'Hôtel de ville si pure, si imposante et au milieu de laquelle s'élève sur une colonne en marbre l'image de la Vierge, devant laquelle viennent prier sur une place publique, vieilles femmes et jeunes filles, qui, agenouillées et recueillies, ne font pas attention au passant, tandis qu'à deux pas d'elles, sur le trottoir et sur la place, se répand la dépravation par laquelle Prague est aussi célèbre que par ses monuments.

De ma vie je n'ai vu de spectacle plus étrange.

Nous voici enfin devant notre hôtel du dix-huitième siècle, et au-dessus de la porte cochère se dresse un ange d'or dont l'auberge tient son nom. C'est un singulier maître d'hôtel que ce vieillard, blanchi dans les tables d'hôtes, qui nous sert à souper, empressé comme un coiffeur, instruit comme un savant; il sait l'histoire de son pays sur le bout des doigts, non comme un homme qui a choisi quelques lieux communs, dans un *guide*, mais comme un historien qui a lu toutes les chroniques du temps.

— Eh bien! nous dit-il à la fin du souper, ces messieurs se trouvent-ils bien à l'hôtel?

— Très bien! Tout est pour le mieux, depuis l'ange d'or, au-dessus de la porte cochère, jusqu'au fromage.

— N'est-ce pas que notre ange est bien? fait-il avec une visible satisfaction; il est de grandeur naturelle.

— Et qu'en savez-vous? demande mon ami; auriez-vous par hasard déjà vu quelques anges?

— J'en ai vu beaucoup, dit le vieux serviteur.

— Et où, s'il vous plaît?

— Ici à l'hôtel. Chaque année, la veille de l'anniversaire de la bataille de Sadowa, je vois arriver des femmes ou des jeunes filles en deuil, qui s'en vont, le lendemain, déposer des couronnes et des pleurs sur les tombes de leur époux, de leur père ou de leur frère, qui gisent là-bas dans un effroyable pêle-mêle au fond des fosses communes de la gloire militaire; les anges que j'ai vus, Messieurs, ce sont ces saintes femmes qui nous arrivent de l'Autriche, aussi bien que de la Saxe et de la Prusse. Ce jour-là, l'hôtel prend un aspect sinistre et il me semble alors que toutes nos chambres sont occupées par des cadavres.

C'est le mot de la fin de la journée. Demain matin, à six heures, nous partons pour Sadowa.

Du champ de bataille de Sadowa.

La route que j'ai suivie depuis Dresde n'est point la même que prit l'armée commandée par le prince Frédéric-Charles. On sait que l'armée de l'Elbe ne marcha pas sur Prague; cette ville a été occupée après la bataille par une division qui, se détachant de l'armée, se rapprocha pour ainsi dire de la frontière saxonne. On comprendra donc qu'en arrivant sur le champ de bataille par Prague et Kœnigsgraetz, je me trouve sur les derrières de la position autrichienne, et qu'il me faut traverser tout le champ de bataille afin de commencer par le commencement.

Nous quittons le wagon dans un faubourg en dehors des fortifications de Kœnigsgraetz et nous montons dans une voiture fermée, car il me plait de ne rien voir avant d'être arrivé sur le plateau de Dub, d'où le champ de bataille se déroulera devant mes yeux comme un immense panorama, vu du point même où l'état-major prussien prit position à huit heures du matin.

Me voici donc sur le plateau de Dub, d'où le roi,

lé général de Moltke, chef de l'état-major, et M. de Bismarck assistèrent au début de la sanglante journée, sans que la vue de ce paysage me transporte d'enthousiasme pour le noble jeu de la guerre. Voici, à gauche, le village et le bois de Maslowet; en face Lippa, et plus loin les retranchements de Chlum, la plus redoutable position des Autrichiens, d'où cent cinquante pièces de canon dominent le paysage et où, à l'heure présente, reposent les uns à côté des autres, dans de sinistres fosses que nous verrons plus tard, les Autrichiens et les Prussiens qui se sont égorgés pour la gloire militaire de leur pays ; car si le vainqueur a été glorieux par la victoire, le vaincu ne l'a pas été moins par une défense dont tout l'héroïsme m'a été démontré sur le champ de carnage.

A mes pieds se trouve le misérable village de Sadowa, une trentaine de pauvres maisons couvertes de chaume et perdues dans les bois que domine la gigantesque cheminée d'une usine, située au centre de ce groupe de baraques que l'égorgement d'un jour a rendu célèbre et dont le nom appartient désormais à l'histoire.

Voici encore Dohalitz, Problus, tous les bourgs ou villages pris et repris dans la sanglante mêlée, et, tout là-bas, on aperçoit à trois lieues environ du plateau où je me trouve, les clochers de la forteresse de Kœnigsgraetz.

Enfin, j'ai devant moi le panorama du champ de bataille où l'on s'est égorgé du matin au soir dans d'effroyables mêlées, dont je demande la permission de parler longuement, non que j'éprouve absolument le besoin de raconter la bataille de Sadowa, mais parce que je crois avoir à dire des choses intéressantes que j'ignorais hier. Nous n'étions d'ailleurs pas seuls sur le plateau de Dub; en même temps que nous étaient arrivés un officier supérieur prussien à qui mon ami, le peintre, me présenta, et plusieurs officiers autrichiens, de façon que la conférence sur la bataille fut faite en présence des deux peuples, et que toute partialité en faveur de l'un ou de l'autre devint impossible.

La veille, le quartier général du roi était à Gitschin, et pas plus lui qu'un autre ne pensait que la grande bataille aurait lieu le lendemain. Le roi dormait quand le prince Frédéric-Charles et le général de Vogt-Retz vinrent au quartier général pour demander l'autorisation d'attaquer l'ennemi au point du jour. Les raisons qu'ils firent valoir auprès du roi furent si décisives, que Guillaume manda le général de Moltke, l'âme de l'armée, et que la bataille fut fixée au lendemain.

Le vieux roi déclara vouloir commander en personne la première armée, celle du prince Frédéric-Charles, et à minuit de nombreux officiers d'ordonnance quittèrent le quartier général avec la mission de rechercher le prince royal et de lui transmettre, ainsi qu'au général de Bonin, commandant un corps de trente mille hommes, l'ordre verbal de marcher sur les hauteurs de Chlum, tandis que la première armée attaquerait de front.

Au point du jour, tout était prêt; cependant on ne devait s'engager nulle part avant huit heures du matin, pour laisser au prince royal et au général de Bonin, le temps d'arriver vers dix ou onze heures sur le champ de bataille.

Le premier qui monta à cheval, au quartier général, fut M. de Bismarck, que rejoignit bientôt le roi et l'état-major. Dès sept heures du matin, la fusillade avait commencé aux avant-postes, impatients de combattre.

Le roi, prenant lui-même le commandement de la première armée, en collaboration avec le général de Moltke, bien entendu, prit position sur le plateau de Dub, où je me trouve en ce moment, et l'attaque commença. L'état-major du roi était si nombreux que les Autrichiens, le prenant pour un régiment prussien, dirigèrent le feu de leur artillerie sur le plateau ; le premier obus passa au-dessus de l'état-major, et comme quelques jeunes officiers firent le salut d'usage, le roi les toisa d'un regard dédaigneux et se mit debout sur ses étriers pour défier le danger.

Défilant devant le roi, les divisions prussiennes se précipitèrent à droite et à gauche sur les villages de Sadowa et de Benatek. Sadowa souffre peu, mais Benatek brûle, et dans les rues s'engage un combat meurtrier; une fois ces deux villages pris, les Prussiens pénètrent dans les bois de Sadowa et de Mas

owet, où il faut pour ainsi dire prendre chaque arbre
là la baïonnette.

Dans le bois de Sadowa surtout, le combat est
effroyable ; ici les Autrichiens se retirent ; les Prussiens, pleins d'ardeur, les suivent ; mais sur la lisière
du bois, de l'autre côté, ils sont accueillis par un feu
si meurtrier qu'ils reculent.

De nouveaux régiments s'enfoncent dans le bois, où
pleuvent les boulets, les obus. Impossible de franchir
cette ligne de feu. A bout de courage, les bataillons
décimés reculent. D'un seul bataillon prussien, une
poignée d'hommes, conduite par un sergent-major,
revient en désordre, suivie de près par les débris
d'autres régiments. Guillaume court vers les fuyards
et s'écrie :

— Où allez-vous ?
— Sire, impossible d'avancer.
— Il fallait rester en place !
— Sire, tous nos officiers sont morts ou blessés.
— Il fallait faire comme eux.

Et, reformant lui-même les bataillons, le roi les
rejette dans le bois de Sadowa, c'est-à-dire qu'il les
envoie à une mort certaine.

Du côté de Maslowet le combat est plus meurtrier
encore ; les Autrichiens, déployant un courage admirable, ne bougent pas et refoulent les bataillons qui
viennent se faire tuer devant ces remparts vivants. La
bataille dure depuis quatre heures sans résultat ; il est
une ligne que les Prussiens ne peuvent pas dépasser ;

c'est tout au plus s'ils parviennent à se maintenir dans les villages conquis. Le roi devient inquiet. M. de Bismarck, les traits contractés, a les yeux dirigés sur le général de Moltke, qui seul conserve tout son sang-froid.

Plusieurs fois, déjà, M. de Bismarck a voulu interroger le général qui a détourné la conversation; la dernière fois que M. de Bismarck a demandé l'avis du général, celui-ci ne lui a pas répondu du tout. Comment faire parler cet homme? Le ministre s'approchant de nouveau de M. de Moltke, lui présente son porte-cigare et lui dit:

— Général, vous ne fumez pas? Voulez-vous un cigare?

M. de Moltke prend un cigare sans répondre un mot; mais soudain les traits de M. de Bismarck s'illuminent et, revenant vers le roi:

— Sire! dit-il, tout va bien, le général a, avec beaucoup de soin, choisi le meilleur cigare.

Cependant le roi n'est pas rassuré; pas de trace encore du prince royal et de son armée, et le général de Bonin, qui a reçu l'ordre d'attaquer Chlum avec son corps de trente mille hommes, ne montre pas encore le bout du nez.

Le vieux général doit arriver avec ses trente mille hommes bien avant le prince royal. Où est-il? Que fait-il? Toutes les combinaisons sont détruites; abandonnée à ses propres forces, la première armée reste sur le champ de bataille. Cette tuerie sans résultat définitif ne peut plus durer ! Soit ! la première armée tente l'impossible, quoique sans aucun espoir de succès. Ordre est donné à la réserve prussienne d'enlever les redoutables positions de Lippa, de les enlever à tout prix, car de ces hauteurs l'artillerie autrichienne décime les Prussiens. C'est un coup décisif. S'il ne réussit pas, advienne que pourra !

Les bataillons s'élancent... En ce moment les lignes prussiennes poussent un cri de joie... Sur les hauteurs de Lippa et de Chlum, les Autrichiens tournent une partie des canons vers un autre point.

C'est le prince royal qui arrive...

L'avant-garde de la seconde armée envahit le champ de bataille, et escalade Chlum tandis que l'armée du roi marche, bannières déployées, sur Lippa. Les Autrichiens sont attaqués des deux côtés à la fois.

Le général Benedeck se voit perdu. Un seul espoir lui reste, c'est d'écraser la seconde armée tandis que la première est arrêtée à Lippa. Le général en chef autrichien se met lui-même à la tête de la réserve et va à la rencontre du prince royal, qui voit, à sa grande stupéfaction, que le général de Bonin et ses trente mille hommes ne sont pas au rendez-vous.

Le terrible choc a lieu à Rosberitz, que les Prussiens ont pris ; la mêlée est effroyable. Sept fois les Autrichiens reprennent Rosberitz, maison par maison, sept fois ils doivent céder. Mais Benedeck voit qu'il faut vaincre ici ou tomber ; il joue pour ainsi dire son dernier atout, et, après sept assauts malheureux, après avoir sept fois repris et reperdu la position, il s'y précipite pour la huitième fois et rejette les Prussiens, qui se retirent en désordre. Benedeck se rue sur eux ; plus de doute, il va faire un trou dans l'armée du prince royal et écraser les Prussiens en retraite.

Un simple lieutenant-colonel change l'aspect des choses. Le comte de Waldersee, commandant je ne sais quel régiment en retraite, s'empare du drapeau, se retourne vers l'ennemi et crie à ses soldats :

— Soit ! Je mourrai seul !

A ces mots, les Prussiens s'arrêtent et se groupent autour de leur colonel. Entraînés par cet exemple, les autres bataillons se reforment, et à son tour Benedeck est arrêté dans sa marche par des hommes décidés à mourir. On se bat de part et d'autre avec un égal acharnement, quand enfin le général de Bonin, que d'inexplicables lenteurs ont mis en retard de *cinq heures seulement*, arrive avec ses trente mille hommes et tombe dans les flancs de la réserve autrichienne, tandis que l'armée du roi prend Lippa et que le prince royal envahit Chlum.

Dès ce moment Benedeck est irrévocablement perdu. Problus, où les Saxons ont combattu avec un admirable courage, est pris ; Rosberitz est au pouvoir des Prussiens. Sur les hauteurs de Chlum arrive l'artillerie du prince royal.

La déroute est complète.

C'est ici que se place un fait d'armes dont il faut

parler à la gloire de l'armée autrichienne. Les escadrons prussiens s'élancent à la poursuite de l'ennemi en déroute ; mais de l'armée anéantie reste un dernier corps... la cavalerie ; avec un sang-froid superbe, en lignes serrées, comme sur un champ de manœuvres, les escadrons autrichiens se jettent au-devant de la cavalerie prussienne et la bousculent ; le combat est d'autant plus admirable qu'il ne peut plus changer le sort de la bataille, toute l'armée étant en déroute.

Mais que peuvent ces hommes vaillants contre une armée victorieuse ? Des hauteurs environnantes, occupées par l'artillerie prussienne, il pleut du fer et du plomb, et il faut enfin que les cavaliers se retirent comme les autres. Le roi de Prusse, qui est à cheval depuis sept heures du matin, assiste à ce combat héroïque de la cavalerie autrichienne et à sa retraite. Mû par un sentiment dont il faut lui savoir gré, contrairement à l'avis de ses généraux, qui voulaient poursuivre l'ennemi sans trêve ni merci, il ordonna à l'artillerie de cesser son feu et de laisser fuir les Autrichiens au delà de l'Elbe.

— Assez de sang, Messieurs ! s'écrie-t-il, assez de sang dans une seule journée !

Je n'insiste pas sur l'ivresse des vainqueurs après cette bataille qui dura jusqu'au soir, car je ne suis pas de ceux qui aiment à confectionner des apothéoses militaires. Je raconte ce que je vois et ce que j'entends dire autour de moi par des hommes compétents ; mais que de fois, pendant qu'on m'expliquait la bataille sur ce plateau de Dub, mes yeux se sont portés sur les hauteurs de Chlum où gisent, à côté les uns des autres, Autrichiens, Prussiens et Saxons, dont je vais visiter les tombes après un court arrêt à l'auberge de Sadowa !

De Chlum (champ de bataille de Sadowa).

Le village de Sadowa est si misérable qu'il n'y a même pas de bureau de poste, rien qu'une raffinerie de sucre, une trentaine de baraques couvertes de chaume, quelques chaumières plus aristocratiques dont la toiture est en carton bitumé, voilà ce coin de terre, désormais historique. On a appelé la grande tuerie, en Bohême, la bataille de Sadowa ! Pourquoi ? personne ne peut le dire ; Sadowa a été le premier village attaqué dans la matinée du 3 juillet, mais le combat y a été bien moins meurtrier que partout ailleurs. Il serait plus juste de dire la bataille de Chlum ou de Rosberitz, car c'est dans ces deux villages que fut décidé le sort de la journée. Il est vrai qu'en Allemagne on dit la bataille de Kœnigsgrætz, parce que le carnage a, pour ainsi dire, eu lieu sous les fortifications de cette ville ; mais l'histoire ne parlera que de Sadowa et le Bohême qui tient l'auberge ne s'en plaint pas.

Celui qui remporte la victoire dans une bataille n'est pas le général en chef, mais l'aubergiste du village où l'on s'égorge ; les hôtels poussent fort bien sur les cadavres, et celui de Sadowa, où, il y a quatre ans, s'arrêtait le seul facteur rural ou quelques rouliers, reçoit depuis la guerre l'élite des touristes internationaux. Qui sait si dans cinquante ans le pauvre village tchèque ne sera pas une ville bourrée d'hôtels ! Il y aura peut-être une roulette et un trente-et-quarante !

Après le déjeuner nous nous dirigions vers Chlum, où sont les tombeaux des officiers et les fosses communes des soldats ; c'est une marche de trois lieues dans les terres détrempées par la pluie, mais la route est intéressante à travers ces villages de la Bohême, quoiqu'ils aient perdu une partie de leur originalité depuis la guerre. Il n'y a plus d'autres traces des dégâts occasionnés par le fer et le feu que ces abominables maisons neuves que l'on a construites sur les ruines des autres. Dans les rues on voit des enfants dont le vêtement complet a été taillé dans un uniforme prussien ou autrichien oublié sur le champ de bataille, et qui vendent aux passants des éclats d'obus, comme ailleurs on vend des photographies, histoire d'emporter un souvenir du champ de bataille.

Dans un de ces villages bohémiens que je ne nommerai point — vous verrez tout à l'heure pourquoi — nous nous arrêtâmes dans une ferme où je fis la connaissance d'un des hommes les plus extraordinaires que j'aie rencontrés ; je dois taire son nom, qui d'ailleurs ne fait rien à l'affaire ; désigner le village, nommer le fermier chez qui on m'a offert pendant une heure l'hospitalité la plus franche, ce serait livrer un honnête homme à la police, qui ne le lâcherait certainement pas avant de l'avoir présenté au procureur impérial de la ville voisine.

Nous entrâmes donc dans cette ferme où mon ami, le peintre, était connu; il me présenta au maître de la maison, grand gaillard de six pieds, au teint brun, aux traits réguliers, une sorte d'hercule à la fois solide et élégant, qui me tendit la main et nous conduisit dans son *cabinet de travail*, car ce paysan a un cabinet de travail avec un grossier bureau en chêne et une bibliothèque, et quelle bibliothèque ! Tandis que notre hôte allait chercher dans sa cave une bouteille de vin de Hongrie de derrière les fagots, je passai ses livres en revue. Quel étonnement ! Ce paysan ignoré d'un village bohémien a une bibliothèque choisie, où l'on trouve les œuvres remarquables de toutes les époques dans plus de trois cents volumes d'histoire.

Au cri de surprise que m'arracha cette révélation, mon ami, le peintre, sourit.

— Eh bien ! fit-il, que pensez-vous de mon Bohémien ?

— Je dis que de ma vie, je n'ai vu pareil paysan. De qui diable peut-il avoir hérité de cette bibliothèque ?

— C'est lui-même qui a acheté tous ces livres !

— Il sait donc lire ?

— Non seulement il sait lire, mais il sait encore le latin, le grec, le français et l'allemand, sans compter sa langue à lui, la langue tchèque, qu'il écrit comme un maître et qu'il parle comme personne, car ce paysan avec qui nous allons trinquer est un savant et un grand orateur : il a étudié à l'université de Prague, et, quoiqu'il soit simple fermier à cette heure, c'est un des hommes les plus instruits que je connaisse ; vous pensez bien que son intelligence doit lui servir à autre chose qu'à cultiver ses champs. Oui, mon cher, nous sommes chez l'un des plus ardents patriotes de ce pays, chez l'un des chefs du parti tchèque, chez un homme qui n'aurait qu'à descendre dans la rue et à appeler ses concitoyens aux armes pour faire accourir des quatre coins du pays, les paysans décidés à reconquérir un jour leur indépendance nationale... Vous allez voir !

Notre hôte revint avec la bouteille et nous versa le vin de Hongrie ; puis nous causâmes ; ce n'était pas la première fois que ce Bohémien échangeait ses idées politiques avec mon ami le peintre, en qui il a toute confiance ; ma présence n'était point un obstacle à ses épanchements, car dans ce pays, chez des hommes de la trempe de ce fermier, le dicton : « Les amis de vos amis sont nos amis ! » n'est point une aimable rengaine.

Vous savez aussi bien que moi que, depuis la guerre de 1866, les populations slaves, qui d'ailleurs n'avaient jamais tout à fait renoncé à l'idée de former un grand peuple, sont en ébullition ; en Bohême, en Moravie, en Servie, en Croatie, dans les provinces slaves de la Hongrie, tous les cœurs des patriotes battent pour la même cause ; ce n'est encore qu'un incendie qui couve sous les cendres, mais le jour où quelque circonstance imprévue fera éclater ce terrible mouvement national, l'Europe sera en feu, et la Russie, sous la protection de laquelle les patriotes comptent placer le royaume slave, serait, par les provinces slaves de la Hongrie, aux portes de Constantinople, et par la Bohême dans le cœur de la Prusse.

Aussi, en Autriche comme en Prusse, ce n'est pas sur le Rhin que sont dirigés les yeux des hommes d'État, mais sur les pays slaves. En effet, le mouvement tchèque menace à la fois les deux pays. A l'Autriche, un soulèvement heureux ravirait ses plus belles provinces, qui, sachant fort bien qu'avec les aspirations modernes les grandes nations ont seules une raison d'être, se jetteraient dans les bras de la Russie, et les Russes en Bohême seraient pour ainsi dire aux portes de Dresde et de Berlin.

Ce mouvement n'est plus à l'état de rêve ; il existe réellement, et les hommes politiques que j'ai vus à Berlin avant mon départ pour la Bohême, ne m'ont pas caché la secrète terreur que leur inspire l'aspiration des peuples slaves, qui chaque jour gagne du terrain ; les comités, dont le siège central est en Russie, sont organisés et étendent leur action sur tous les pays ; l'opinion publique a depuis longtemps désigné les chefs, au nombre desquels elle compte le paysan qui me versa à boire.

Il ne faudrait qu'un signal pour soulever ces vastes pays et les jeter dans les bras de la Russie, qui les serrera sur son bon cœur avec une émotion indescriptible.

L'Autriche affaiblie, divisée, harcelée par les menées russo-slaves, ne présente aucun danger pour la Prusse, tandis que la Russie, agrandie, forte, maîtresse de la Bohême et de la Moravie, s'étendrait pour ainsi dire jusqu'aux portes de Berlin. Là est le danger ; là sont les plus graves préoccupations des hommes d'État prussiens, et c'est de là que viendra un jour ou l'autre e signal d'une effroyable guerre.

Ce n'est qu'une question de temps.

Mais assez de haute politique !

Nous prenons congé de notre redoutable fermier, et à travers la boue, enfonçant jusqu'à la cheville dans les terres détrempées, nous marchons vers les hauteurs de Chlum, où sont ensevelis les morts de la bataille de Sadowa, les officiers dans des fosses aristocratiques, les soldats dans des tranchées surmontées de petites croix misérables, tout comme les fosses communes du cimetière Montmartre. Les âmes bourgeoises éprouvent, en s'approchant de ce champ des morts, ce vague sentiment où la pitié se mêle au dégoût, mais la nature, moins sentimentale que l'homme, ne porte point le deuil des défunts. Au bas de ces collines où reposent, loin de leur pays et de leur famille, de braves garçons qui se sont fait tuer pour la gloire militaire, s'étend un paysage charmant ; sur ces terres abreuvées de sang pousse le blé, et dans les prairies coule gaiement le ruisseau clair et limpide.

Sur les hauteurs, les vastes cimetières sont de vrais jardins. L'anniversaire de la bataille, le 3 juillet, approche ; des quatre coins du Rhin, tout aussi bien que du Danube, les familles viendront visiter les tombes que les gardiens, chargés de l'entretien, ont couvertes de fleurs en vue du pourboire qui se prépare et qui les fait vivre ; dominant les mausolées et les fosses communes, s'élève plus loin le monument que le prince de Schwarzemberg a élevé à la mémoire de l'armée vaincue. Devant toutes ces fosses où reposent tous ces vaillants soldats, les uns célèbres par leur mort, la plupart aussi ignorés que de leur vivant, on s'arrête et l'on médite sur la civilisation et la gloire militaire.

Voici, entre autres, le tombeau d'un jeune officier de la garde qui a payé de son sang l'avancement de son père. Vous allez voir.

Le général Hiller, commandant en chef la garde prussienne, venait de tomber sur le champ de bataille ; ce fut le général de Pape qui le remplaça. Dans la sanglante mêlée les aides de camp courent à droite et à gauche, et toutes les fois qu'un officier d'ordonnance passe, le général de Pape lui demande :

— Avez-vous vu mon fils ?

La bataille touche à sa fin ; la garde est maîtresse de Chlum.

6.

— Avez-vous vu mon fils? demande le général.

— Oui, général.

— Est-il blessé?

— Mortellement.

Le général s'affaisse un instant, puis il se redresse :

— C'est bien ! dit-il. En avant !

Une heure s'écoule, on se bat encore; le prince royal, qui a vu tomber le jeune lieutenant, s'élanc vers le général :

— Allez voir votre fils ! lui dit-il, là-bas, à droite, de Rosberitz.

— Je n'ai pas le temps, répond le père; avant toute je suis officier.

— Je vous l'ordonne, dit le prince; je réponds de la position.

Le général ne se le fait pas dire deux fois. Au risque de se casser le cou, il descend la colline au triple galop de son cheval, vers la place où son unique enfant, criblé de balles, est à l'agonie.

Enfin, M. de Pape aperçoit son fils; un chirurgien se tient auprès de lui.

— Eh bien ? demande le père.

— Plus d'espoir ! dit le médecin.

Un cri de douleur retentit. Un torrent de larmes s'échappe des yeux du général; il se jette sur son fils et le couvre de baisers. Sous cette étreinte solennelle, le lieutenant rouvre les yeux. Il regarde son père... il le reconnaît...

— Adieu, mon fils ! adieu, mon enfant ! sanglote le général.

Le lieutenant veut répondre... il ne peut plus parler.

— Adieu ! adieu ! s'écrie le général.

Et il remonte à cheval pour retourner à la bataille.

La guerre est-elle belle ou odieuse? Est-ce la civilisation ou la plus atroce barbarie? Est-elle sublime ou inepte? Faut-il admirer ceux qui meurent si bien ou plaindre ceux qui restent? Ma foi, je n'en sais plus rien; des histoires dans le genre de celle que je viens de vous conter déroutent toutes nos idées; elle est à la fois si navrante et si belle que je pars pour les bords du Rhin sans savoir au juste s'il faut aimer la guerre ou l'exécrer. Vous serez sans doute embarrassé pour résoudre cette question, et, somme toute, vous ne la résoudrez pas : tant qu'il y aura des hommes, on s'égorgera de temps en temps; il faut en prendre une bonne fois notre parti; le poète bohémien Alfred Meissner l'a dit :

— La guerre est innée chez l'homme, car dans son sang il y a du fer !

III

DE PARIS A CONSTANTINOPLE

Munich, 8 septembre 1869.

Depuis bien des années je me demande pourquoi la Providence m'a fait naître en Allemagne quand elle me destinait à écrire en français ou à peu près ; je le sais maintenant ; la Providence peut désormais s'entourer d'un doux mystère, comme une tireuse de cartes, peu m'importe ! je connais à présent son petit et même son grand jeu. Si elle m'a fait voir le jour sur les bords du Rhin, c'est qu'elle devait me conduire plus tard à Munich pour éclaircir la question Richard Wagner, sur laquelle les Parisiens ne sont pas suffisamment renseignés par des journalistes qui, ne parlant pas un mot d'allemand, n'apprennent sur toute cette affaire que ce l'on veut bien leur dire.

Parmi les ardents champions parisiens de M. Wagner

il faut compter un écrivain qui, sous le titre : *Un coup d'État à Munich*, vient de publier dans un journal un article dont la sincérité n'est pas le moindre mérite ; mais en journalisme il ne suffit pas de dire ce que l'on pense, mais encore ce qui est, et mon confrère, ignorant la langue allemande, n'a pas pu apprendre à Munich la vérité tout entière de la bouche de ces bons bourgeois qui n'ont aucun intérêt à la déguiser.

Je ne ferai pas à ce critique l'injure de croire que sa situation de secrétaire du Théâtre-Lyrique lui dicte un supplément d'enthousiasme pour l'auteur de *Rienzi*; non! je connais sa passion pour Wagner depuis de longues années ; il appartient à ce petit groupe d'hommes dévoués dont feu Gasperini fut le chef, et qui ont combattu pour l'auteur du *Tannhauser* bien avant la famille Mendès, qui tient à cette heure, à Paris, le bureau d'omnibus de la gloire de Wagner, avec correspondance pour le Panthéon. De plus, ce critique sait la musique ; il l'aime non un peu, mais beaucoup, passionnément ; il croit certainement ce qu'il écrit, mais il ne peut pas écrire ce qu'il ignore, et il ignore l'état des esprits à Munich et la source de l'antagonisme des bourgeois bavarois contre le musicien de son cœur ; il cherche le motif de cette antipathie dans les consciences ; il mêle la religion, le catholicisme et le judaïsme à cette histoire d'une simplicité primitive ; dans son hallucination musicale il entrevoit une alliance offensive et défensive des catholiques et des juifs contre le protestant ; la question Wagner prend, sous la plume de notre aimable correspondant, des proportions historiques comme la Saint-Barthélemy ou la réformation allemande. Wagner n'est plus seulement un compositeur de talent, mais encore une divinité; il place Wagner à côté de Mahomet; il nous montre le clergé catholique partant pour la guerre comme au temps jadis où les évêques portaient l'armure et tiraient le glaive pour la gloire du Seigneur. Ce défenseur de Wagner n'a pas osé ajouter que le concile de Rome allait s'occuper exclusivement de la musique de l'avenir, mais je suis à peu près sûr qu'il le pense au fond de son cœur.

Afin de savoir la vérité tout entière, je suis allé aux renseignements, non au Théâtre-Royal ou chez les amis dévoués de Wagner, mais chez les bons bourgeois de cette ville malheureuse condamnée au *Tannhauser* à perpétuité : l'hostilité du bourgeois a une source toute naturelle; les habitants de Munich n'ont qu'un théâtre lyrique; c'est la scène royale à laquelle l'État donne une subvention, et depuis l'avènement du jeune roi Louis II, un enfant de vingt ans, ce seul théâtre est réservé à Wagner; tous les ans on le ferme pendant deux ou trois mois pour répéter un opéra de Wagner; le roi dépense des sommes folles pour Wagner; on fait venir des artistes des quatre coins du monde pour Wagner, et quand on rouvre enfin le théâtre on joue du Wagner. Les citoyens bavarois, qui ne sont pas plus bêtes que d'autres, trouvent qu'on leur sert trop de Wagner et ils aimeraient à voir leur souverain dépenser un peu de son argent pour les petits compositeurs comme Mozart ou Wéber, qu'ils préfèrent certainement à tort. A ces griefs il faut ajouter la haine que Wagner semble répandre à plaisir autour de sa personne par ses allures hautaines. En récompense de tout l'argent que le roi dépense pour son ami, celui-ci daigne, une fois par an, venir s'asseoir dans la loge du souverain et se laisser contempler par le peuple. Les bourgeois trouvent que l'enfant qui les gouverne jongle trop facilement avec les deniers publics; le roi a beau dire et les amis de Wagner ont beau répéter que les frais énormes sont payés sur la cassette royale, le bourgeois de Munich sait à quoi s'en tenir sur les prodigalités royales. Louis II n'a pas une grande fortune privée, elle ne dépasse guère trois millions de florins; pour le Wagner de son âme le roi s'est endetté outre mesure, et ce sont toujours les peuples qui finissent par payer les dettes des rois.

Ensuite, la politique n'est pas étrangère à toute cette affaire; le peuple bavarois trouve que son roi s'occupe trop de Richard Wagner et pas assez de son pays; il assiste beaucoup plus aux répétitions de son ami qu'aux conseils de ses ministres; le peuple pense que la musique est un art sublime, mais qu'un roi n'est pas un chef d'orchestre, et que, dans un État, si petit qu'il soit, le souverain doit s'occuper d'autre chose que de la mise en scène de *Rheingold*. On n'ignore pas dans cette petite capitale que deux ou trois fois par semaine les ministres courent en vain après leur roi, qui a trouvé bon d'aller serrer la main de Wagner, au lieu de s'occuper des affaires publiques ; on n'a pas encore oublié qu'en 1866, l'aide de camp chargé d'apprendre au roi la défaite d'un corps bavarois trouva, après quatre jours de recherches, son souverain en train de chanter avec Wagner un duo de *Tristan et Iseult*; enfin, le bourgeois de Munich voudrait que le roi, trop absorbé par la musique de l'avenir, songeât à l'avenir de sa dynastie et qu'il donnât à son pays un héritier plus ou moins présomptif de la couronne. Tout ceci peut paraître sérieusement bête aux admirateurs de Wagner, mais quand on apporte un peu de bon sens dans la discussion, on ne peut pas nier qu'il y ait un grand fonds de logique dans le raisonnement du bourgeois de Munich, car s'il suffisait d'aimer la musique pour bien gouverner, on pourrait confier les destinées de la Bavière à Louis, le garçon de bureau de l'Opéra.

Donc, dans ce petit pays, les esprits s'inquiètent de l'état de choses. Le jeune roi Louis II, qui consacre tout son temps à Wagner, ne leur semble pas remplir la mission divine qu'il tient de ses pères et du bon Dieu, et comme, au fond, le peuple a beaucoup de sympathie pour l'enfant qui le gouverne et qu'il considère sa mélomanie comme un état maladif, il maudit la musique de l'avenir, qui a produit ce désastreux effet sur le cerveau du jeune souverain. Le peuple bavarois commence à s'inquiéter ; il se demande qui le gouvernera à la mort du roi ; il voit à l'horizon se dessiner la silhouette de M. de Bismark ; il voudrait que le roi s'occupât de sa progéniture, et Louis II se montre rebelle à ce devoir suprême d'un roi. On lui a amené les plus belles princesses ; une fois même il a été sur le point de se marier, mais, la veille du mariage, un chambellan s'est présenté chez le beau-père et lui a annoncé que tout était rompu par le gendre, qui suivait les répétitions des *Maîtres chanteurs* au moment où sa future répétait généralement avec une couronne de fleurs d'oranger dans les cheveux.

Le hasard m'a fait voir le jeune roi de Bavière. Comme je passais devant le palais, je vis une foule énorme autour d'un magnifique carrosse qui attendait à la petite porte de l'entrée des artistes. Le roi allait descendre, et à une fenêtre du premier étage se montrait un chambellan qui fit dire à mon ami Frédéric Béchard :

— Voyez donc comme il ressemble à M. de Saint-Georges.

— Est-ce de l'auteur de ce nom que vous parlez ? nous demanda un étranger armé d'une canne et doué d'un accent international très prononcé.

— Oui.

— J'ai vu M. de Saint-Georges à Wiesbaden, continua l'étranger ; c'est à Wiesbaden encore que j'ai fait la connaissance de Michel Carré.

— Ah ! vraiment !

— Et ces messieurs viennent pour la première fois à Munich?

— Oui.

— Et vous voudriez voir *mon* roi?

— C'est notre plus ardent désir.

L'homme à la canne nous fit signe de le suivre; il traversa une double haie de gardes, monta l'escalier et nous conduisit dans une vaste salle du premier étage, ornée des portraits des ancêtres de Louis II. Au fond de cette salle, devant une porte ouverte à deux battants, se tenaient deux vétérans de la garde en uniforme de gala, le casque doré sur la tête, le mousqueton au port d'armes; dans l'autre salle, nous aperçûmes un capitaine des gardes qui, le sabre au poing, veillait à la porte du roi.

— Sa Majesté ne tardera pas à venir! dit l'homme à la canne.

Au bout de cinq minutes, sur un signal venu je ne sais d'où, les tambours, dans la rue, battirent aux champs; je vis le capitaine des gardes se prosterner à ce point que le plumet de son casque balayait le parquet; puis, se redressant, il tourna sur ses talons, et, droit et raide comme un héraut d'armes de la *Juive*, il marcha devant le roi, qui venait de quitter son cabinet.

Louis II nous apparut dans toute sa majesté.

C'est un grand jeune homme, d'une taille élevée, à la figure très sympathique; la raie qu'il porte au milieu de la tête donne à ses traits un faux air de gandin ; des moustaches à peine naissantes ornent sa lèvre royale ; c'est certainement un très joli garçon que le jeune roi, et je comprends l'enthousiasme de l'homme à la canne qui, me poussant du coude, me dit tout bas :

— N'est-ce pas que *mon* roi est beau ?

Toujours précédé de son capitaine des gardes, Louis II, en tenue d'officier d'infanterie, traversa la salle où, du haut de leurs cadres, les ancêtres contemplaient, avec une expression de pitié, leur jeune successeur qui marchait sur les talons et nous salua par un mouvement sec de la tête comme un roi mécanique qui aurait un ressort de montre dans le ventre ; toute l'expression de sa figure est d'une douceur séduisante, mais dans les yeux du royal enfant on lit la terrible maladie qui le ronge et qui a nom l'ennui.

Oui, ce roi que l'on a mis sur un trône à l'âge où d'autres courent l'aventure, ce jeune garçon sur la tête de qui on a posé une couronne, cet enfant qui ne sait rien de la vie, s'ennuie dans le vaste château de ses pères, et la nuit, quand ses courtisans dorment, il demande un cheval et erre dans la campagne silencieuse et déserte, à la recherche de l'imprévu, comme un gendarme à la recherche d'un malfaiteur. Louis II a le spleen ; des enchantements de la vie, il n'a encore connu que la musique, et il lui a donné son âme tout entière ; c'est en cherchant à découvrir dans les partitions de Wagner les mélodies infinies que cet adroit musicien sait si bien cacher, que le roi de Bavière oublie son ennui et son trône, et se plonge dans des rêveries sans fin ; la musique de Wagner, c'est son opium, et, comme ce poison, elle donne les hallucinations de l'esprit en même temps qu'elle dévaste le corps. Il suffit d'entrevoir un instant le jeune roi pour lire dans son regard les extravagances de sa pensée et pour comprendre l'empire que pouvait prendre sur ce jeune esprit le musicien de l'avenir qui a su entraîner le cerveau de ce royal enfant dans les régions mystiques de son art.

Perdu dans cette froide et mélancolique ville de Munich que son aïeul Louis Ier a dotée d'une foule de contrefaçons de monuments antiques, comme un bourgeois qui ferait construire un Parthénon dans sa maison de campagne, le jeune roi de Bavière s'ennuie à outrance ; de temps en temps il s'échappe de son palais comme un écolier qui fait l'école buissonnière et court les champs sans se soucier de l'inquiétude que ses absences prolongées propagent au sein de son conseil des ministres.

Pour donner à cet enfant la gaieté de son âge, il lui faudrait la vie légère et accidentée de Paris. Quelques soirées passées à la Maison-Dorée en société avec nos viveurs en évidence, lui apprendraient qu'il est dans la vie d'autres émotions que celles qui nous viennent de la musique de Wagner et feraient, j'en suis sûr, un plus joyeux compagnon de ce prince attristé qui, dans cette salle ornée des portraits de ses ancêtres, me fit l'effet d'un joli rat blanc égaré dans la cage d'un dompteur de lions.

Après le départ du roi, le monsieur à la canne nous salua et disparut par un couloir comme un homme qui connaît tous les détours du palais.

Frohsdorf, près Vienne, septembre.

Les hommes purs qui, deux ou trois fois par an, vont se prosterner devant Victor Hugo, et qui, arrivés en Hollande, n'ont rien de plus pressé à faire que de présenter leurs hommages à Barbès, seront sans doute fort étonnés qu'un humble écrivain, dont la seule qualité est de n'avoir juré obéissance et fidélité à aucun parti, ait tenu à faire l'excursion de Vienne à Frohsdorf pour visiter le château, à peu près historique, où réside un prince exilé de son pays; nous n'obéissions pas à un simple sentiment de curiosité en demandant à M. le comte de Blacas, la permission de visiter Frohsdorf, et la politique était entièrement étrangère à cette excursion. En ce qui me concerne, j'étais convaincu que M. le comte de Chambord ne comptait pas sur mon immense influence pour reconquérir ce que les événements de ce siècle lui ont ravi. Mes amis de tous les partis politiques peuvent donc se rassurer; on n'apporte au château de Frohsdorf que la déférence de l'homme bien élevé, et aucune des personnes présentes ne fait la moindre tentative pour enrôler le visiteur dans un régiment où, pour ma part, je n'ambitionne pas seulement une place de tambour-major.

A notre demande de touristes français, M. le comte de Blacas avait répondu par le télégramme que voici :

« Monseigneur engage MM. Béchard et Wolff à
» venir demain, lundi, dîner au château de Frohsdorf
» et à y passer la nuit. Veuillez prendre le train à
» deux heures, arrivez à cinq heures, le dîner à
» sept heures. »

Cela voulait dire : Vous aurez, Messieurs, entre l'arrivée et le dîner, deux heures pour vous reposer et pour vous habiller avant d'être présentés à M. le comte de Chambord.

La station Neustadt est située sur la route de Vienne à Vérone, et il faut deux heures pour y arriver par le train omnibus que nous avions pris, l'express ne partant que dans la soirée.

Je pourrais vous dire qu'une voiture à quatre chevaux nous attendait à la gare, mais j'aime mieux me renfermer dans la plus stricte vérité et vous affirmer qu'un simple fiacre nous a transportés au château de Frohsdorf d'où, le lendemain, nous devions partir dans une voiture de M. le comte de Chambord ; la raison en est bien simple ; comme nous n'avions pas l'honneur d'être connus personnellement des hôtes de Frohsdorf, il leur eût été difficile de nous distinguer parmi les trois ou quatre cents voyageurs qui descendirent à la station de Neustadt en même temps que nous.

Neustadt est une ville de quinze mille âmes, peu intéressante, une petite cité de province où l'on ne prend pas la peine de regarder les maisons, qui ressemblent à toutes les maisons de toutes les provinces. On traverse la ville dans toute sa longueur, et la voiture s'engage dans une campagne où l'on découvre à sa droite la chaîne de montagnes dont le Semmering est le principal ornement. Au bout de trois quarts d'heure on arrive au village, on traverse un pont, et au bout d'un parc on aperçoit un château. Est-ce bien un château que cette grande maison de campagne à trois étages, d'une simplicité primitive, où réside M. le comte de Chambord? La voiture traverse une partie du jardin et s'arrête devant l'entrée principale, où un valet de chambre attend les invités et les conduit dans leurs appartements, dont le luxe ne dépasse pas l'installation bourgeoise aux alentours de Paris.

Là, M. le comte de Blacas rejoint l'invité, et, après lui avoir souhaité la bienvenue, lui nomme les personnes présentes au château. En dehors de M. le comte et de madame la comtesse de Chambord et du jeune Henri de Bourbon, comte de Bardi, le plus jeune fils de madame la duchesse de Parme et filleul de M. le comte de Chambord, il y avait à Frohsdorf madame de Choiseul, M. de Monti, le neveu du fidèle ami de la maison, et M. le marquis de Grincourt; les deux derniers se trouvaient au fumoir où, après la présentation d'usage, on cause de choses et d'autres jusqu'à six heures, heure à laquelle il faut s'habiller, car avant le dîner M. le comte de Blacas doit présenter les invités à M. le comte de Chambord. En effet, vers six heures, M. de Blacas prend la peine de monter dans nos appartements et nous invite à le suivre ; on entre dans un petit salon du rez-de-chaussée, orné d'emblèmes et de trophées de chasse, on traverse deux autres salons dont les murs sont couverts de très beaux tableaux italiens ; on arrive, non sans une certaine timidité, dans un troisième salon ; M. de Blacas se retire ; on est devant M. le comte de Chambord, qui vous tend la main et vous reçoit avec une si franche cordialité que, dès le premier moment, on se sent à l'aise comme dans une maison que l'on aurait quittée hier et où l'on reviendrait demain.

Cet accueil d'une si exquise bienveillance n'est pas la plus grande surprise ; elle vient de l'énorme différence qu'il y a entre la personne de M. le comte de Chambord et ses photographies ; on se figure le châtelain de Chambord d'une taille très élevée ; il est d'une taille moyenne ; on pensait voir un prince de l'ancien régime, tel que le dépeignent les légendes du boulevard, et l'on est en présence d'un contemporain ; on croyait retrouver en M. le comte de Chambord la mélancolie de Louis XIII, la majesté de Louis XIV et la grâce de Louis XV, tel que nous le représentent les peintres des derniers siècles, mais en même temps que la barbe châtaine coupée en pointe et la conformation des yeux rappellent vaguement les traits d'Henri IV, la vivacité, l'entrain et l'affectueuse simplicité en rappellent encore mieux le caractère.

Rien dans les allures de M. le comte de Chambord ne répond aux portraits fantaisistes que l'on a faits de *chic* plutôt que d'après nature; nous savions déjà que toute flatterie, toute allusion à des espérances intimes, sont aussi désagréables à M. le comte de Chambord que les titres que des visiteurs trop zélés lui décernent parfois, malgré l'exemple de réserve qui leur vient des amis de la maison ; tout ce qu'on raconte sur les usages de Frohsdorf et le cérémonial que l'étiquette impose au visiteur est absolument dénué de fondement ; on n'exige des hommes à qui on fait l'honneur de les recevoir au château que tout juste la déférence à laquelle M. le comte de Chambord a droit dans la situation que lui a faite l'histoire. Il serait téméraire de vouloir deviner ce qui se passe au fond du cœur de celui qu'on appelle « Monseigneur » et pas autrement ; mais rien dans les habitudes de Frohsdorf ne peut laisser supposer que le maître de la maison se croit ailleurs que dans un château aux environs de Vienne.

Quelques minutes avant le dîner, le prince va lui-même chercher madame la comtesse de Chambord, à qui il présente ses invités : les autres personnes présentes au château se réunissent dans le salon, et, l'heure du dîner ayant sonné, on se rend dans la salle à manger ; le maître de la maison prend place au milieu de la table, ayant à sa droite madame la comtesse de Chambord et à sa gauche son filleul, le jeune comte de Bardi ; les autres personnes s'assoient aux places qu'on leur a assignées et le prince entame une conversation qui ne tarit plus jusqu'au café.

De quoi cause-t-on ? De haute politique ? D'événements que l'on déplore ? D'espérances pour l'avenir ? Non, mon cher lecteur ; à Frohsdorf, comme partout ailleurs, on parle de Paris et de la province, un peu de l'Opéra et de la chasse, par-ci par-là des journaux ; — c'est une attention de M. le comte de Chambord pour les journalistes présents ; — la conversation fait des soubresauts ordinaires de l'Opéra de Vienne au boulevard, et le visiteur qui a pensé un instant qu'on pourrait lui parler de 1829 est agréablement surpris en entendant M. le comte de Chambord parler comme s'il avait quitté les Champs-Élysées avant-hier ; c'est un vrai Parisien aussi bien au courant des choses de la vie parisienne que vous et moi ; les revues, les journaux et les visiteurs qui affluent au château apportent la chronique imprimée et la chronique parlée.

M. le comte de Chambord sait tout ce qui se passe à Paris, les grands événements tout aussi bien que les petits ; il sait aussi la province sur le bout du doigt, et dans ses causeries sur le Midi de la France où est né mon camarade de voyage Béchard, le châtelain de Frohsdorf a montré une connaissance étonnante de l'état des esprits et des intérêts matériels de ce pays.

On aurait tort de croire que la politique est bannie de la conversation au château ; aucun mot d'ordre n'a été donné à ce sujet ; la politique est si peu proscrite qu'à chaque instant une phrase lancée au hasard, un mot jeté dans la conversation, ramène le causeur sur ce terrain brûlant. Quoique dans cette causerie de plusieurs heures rien n'ait été dit qui ne puisse être imprimé sur le boulevard, il convient de glisser rapidement sur ce sujet, car, lorsqu'un journaliste reçoit quelque part l'hospitalité la plus cordiale — fût-ce chez un prince — la bienséance lui ordonne de sacrifier son métier aux convenances. On n'attendra donc pas à cette place un compte rendu détaillé de la conversation de Frohsdorf comme s'il s'agissait d'un dialogue entre acteurs du Gymnase ; qu'il vous suffise de savoir que M. le comte de Chambord aborde la politique comme les autres sujets, avec autant de dignité que de franchise, et qu'il ne s'exagère ni le passé, ni le présent ni l'avenir. Contrairement à ce que l'on prétend de sa race, on peut dire de M. le comte de Chambord qu'il n'a peut-être rien oublié, mais qu'il a certainement beaucoup appris.

Après le dîner la conversation, pleine d'entrain et d'abandon, se continue jusqu'à dix heures dans les salons, autour d'une grande table où, dégagé de toute étiquette, on s'est placé au hasard. Vers dix heures, madame la comtesse de Chambord se retire, et le comte, tendant la main à ses invités, leur dit :

— A revoir ici... et ailleurs !

A onze heures et demie tout le monde dort au château, à la porte duquel ne veille aucune sentinelle.

Eh bien ! là, franchement, entre nous, on a beau ne pas descendre de la branche aînée et de la branche cadette ; on peut être le fils de simples et modestes bourgeois, dont les ancêtres n'ont jamais été aux croisades ; on peut conserver tout son scepticisme en présence des ambitions et des déceptions des princes, mais au fond du cœur tressaille la corde humaine quand on quitte la retraite de Frohsdorf, qui est beaucoup moins brillante que le château d'un parvenu du commerce des peaux de lapin.

Nous tous, Parisiens de Paris ou de la banlieue, nous emportons dans notre malle la consolation de revoir, quand nous le voudrons, ce cher Paris où vivent ceux que nous aimons et qui nous aiment. Dans les tristes heures à l'auberge on voit, dans une douce hallucination, poindre à l'horizon les tours de Notre-Dame. En mon âme et conscience, je crois que le monde est fait pour marcher en avant, et non pour revenir constamment sur ses pas ; mais il m'est bien permis, je pense, à moi qui, trois fois par jour, ai la nostalgie de Paris, de plaindre et de respecter ceux qui supportent avec tant de dignité les amertumes de l'exil.

Varna (mer Noire), fin septembre.

Nous descendons le Danube dans le bateau *l'Albrecht*, capitaine Pellegrini. Après la Hongrie, la Serbie se déroule à notre droite, tandis qu'à notre gauche s'étend la Valachie. Des troupeaux de chevaux ou de buffles, et par-ci, par-là un poste de garde-frontières, sur les deux rives, animent le paysage ; sur la côte se promènent gravement, devant de pauvres chaumières, d'étranges factionnaires, enveloppés dans de longues capotes, et quand on s'arrête devant une ville valaque, on aperçoit sur la berge les misérables habitants qui se font des chaussettes avec un vieux cache-nez oublié par un voyageur, et qui se taillent une paire de souliers dans un portefeuille en cuir qu'ils ont trouvé sur la grande route. Populace étrange, noircie par le soleil, l'air et la poussière, aux longs cheveux ramenés derrière les oreilles, au regard plein de mélancolie, qui fait pitié à voir.

Le bateau s'éloigne dans la direction de Rustchuck.

Déjà nous avons dépassé l'extrême frontière de la Hongrie ; nous arriverons ce soir à la fin de la Serbie,

et, sur la rive gauche, la Valachie continue toujours ;
les deux bords du fleuve sont également tristes et
sauvages ; le bateau marche pendant cinq ou six
heures sans que nous rencontrions seulement un village sur notre route ; rien que ces postes de garde-frontières, pitoyables masures où veillent des soldats
fantastiques pour chasser les contrebandiers serbes
ou valaques ; on se croit à l'autre bout du monde,
tant ce paysage est sauvage, tant les rares habitants,
pêcheurs serbes ou bergers valaques à cheval, sont en
dehors de tout ce qu'on a vu et rêvé.

Deux jours s'écoulent sur le Danube ; les eaux sont
basses, et ce n'est que vers la fin de la seconde
journée que nous atteignons Widdin, la première ville
turque, tandis que la Valachie déroule toujours ses
plaines à notre gauche ; voici la Turquie qui commence ; des maisons en bois, peintes en rouge, vert
ou jaune, séparées les unes des autres par de petits
jardins ; des femmes turques, le visage caché sous la
gaze transparente, sont assises sur quelques murs ;
devant nous, sur la terrasse d'un bouge, qui a la
prétention d'être un café, s'étendent, sur des coussins
multicolores, de vrais Turcs qui fument dans la
pénombre, tandis que les tons criards des manteaux
de ces femmes éclatent en plein soleil et nous
aveuglent. Une nuée de petits mendiants dansent
dans la boue, sur la berge, dans l'espoir qu'on leur
jettera quelques centimes. Ces premiers tableaux de
l'Orient sont éblouissants de lumière et de couleur

ce sont des tableaux de Decamps des meilleurs jours.

Le lendemain, dès l'aube, nous quittons le bateau à vapeur à Rustchuck et nous prenons le chemin de fer de Varna, dont il convient de parler. Ce petit chemin, que l'on traverse dans toute sa longueur en six heures, a été construit par une compagnie anglaise en vue du grand réseau turc; mais le grand réseau n'a pas encore été construit, et, abandonnée à ses propres forces, la ligne de Rustchuck-Varna végète misérablement. Pour vous donner une idée du mouvement extraordinaire sur cette ligne, il me suffira de vous dire qu'il ne circule pas plus de quatre trains de voyageurs par semaine sur cet étrange chemin de fer. La compagnie avait à l'origine onze locomotives; il n'en reste plus que quatre en état de marcher. Les actions sont à 45 francs; c'est tout juste le prix d'une place en première de Rustchuck à Varna; aussi, quand on arrive par le bateau, le chef de gare — un Anglais — vous empoigne, vous comble d'amabilités, il ne vous lâche plus jusqu'au départ, tant il semble craindre que vous ne retourniez sur vos pas.

Enfin on part. Les wagons sont sales, les rideaux déchirés, les portières ne se ferment qu'à peu près. On traverse tantôt d'immenses plaines, bordées à l'horizon d'une chaîne de montagnes, tantôt on longe des marais, et dans les roseaux qui atteignent parfois une hauteur de dix mètres, on voit des troupeaux de buffles, au museau fumant, dans la fraîche matinée.

A tout instant le machiniste donne des signaux de détresse et le train s'arrête : c'est qu'un troupeau de buffles a envahi la voie et nous barre le passage. Il est vrai que la locomotive est ornée d'un chasse-buffle triangulaire; mais, en éventrant l'un de ces animaux, on risquerait de dérailler sur les corps des autres. Donc, le train s'arrête, la locomotive siffle de toutes ses forces, et quelques buffles effrayés se sauvent dans les roseaux, mais les plus hardis restent : le train s'avance tout doucement et, arrivé devant les buffles récalcitrants, le machiniste leur lâche de la vapeur bouillante sur la peau, après quoi ils se décident enfin à nous laisser continuer notre route.

Ce manège se renouvelle de demi-heure en demi-heure; ce qui est plus grave, c'est qu'en tournant un rocher on se heurte subitement contre un buffle, et alors gare aux voyageurs! Vous comprendrez maintenant pourquoi il faut six ou sept heures pour faire un trajet que l'express du Nord parcourrait en deux heures et demie; c'est qu'ici, au lieu de cantonniers, la compagnie anglaise n'a que des buffles sur sa route; cependant, dans ces derniers temps, ces animaux sauvages sont beaucoup moins hostiles aux voyageurs que l'année dernière: la Compagnie, pensant qu'il fallait faire des concessions, a nommé un gros buffle noir membre du conseil d'administration; mais parmi les buffles, comme ailleurs, il y a des irréconciliables dont le seul but est de fourrer des bâtons dans les roues de la locomotive

Enfin nous arrivons à Varna ; devant nous, ô horreur ! il y a la mer Noire ; mais plus loin, après une traversée de quinze heures, nous attendent les splendeurs du Bosphore.

Beilerbey, 4 octobre.

J'écris ces lignes dans un des kiosques du palais que l'impératrice des Français habitera dans quelques jours. Le temps me presse, car le bateau de Varna part dans deux heures ; c'est vous dire qu'il ne faut attendre de moi autre chose qu'un rapide procès-verbal d'huissier qui serait venu là pour saisir un riche mobilier.

— Ah çà ! me direz-vous, pourquoi n'êtes-vous pas allé plus tôt à Beilerbey ?

Et je vous répondrai :

— Si vous croyez que l'on entre là comme au théâtre à Paris, vous vous trompez étrangement ; grâce aux personnages politiques que j'ai connus à Paris, grâce surtout à S. A. Mustapha-Pacha et S. Exc. Khalil-Bey, la ville, les faubourgs et le Bosphore sont à moi ; mais, toutes les fois que je leur parlais d'aller à Beilerbey, ils me répondaient : « Attendez encore quelques jours, ce n'est pas fini ! Nous ne voulons pas vous montrer le palais avant le départ du dernier ouvrier. »

Cette coquetterie turque m'a fait perdre une semaine. Enfin, ce matin, muni d'une lettre du ministre des travaux publics, j'ai pu me rendre au palais de Beilerbey, qui a été construit sur l'emplacement du palais du sultan Mahmoud, d'où Lamartine a si bien contemplé le Bosphore ; — voir son *Voyage en Orient*.

Mes lecteurs n'ignorent certainement pas que le Bosphore relie la mer Noire à la mer de Marmara; ils savent aussi certainement que Constantinople se trouve à l'extrémité du Bosphore, sur la mer de Marmara; mais ce qu'ils ignorent peut-être, c'est que d'un bout à l'autre du Bosphore, sur les deux côtes d'Europe et d'Asie, se trouvent une foule de petites villes ou villages qui ne sont pour ainsi dire que les faubourgs de Constantinople; c'est là que demeurent, dans la belle saison, tous les Turcs et les étrangers de distinction, et sans compter les milliers de caïks ou canots, un service considérable de bateaux à vapeur ntretient du matin au soir les communications entre Constantinople et les deux rives du Bosphore.

En quarante minutes, le steamer vous transporte du pont de Stamboul à Beilerbey, où le palais destiné à l'Impératrice se baigne dans les eaux bleues du Bosphore. Comparé aux grands palais du sultan, celui-ci paraît petit tout d'abord, et l'on se demande, avant d'y entrer, comment on pourra y loger une souveraine et sa suite; mais le château de Beilerbey offre cet avantage d'être en pierre, tandis que presque toutes les habitations des grands seigneurs de ce pays sont en bois ; ensuite le palais de Beilerbey se recommande par une architecture agréable, mais dont il me serait difficile de vous donner une idée, car, comme tous les palais du Bosphore, celui-ci n'a pas de style déterminé ; à l'architecture européenne qui domine se mêle par-ci, par-là l'élément arabe, dont il reste quelques faibles traces. En somme, comme architecture, c'est un méli-mélo étrange, mais l'ensemble est agréable à voir, et le paysage est d'une telle splendeur qu'une simple chaumière y prend, dans notre cerveau, les proportions d'un palais de féerie.

De plus, le palais de Beilerbey, qui est situé sur la côte d'Asie, a cet avantage que la végétation y est plus abondante que sur la côte d'Europe ; en outre quelques routes nouvellement tracées, et de beaucoup supérieures aux routes anciennes qui ne sont que des ornières, permettront à l'Impératrice de se promener en voiture sur les hauteurs de Scutari, d'où l'on domine le Bosphore et la mer de Marmara.

Le palais de Beilerbey se baigne pour ainsi dire dans la mer ; un quai de débarquement de deux mètres de largeur sépare l'habitation du Bosphore, où se reflète cette masse blanche, car ce qui n'est pas en marbre blanc a été badigeonné à la chaux. La principale entrée n'est pas du côté du Bosphore ; un escalier en marbre blanc conduit du jardin, qui entoure le palais et s'étend en amphithéâtre, de terrasse en terrasse, jusque sur les hauteurs de la côte d'Asie.

Nous verrons d'abord le premier étage, réservé à

l'Impératrice; au rez-de-chaussée, il n'y a de remarquable qu'une grande salle dont nous parlerons plus tard, tous les autres appartements ayant été aménagés pour la suite de l'Impératrice, et les splendeurs de l'Orient n'étant point visibles dans cette partie du palais.

Quand on a gravi l'escalier en marbre, on se trouve dans un vestibule d'où un double escalier, flanqué de chaque côté d'une paire de candélabres de dix pieds de hauteur, conduit au premier étage où l'on arrive dans un immense salon-vestibule sur lequel donnent tous les appartements; comme dans les autres pièces, le parquet de ce salon d'attente est couvert de nattes sur lesquelles serpentent les *chemins* en tapis de Smyrne; les tentures, d'une richesse inouïe, sont en soierie de Scutari; au milieu du vestibule se trouve une jardinière en cristal aux armes de l'Empire français; un gigantesque lustre à cent bougies et quatre candélabres en verre de Bohême de deux mètres de hauteur; un meuble en bois doré, recouvert de soie de Scutari; d'énormes flambeaux en argent massif sur toutes les tables. Voilà le premier de cette série de décors éblouissants.

A gauche de ce vestibule se trouve la salle à manger, qui est, à mon avis, la pièce la plus curieuse du palais; ici, comme partout ailleurs, c'est un mélange de meubles parisiens et d'art oriental. Les murs sont de précieuses boiseries incrustées où l'on trouve par-ci par-là l'élégante finesse des ornementations arabes d'un dessin si admirable, tandis que les glaces et cadres dorés sont coupés par des panneaux en porcelaine, sur lesquels le peintre fait voltiger des oiseaux qui rappellent l'article Paris. Le meuble, qui sort également des ateliers d'un de nos principaux tapissiers, est d'un goût exquis : bois d'ébène avec un maigre filet d'or et cuir violet. A côté de la salle à manger est un petit salon de repos du plus lourd Louis XIV qu'il soit possible d'imaginer.

De l'autre côté du vestibule, faisant face à la salle à manger, se trouve un salon turc avec trois fenêtres donnant sur le Bosphore. Ici comme là-bas les murs sont couverts de boiseries incrustées dont le dessin pur et élégant contraste avec les peintures des plafonds, que je réserve pour la fin de ce procès-verbal. Les meubles sont imités d'anciens meubles arabes; les tentures, en magnifique étoffe de Scutari, sont relevées par des cordons en or d'une richesse surprenante; dans les panneaux du mur on a incrusté des versets du Koran.

C'est le prologue d'une agglomération de salons de toutes grandeurs qui donnent le vertige. Le grand salon de réception est un éblouissement des yeux. Il a cinquante mètres de longueur sur trente-cinq mètres de largeur; le meuble en bois sculpté et doré est recouvert d'une riche étoffe de Lyon d'un bleu pâle à dessins blancs; cinq lustres prodigieux en verre de Bohême descendent du plafond, et de chaque côté de la salle quatre candélabres à cinquante bougies sont

montés sur des trépieds en bois doré ; au milieu de la
salle, de chaque côté de la table, sur laquelle se trouve
une pendule en argent massif, ayant la forme d'une
mosquée, entre deux autres candélabres également
en argent massif, on voit de grands vases de Sèvres
montés sur des socles en bois doré. Ce principal
salon est flanqué aux quatre coins de quatre petits
salons pris sur les angles, et qui sont décorés avec
un luxe fantastique ; l'un de ces petits salons a été
transformé en chambre à coucher ; le meuble en
bois doré, le bois de lit, d'une lourdeur écrasante, et
les glaces, sont venus de Paris et ont été couverts
d'étoffe de Scutari ; le mobilier a dû coûter un argent
fou, mais il n'en est pas moins laid ; les colombes qui
se caressent au-dessus des fauteuils dorés sont d'un
goût exécrable, mais s'il n'y a pas d'art, il y a une
telle profusion de dorures et de soieries que l'on reste
un instant ébloui par tant de luxe franco-asiatique.

Du principal salon on passe dans les appartements
privés de l'Impératrice. Voici d'abord le boudoir de
Sa Majesté : il donne sur le Bosphore et est d'un goût
parfait. Les murs sont couverts de soie rayée, rouge
et blanche, et le meuble, divans, fauteuils et coussins
turcs, est en étoffe de Scutari, bleue et or sur un fond
gris-perle, d'une harmonie exquise. Aux quatre angles, sur le tapis de Smyrne, car ici il n'y a plus de
nattes, se trouvent d'immenses braseros qui, de
même que les innombrables flambeaux et candélabres, sont en argent massif ; dans un angle du boudoir

il y a un divan en velours noir, avec broderie d'or ; c'est un meuble historique qui a été légué de sultan en sultan depuis le grand Mahmoud. En offrant à l'Impératrice ce divan, sur lequel ne se sont assis jusqu'à ce jour que les seuls souverains de la Turquie, on a pensé lui faire une de ces gracieusetés qui marquent dans la vie d'une tête couronnée. De ce boudoir on gagne la chambre à coucher en traversant un autre salon, meublé à la française et où l'on a réuni une collection d'objets d'art anciens, indiens et persans, qui donnent le vertige.

Au milieu de cette agglomération de meubles et de tentures où le luxe contemporain tient une plus grande place que l'art, cette collection de délicieux bibelots est doublement merveilleuse ; il y a là des flacons en or incrustés de pierres fines et des tasses persanes incrustées de diamants d'une forme si pure et si belle, d'un dessin si admirable, que l'on reste en extase devant ces objets anciens qui, à mon avis, valent mieux que tout le palais de Beilerbey, depuis le jardin jusqu'aux toits.

La chambre à coucher de l'Impératrice est beau-moins riche que celle dont il a été question plus haut ; elle est tendue d'étoffe turque, et les doubles rideaux du lit sont en soie de Scutari, doublés de soie blanche de Brousse ; la descente de lit est en étoffe de Smyrne à brocart d'or ; je ne vous parle pas des dentelles, ne voulant pas faire une déloyale concurrence à la vicomtesse de Renneville ; mais je veux dire un mot du cabinet de toilette de Sa Majesté, qui est d'une simplicité primitive : quatre murs blanchis à la chaux ; une psyché et, au milieu de la chambre, une toilette recouverte de rideaux en dentelle, voilà tout ; rien dans cette pièce surprenante ne rappelle Paris ; il fallait, pour présider à l'arrangement de ce cabinet de toilette, une Parisienne plus experte qu'un architecte en l'art féminin de décorer et de meubler ce salon tout intime de la femme.

J'ai déjà dit qu'au rez-de-chaussée il n'y avait qu'une salle remarquable ; comme parure, c'est la répétition du grand salon du premier étage, avec cette différence qu'au milieu de la salle se trouve une énorme piscine en marbre blanc qui répand une agréable fraîcheur dans les chaudes journées d'été ; le harem qui, ainsi qu'on le sait, est isolé du palais, a été converti en une foule d'appartements pour les personnes de la suite et les nombreux domestiques. Ajoutez à cela deux pavillons donnant sur la mer, et au sommet de la montagne, sur la dernière terrasse du jardin, un troisième pavillon d'où l'on découvre un panorama splendide, et vous aurez une vague idée du palais de Beilerbey.

Oui, tout cela est riche et magnifique ; oui, on a dépensé des sommes folles. Ainsi, au moment où j'écris ces lignes, une barque contenant quatre énormes caisses s'arrête devant le palais ; c'est l'argenterie et la vaisselle plate aux armes de l'Impératrice que l'on a commandées à Paris. Oui, c'est la prodigalité asiatique, mais il manque à ce palais la seule chose que l'on voudrait y voir, il lui manque l'art et l'unité de style.

Le Koran défendant la reproduction en peinture d'être animés, on cherche en vain à Beilerbey un tableau, une statuette, les mille et une choses de l'art dont fourmillent les châteaux de nos vrais grands seigneurs européens; dans ces merveilleux salons, l'harmonie de l'ensemble n'est presque nulle part; à côté du meuble turc on voit des échantillons de nos principaux tapissiers; les soieries de Lyon et de Scutari fraternisent dans une même pièce; ce n'est ni un palais oriental ni un palais de l'Occident, et rien n'irrite l'œil comme ces plafonds mauresques d'un dessin et d'une exécution grossiers dans un salon où les bois des meubles sont une imitation du style Louis XIV, tandis que les tentures sont en soieries de Scutari d'une richesse accablante, et souvent d'un dessin d'une prodigieuse finesse. L'Européen a envie de hurler quand, dans le délicieux boudoir, il découvre au plafond, dans les rosaces ménagées *ad hoc*, des petits vaisseaux qui vont sur l'eau.

Oui, tout cela est riche et éblouissant comme des décors de théâtre. Le soir, quand les mille et mille bougies se reflètent dans l'or, l'argent et le cristal, ces salons doivent être vertigineux; mais il en est de ces appartements comme des décors de féerie, il ne faut pas les regarder de trop près et bien se garder d'analyser cet éblouissement des yeux. Disons, toutefois, que si l'art, l'art vrai, manque au palais de Beilerbey, la nature a déployé une prodigalité rare dans ce pays admirable. De chaque fenêtre du palais, de toute terrasse du jardin, de tous les kiosques, on voit un panorama incomparable ; de quelque côté que l'on tourne les yeux, on y rencontre les eaux limpides du Bosphore qui, depuis la mer Noire jusqu'à la mer de Marmara, est un enchantement. Le premier jour, on est tout étonné de voir aux fenêtres des Turcs immobiles qui fument leur chibouk en contemplant le Bosphore du matin au soir. On se demande comment ils peuvent vivre aussi loin de la fiévreuse activité qui nous dévore à Paris. Au bout de huit jours, on fait comme eux, tant ces rives et ces flots féeriques vous absorbent et vous font oublier qu'il y a de par le monde d'autres pays que la Turquie.

Constantinople, 6 octobre.

Parmi les étrangers de qui Paris a beaucoup parlé, il faut citer en première ligne Khalil-Bey, qui pendant quelques années a tenu le haut du pavé dans la chronique de Paris. Quatre ou cinq ans durant il n'a été question que de son luxe et de ses folies; il fut le colonel de ce régiment de joueurs de baccara qui faisaient dans une nuit des différences d'un demi-million au cercle de la rue Royale. On parlait de ses dîners, de ses fêtes, de sa galerie, de ses relations de jour et de nuit. Tantôt il gagnait trois millions au baccara, tantôt il perdait quinze cent mille francs au piquet en jouant contre un membre du Corps législatif; excepté ceux qui savaient avec quel talent Khalil-Bey avait déjà occupé le poste d'ambassadeur de la Porte à Saint-Pétersbourg, nul ne se doutait que ce viveur asiatique, ce Sardanapale du boulevard des Italiens, était au fond un homme sérieux.

Le moment décisif arriva pourtant où Khalil-Bey, après avoir fait chez nous toutes les folies possibles, se vit contraint d'abandonner la carrière de viveur et de joueur: il éteignit les bougies, vendit sa galerie, liquida sa situation et rentra en Turquie comme sous-secrétaire d'État au ministère des affaires étrangères. Plus de petit club, plus d'abatage de huit ou de neuf ; après les nuits bruyantes de Paris, les nuits silencieuses du Bosphore ; avec le travail, Khalil-Bey avait retrouvé son ambition, une fiévreuse activité s'empara de l'ex-viveur, et, à cette heure, il est par le fait ministre des affaires étrangères, car il n'a dans son département d'autre chef que le grand-vizir. Si je ne m'étais pas juré de ne pas aborder la politique turque pour le moment, je pourrais peut-être vous dire vers quel but tendent les efforts de Khalil-Bey, qui, d'oisif qu'il était, s'est transformé en un travailleur acharné. Comme tous les fonctionnaires turcs, Son Excellence habite sur les rives du Bosphore ; sa maison de campagne est presque à l'entrée de la mer Noire, sur la côte d'Europe, à Bujukdéré, en pleine colonie européenne. Les vieux Turcs reprochent à Khalil-Bey de trop fraterniser avec les étrangers, mais il laisse dire et continue sa vie ; il entend échapper à toutes les influences quand le bateau à vapeur le ramène vers le soir du ministère à Bujukdéré. Son Excellence est garçon ; elle n'a pas, comme les autres Turcs, un harem où l'on s'enferme à l'approche de la nuit. Au contraire, le soir, la maison de Khalil-Bey s'anime ; toutes les fenêtres sont éclairées ; dans les salons se réunissent de charmantes femmes et des hommes distingués de la colonie européenne ; on dîne à l'européenne, car halil-Bey a enlevé un chef de chez Bignon ; on cause on bavarde, on rit, parfois l'on soupe, et ceux qui sont venus de Constantinople passent la nuit chez ce Turc du boulevard dont l'hospitalité est on ne peut plus écossaise.

Le soir, à Bujukdéré, Khalil-Bey n'est plus ministre, mais tout simplement un homme du monde qui trouve autant de plaisir à vous recevoir que l'on éprouve de satisfaction d'être reçu avec une si exquise cordialité. Après dîner, on s'étend dans le salon sur de larges divans turcs, près de la fenêtre, d'où l'on a une vue splendide sur le Bosphore; on fume le chibouk, on prend le café et l'on cause beaucoup de Paris. Si l'on joue par-ci par-là aux cartes, c'est un jeu d'amateurs, le classique bezigue, ou, sur la demande des dames, on s'amuse avec une petite roulette où les enjeux ne dépassent pas en moyenne l'énorme somme de cinq francs sur une chance simple. Vous voyez qu'à Bujukdéré on est loin du club de la rue Royale, et de la fameuse partie de piquet à cinq louis le point.

Il ne se passe pas une nuit sans que les quatre chambres d'amis soient occupées chez Son Excellence. C'est la maison la plus hospitalière que j'aie vue. Quand Khalil-Bey a dit à quelqu'un : « Vous êtes ici chez vous, » on peut se le tenir pour dit. On arrive vers le soir, on dîne, on cause, on fume, on se couche, et le lendemain ou le surlendemain matin on s'en retourne à *l'anglaise*, sans prendre congé de son hôte, pour ne pas le troubler dans ses occupations, car, dès six heures du matin, Khalil-Bey est debout, et, avant de se rendre à son ministère, il a déjà liquidé une foule d'affaires courantes.

De ce qui précède, il ne faut pas conclure que Khalil-Bey soit devenu un austère fonctionnaire en cravate blanche ; dégagé de ses nombreuses occupations, il demeure l'homme que nous avons connu à Paris, aimant le plaisir et les fêtes. A Constantinople, où l'on médit beaucoup de son voisin, on prétend même que Son Excellence s'amuse trop ; les journaux de la localité ne lui ménagent pas les sarcasmes et les attaques ; jamais on n'a vu pareil ministre en Turquie. Eh quoi ! au lieu d'aller de son harem à la Porte et de la Porte à son harem, celui-ci vit avec les Européens ; on le rencontre sur les quais de Bujukdéré et de Terapia avec des dames européennes. Il a un cuisinier français ; les amis de la maison sont des Européens. Il n'y a guère que les domestiques qui parlent turc chez Son Excellence, et encore ! Comme le chef, le valet de chambre est français.

Les purs — il y en a partout — voudraient un ministre moins moderne, avec un turban et un soleil dans le dos ; ils ne s'amusent pas beaucoup et ils en veulent à Khalil-Bey, qui aime à rire aux heures de loisir ; mais comme les affaires publiques n'en marchent pas moins bien, et peut-être beaucoup mieux qu'autrefois, le grand-vizir seul ne semble pas se soucier outre mesure de la façon dont Khalil-Bey emploie ses heures de liberté.

Tenez ! on jase encore à cette heure sur les deux

rives du Bosphore, depuis la mer Noire jusqu'à la mer de Marmara, de la fête que Son Excellence nous a donnée l'autre jour en Asie, et qui mérite, comme vous allez vous en convaincre, une description détaillée. Le rendez-vous était pour dix heures du matin aux Eaux-Douces d'Asie, là où un ruisseau insignifiant se jette dans le Bosphore ; les uns étaient venus de Constantinople, les autres de Bujukdéré, sur le bateau à vapeur de Son Excellence. Nous étions en tout dix-huit Européens, entre autres le prince et la princesse Stourdza, le général Bogoulawski, le jeune baron Edmond de Rothschild et son ami Alfred Meyrargues, le baron et la baronne Steiger, un médecin de Nice et Frédéric Béchard. Neuf voitures attendaient sur la côte d'Asie ; dans les huit premières montèrent les invités, et la dernière portait un valet de chambre et quelques légères provisions pour la route ; on se casa deux ou trois dans une voiture, car la route est très dure. Les domestiques, montant de petits chevaux du pays, galopaient aux portières.

Le but de notre excursion était la forêt d'Alem-Dagh, en Asie, où nous devions déjeuner ; il y a une bonne route pour le sultan, qui possède un château dans la forêt ; mais cette route venait d'être macadamisée et les cochers turcs préférèrent nous offrir un steeple-chase en voiture.

Quelle course, grand Dieu ! les cheveux se dressent encore sur ma tête quand j'y pense ; figurez-vous des voitures qui dégringolent dans des fossés et montent sur des talus comme font les chevaux de course à la Marche ou à Vincennes ; aux cris de détresse des dames qui ont peur se mêlent les éclats de rire des cavaliers, étonnés de cette fantasia, les domestiques sur leurs petits chevaux arabes galopent toujours aux portières ; de temps en temps, sur la demande d'un invité affamé, car ce steeple-chase à travers un désert, d'où par-ci par-là on découvre au loin les îles de la mer de Marmara, dure depuis deux heures et demie, les domestiques retournent ventre à terre vers la dernière voiture qui est en retard et reviennent au triple galop avec une bouteille de bordeaux et des sandwich.

Enfin, au bout de trois heures, de talus en talus et de fossé en fossé, nous arrivons à la forêt d'Alem-Dagh, et ici Khalil-Bey se révèle comme seigneur asiatique ; dans une clairière, loin de toute habitation, en plein air, le chef de Khalil, qui est parti dès la veille avec les batteries de cuisine, se tient affairé à son fourneau, qu'il a apporté comme le reste ; sous les arbres nous attend une table somptueuse ; l'amphitryon, qui n'a rien oublié, a envoyé des chaises en Asie, et ses domestiques ont, avec des nattes et des coussins, préparé un large divan pour la sieste. Des femmes turques en promenade dans la forêt s'arrêtent étonnées à quelque distance de notre table et forment au fond du tableau un groupe des plus pittoresques ; les domestiques laissent brouter leurs chevaux dans l'herbe pour servir à table, et là, loin de toute civilisation, en pleine Asie, on sert le déjeuner fantastique dont je vous donne le menu, afin que vous sachiez ce que Khalil-Bey entend par un déjeuner champêtre :

Œufs à la Béchamel — loup sauce homard — filet de bœuf aux pommes — agneau rôti — jambon et poulet sauce mayonnaise — pâté de gibier — perdreaux et cailles rôtis — flageolets maître-d'hôtel - cinq ou six plats turcs dont j'ignore les noms — génoise glacée — glace au café — desserts variés — les meilleurs vins de la cave.

Vous partagerez l'étonnement des invités quand je vous aurai répété que nous sommes en Asie, à vingt lieues de l'habitation de Khalil-Bey, que le cuisinier a dû emporter ses batteries et son fourneau, que sur des voitures attelées de buffles on a dû transporter les caisses de vins, le service de table complet et même les chaises; que, sauf quelques sauvages habitants de misérables villages turcs, il n'y a pas, à dix lieues à la ronde, un être humain, et que nous sommes servis dans cette forêt d'Asie tout comme si nous nous trouvions dans la salle à manger de Son Excellence, à Bujukdéré. Il y a même des musiciens turcs qui, pendant le déjeuner, nous jouent un répertoire varié, où Verdi alterne avec les compositeurs inconnus du pays.

Le retour a été un enchantement; cette fois on suit une autre route que l'amphitryon nous a réservée pour le bouquet. Nous nous arrêtons quelques instants dans un pittoresque village où nos voitures sont entourées d'une population misérable, à laquelle se mêle une bande de tziganes qui campe dans les champs et accourt pour exécuter autour de notre caravane une ronde infernale ; les cheveux des femmes, comme leurs haillons, flottent au vent, et les enfants poussent des cris d'oiseaux de proie ; le soir est venu, et sur le ciel en feu se découpent les silhouettes des chariots turcs, traînés par des buffles, et sur lesquels les habitants qui regagnent quelque lointain village sont groupés avec cette entente du pittoresque et cet art plastique qui n'appartiennent qu'aux peuples d'Orient. Bientôt nous voyons le soleil disparaître à notre gauche derrière les îles de la mer de Marmara, et à nos pieds se déroule le merveilleux panorama du Bosphore, noyé dans le crépuscule.

En bas nous attend le bateau à vapeur de Son Excellence, et nous remontons vers Bujukdéré. La nuit est venue tout à fait, et la mer est silencieuse, car, après le coucher du soleil, aucun bateau ne quitte le Bosphore, aucun navire n'y entre avant l'aube. Seul, ce petit steamer à hélice marche dans la nuit, et l'on n'entend d'autre bruit que le clapotement de l'hélice. La mer est devenue tellement phosphorescente, que le bateau laisse un sillon de feu sur son passage. Je n'ai jamais vu de spectacle plus éblouissant ; remuée par l'hélice, l'eau jaillit et retombe lumineuse comme les étincelles d'un feu d'artifice.

Au-dessus de nous le ciel étoilé, au-dessous de nous cette mer enflammée, tout autour de nous, sur les deux rives du Bosphore, les mille et mille fenêtres des harems où se montre parfois une tête curieuse, attirée par les accords de la musique qui nous a suivis à bord. Sur le pont personne ne parle, tant chacun de nous a peur de troubler les impressions de son voisin, et quand, enfin, le bateau s'arrête au quai de Bujukdéré, il me semble que mon esprit se dégage des hallucinations d'un long rêve d'opium.

Constantinople, 8 octobre.

C'est tout comme chez nous; au moment où l'on dispose dans le Bosphore les radeaux portant les feux d'artifice.... il pleut, il pleut à verse, il pleut à torrents après deux mois d'une excessive sécheresse. C'est le peuple qui ne dira rien, car il voyait arriver le moment où un verre d'eau se vendrait cent sous dans les rues de Stamboul; mais le sultan ne sera pas plus content que ses invités. On ne se figure pas quelle immense tristesse enveloppe cette ville et le Bosphore quand il pleut; il faut à ce paysage le soleil comme la lumière aux décors de féerie. Je ne sais rien de plus beau au monde que le Bosphore ensoleillé, rien de plus navrant que la pluie à Constantinople. De la boue classique de Stamboul je ne dirai rien aujourd'hui; mais même les rues pavées de Péra se transforment en mares boueuses, et comme les voitures n'ont, dans toute la ville, que deux ou trois grandes routes où elles peuvent circuler à peu près, la pluie vous emprisonne chez vous; elle vous met sous les verrous; vous vous figurez que vous êtes à Mazas et vous prenez les domestiques pour des geôliers.

Mais réservons ces descriptions détaillées pour une autre fois : allons au plus pressé et parlons des préparatifs que l'on fait pour la réception de l'Impératrice. Les renseignements que je donne sont d'une exactitude irréprochable ; c'est le programme complet, tel qu'il a été arrêté entre l'ambassadeur et la Sublime-Porte.

On sait déjà que le grand-vizir et Djemil-Pacha se rendront au-devant de l'Impératrice, qui fera son entrée dans le Bosphore mercredi 13 octobre, à une heure de l'après-midi. C'est un événement si important que le programme contient des détails qui frappent ces vieux Turcs d'une profonde stupéfaction, et dont je parlerai dans un instant. La colonie française a, de son côté, frété un bateau à vapeur pour aller au-devant de l'Impératrice jusqu'aux Dardanelles.

Donc, l'Impératrice des Français arrivera mercredi par la mer de Marmara, et, à l'entrée du Bosphore, le sultan montera à bord de l'*Aigle* pour accompagner son impériale invitée jusqu'au palais de Beilerbey. Tout le long du Bosphore, les frégates turques sont échelonnées depuis quinze jours et salueront les hôtes du sultan par une canonnade qui, à en juger par le nombre des pièces, ne laissera rien à désirer. L'*Aigle*, escorté par une flottille, se frayera un passage à travers les milliers de canots et les centaines de bateaux à vapeur et jettera l'ancre en face de Beilerbey. Ici l'Impératrice et le sultan débarqueront dans le grand caïk de gala à douze paires de rames qui est, pour ainsi dire, d'un bout à l'autre en argent massif, et dont la valeur est estimée à 800,000 francs. Les ministres turcs, les grands fonctionnaires de l'empire, l'ambassade française au grand complet, attendront l'Impératrice au palais de Beilerbey, au haut duquel flotte le drapeau français.

C'est la première fois qu'un pavillon étranger se montre sur les toits d'un château impérial ; ceux-là seuls qui savent les hallucinations de la toute-puissance du sultan, peuvent comprendre toute l'étendue de cet événement ; le pavillon français sur un palais de Sa Hautesse, mais c'est une concession gigantesque qui n'a aucun précédent dans l'histoire de cet empire, et les Turcs de l'ancien jeu sont on ne peut plus attristés de cette condescendance envers une souveraine étrangère, qui leur semble une atteinte à la majesté de leur dynastie.

Quand le sultan aura présenté ses ministres, l'ambassadeur présentera à son tour la légation française et les nationaux chargés ici d'une mission du gouvernement, puis l'Impératrice remontera en caïk et ira faire une visite à la sultane Validé, mère de Sa Hautesse, au harem de Dolma-Bagtchié, sur la côte d'Europe ; le palais de l'Impératrice est, comme on sait, situé sur la côte d'Asie.

La sultane-mère ne parlant pas un mot de français,

on a, pour la circonstance, attaché à sa personne une suite de jeunes Turques qui savent très bien la langue des *Francs*, et parmi lesquelles se trouvent deux filles de S. A Moustapha-Fazyl-Pacha, la fille d'Halim-Pacha, oncle du vice-souverain d'Égypte, et la fille de Kiamil-Bey, grand-maître des cérémonies.

Après la visite au harem, l'Impératrice dîne au palais avec le sultan, l'ambassadeur de France et les ministres turcs ; la sultane Validé et les demoiselles de sa suite resteront chez elles, bien entendu ; car aucune femme turque ne quittera sous aucun prétexte le harem pour s'asseoir à une table panachée des deux sexes.

L'événement à sensation du 14 octobre est la visite que la sultane Validé, contrairement à toutes les traditions et à tous les usages, daigne faire au palais de Beilerbey.

Depuis que l'empire turc existe, on n'a pas d'exemple d'une telle démarche ; on n'a pas voulu croire, à Stamboul, que cela pouvait se faire ; sur les deux rives du Bosphore on a poussé des cris d'étonnement, et cela sera, pourtant ! L'auguste sultane Validé fera une visite à l'Impératrice ! Où allons-nous, mes frères ?

L'après-midi est consacré aux monuments et mosquées ; dans cette excursion, l'Impératrice est accompagnée par Djemil-Pacha, l'ambassadeur à Paris, le grand écuyer Réouf-Pacha, le préfet de police, le préfet de Constantinople et trois officiers turcs, dont un colonel, un chef d'escadron et un capitaine. Le soir, il y aura une représentation de gala au Théâtre-Italien, si l'Impératrice ne se ressent pas trop des fatigues du voyage.

Le vendredi étant le dimanche des Turcs, le sultan se rend comme d'habitude à une mosquée où il passe une partie de la journée en prière. Pendant ce temps l'Impératrice reçoit à Beilerbey le clergé des cinq communautés religieuses qui vivent sous la protection française, ainsi que les notables de la colonie, conduits par les députés du commerce qu'ils choisissent tous les ans pour la défense de leurs intérêts. Dans l'après-midi, excursion sur les hauteurs d'Asie, dans les calèches à la Daumont que le sultan a fait venir de Paris en même temps que les cochers français.

La grande journée est celle de samedi. Dès le matin, l'Impératrice se rend avec sa suite au camp de Baïcos, sur la côte d'Asie, où l'on a réuni vingt mille hommes : on y a construit un kiosque splendide d'où l'Impératrice, à l'abri du soleil, pourra, après déjeuner, assister au défilé des troupes ; sur ce pavillon flotte, ô miracle ! le drapeau français.

Le dîner a lieu au pavillon du sultan, à Baïcos. La nuit étant venue, l'Impératrice, le sultan et leur suite, montent à bord du yacht ottoman pour aller voir les illuminations du Bosphore ; au départ des souverains, l'armée turque, campée sur la hauteur, se range en bataille et est éclairée par de nombreuses flammes de Bengale et de grands feux qu'on a allumés sur les hauteurs ; puis commence la fameuse promenade sur le Bosphore, au milieu des illuminations, de la canonnade et des feux d'artifice ; si le temps est beau, cette soirée sera la merveille des merveille

Le dimanche matin, l'Impératrice débarque sur la côte d'Europe, près du palais de Dolma-Bagtchié, et se rend, entre une double haie de troupes, à l'église patriarcale arménienne-catholique, où elle entend la messe. Le patriarche, entouré de vingt évêques, reçoit l'Impératrice sur le seuil de l'église. Toute la grande rue de Péra, que traverse le cortège, est pavoisée, et ce n'est vraiment pas un mince événement en Turquie que ce cortège d'une souveraine catholique qui se rend en grande pompe à la messe; tandis que les soldats musulmans forment la haie sur son passage. Il faut connaître les Turcs et avoir causé avec les Français qui ont connu la Turquie il y a dix ans pour se rendre compte de la révolution qui a dû s'opérer dans les mœurs du pays pour arriver à la réalisation de cette partie du programme.

Il est vrai que Péra, où se rend l'Impératrice, est presque exclusivement habité par la colonie européenne, mais ce cortège de l'Impératrice n'en est pas moins comme une consécration officielle de la liberté des cultes dans un pays où, il y a vingt ans, tout étranger n'était encore qu'un chien de giaour.

Il faut dire que si, d'une part, le progrès de l'opinion publique est dû en grande partie à l'intervention des missions étrangères, il s'est, d'autre part, opéré un changement complet dans l'esprit public en Turquie ; la jeune génération ne demande qu'à s'affranchir des antiques préjugés et à marcher en avant.

Le mardi 19 octobre, l'Impératrice quittera Constantinople ; la colonie française a espéré un instant qu'elle serait admise à être présentée à l'ambassade, mais elle a perdu cette illusion ; il n'y aura pas de fête chez l'ambassadeur qui, d'ailleurs, est encore à la campagne à Térapia ; c'est tout au plus si l'Impératrice, dans ses promenades sur le Bosphore, s'arrêtera un instant chez l'ambassadeur. A présent, si les correspondants des journaux parisiens se sont mis en route pour rendre compte des fêtes, je les plains, car ils ne verront pas grand'chose. Ce n'est plus ici comme à Paris, où les salons des Tuileries s'ouvrent à des milliers de curieux. Chez le sultan, tout se passe dans l'intimité ; l'abstention des femmes turques, qui rend tout bal ou toute grande réception impossible au palais, en est la cause. Il a fallu une révolution complète dans les mœurs pour que le sultan osât recevoir une femme à sa table : le premier exemple de ce genre a été donné lors de la visite de la princesse de Galles, et je vous prie de croire que cela n'a pas été un mince événement.

Le sultan est un si grand personnage que des vers de terre comme nous ne peuvent espérer d'être admis en sa présence, même quand nous sommes protégés par les hommes les plus influents de l'Empire. Qui oserait demander au sultan d'ouvrir son palais après le dîner à la multitude chamarrée de croix qui se presse dans les salons des souverains d'Europe? Autant lui demander de nous céder une partie de l'Empire. Les dîners et les réceptions se passeront donc dans l'intimité la plus absolue entre hommes et femmes d'État! En dehors des ministres et des missions étrangères, nul mortel n'a le droit de s'asseoir à la table impériale, pas plus les secrétaires et attachés d'ambassade que le ver de terre qui écrit ces lignes. Malgré la situation géographique de Constantinople, nous ne sommes plus ici dans un État européen; le prestige du souverain, l'isolement dans lequel il se complaît, car, en dehors du grand vizir, aucun ministre ne confère directement avec le sultan, rappellent les empires d'Asie. L'empereur n'est pas disposé à abandonner la moindre parcelle de sa toute puissante majesté; ce n'est pas un souverain qui gouverne, c'est un soleil qui rayonne, et il n'a rien moins fallu que l'arrivée de l'impératrice des Français pour faire ouvrir les portes du palais de Dolma-Bagtchié aux dames du corps diplomatique qui — pour cette fois et par extraordinaire — auront l'insigne honneur de dîner à la table du sultan.

Quand j'allai faire ma visite d'adieu à Son Altesse le grand vizir :

— Eh bien, Monsieur, me demanda le président du conseil, ne vous reste-t-il plus rien à voir à Constantinople ?

— Si, Monseigneur, lui répondis-je, je voudrais voir un de ces terribles incendies qui ont rendu votre capitale célèbre parmi les pompiers européens.

— Vous m'excuserez de ne pas vous offrir ce spectacle. Mes pouvoirs ne vont pas jusque-là, fit Ali-Pacha.

Mais le hasard, plus puissant qu'un ministre, devait le lendemain me fournir l'occasion de voir flamber quelques maisons à Galata : dix ou douze, ce n'était pas la peine d'en parler,.. un feu de cheminée ! rien de plus.

En effet, quand on a vu les traces du dernier incendie à grand spectacle qui, il y a une dizaine d'années, je crois, a dévoré trois ou quatre mille maisons à Stamboul, on comprend que dix ou douze habitations en feu n'émeuvent pas le peuple habitué à de plus grandioses spectacles. Je défie les pompiers réunis de l'univers entier d'arrêter un incendie à Stamboul le jour où le vent souffle ; il faut avoir vu cette immense ville en bois, ces rues étroites et tortueuses, ces habitations turques, dont les plus confortables tout en cachant à l'intérieur tous les raffinements du luxe oriental, ont l'air de vieilles baraques délabrées ; il faut avoir vu Stamboul pour se faire une idée de ce que peut être l'incendie à Constantinople.

Justement effrayé de si grands désastres, le gouvernement turc, après le dernier grand incendie de Stamboul, a pris un parti héroïque : il a ordonné que toutes les constructions en bois seraient désormais prohibées ; et en réalité sur les décombres de la ville brûlée on voit s'élever tout un quartier de maisons en pierre qui font dire aux étrangers que Constantinople perd son caractère et que dans dix ans la ville ne vaudra plus la peine d'être vue. En effet, cette partie de Stamboul est moins étrange que le reste ; entre les constructions nouvelles et les petites maisons du Vésinet, la différence n'est pas grande ; mais ce qui reste de la ville en bois suffit largement aux amateurs du pittoresque, et, vu l'étendue de Constantinople, qui se compose d'une foule de petites villes collées les unes aux autres, depuis les eaux douces d'Europe jusqu'à l'entrée de la mer Noire, plus d'un siècle s'écoulera encore avant que la ville de bois ait été transformée en une cité de pierre.

Le plus grand obstacle, celui qui ferait reculer le Baron Haussmann lui-même, vient de la nature ; il y a du bois en masse, mais de pierre point ou fort peu dans les environs de Constantinople, et l'absence presque complète de routes praticables rendrait, en tout cas, le transport des pierres à ce point impossible et certainement si coûteux, que les grands seigneurs du pays pourraient seuls se payer un tel luxe. Il faut se garder avant tout d'imiter les commis-voyageurs en littérature qui rendent le gouvernement d'un pays responsable de tout ce qui choque leurs goûts ou leurs habitudes. Défendre aux Turcs de bâtir des maisons en bois, c'est bientôt fait ; mais l'excessive lenteur qu'on met à reconstruire une ville de pierre sur l'emplacement du vieux quartier de Stamboul, détruit par le grand incendie d'il y a dix ans, vient précisément de la difficulté de se procurer et de transporter la pierre de taille.

L'autre semaine, l'incendie n'a pas sévi dans la ville de bois ; il a détruit le quartier franc, le quartier en pierre, comme l'appelle le peuple, à cause des constructions modernes que la colonie étrangère a élevées sur le point culminant de Constantinople, à Péra, séparé de Stamboul par le pont de la Corne-d'Or. Mais, ici comme partout ailleurs, le manque de pierre de taille a contraint les constructeurs à employer du bois en grande quantité, et c'est ce qui explique, avec bien d'autres circonstances dont nous parlerons tout à l'heure, comment la ville de pierre a flambé tout comme la ville de bois.

Péra est une ville à part qui s'élève en amphithéâtre depuis la mer jusque sur les points les plus élevés de Constantinople. De ses hauteurs, on embrasse toute la ville, le port et le Bosphore depuis l'entrée de la mer Marmara jusqu'au palais du sultan. Toutes les ambassades sont construites à Péra, qui est, on le sait sans doute, la ville européenne, le centre de tous les étrangers. Deux routes carrossables, et qui n'étaient pas encore entièrement terminées quand j'ai quitté Constantinople, relient Péra au Bosphore ; l'une, tournant le Petit-Champ des Morts, descend vers le pont de l'arsenal, à la Corne-d'Or ; l'autre, du côté opposé, conduit par de grands détours à Topané, sur le Bosphore ; cette dernière route a été faite quelque temps avant l'arrivée de l'Impératrice, pour lui permettre de se rendre en voiture du palais du sultan à l'ambassade française et au patriarcat arménien, qui vient d'être détruit par le feu avec tout un quartier immense de la ville soi-disant de pierre.

Les autres ruelles qui conduisent sur les hauteurs de Péra, sont impraticables pour le touriste. On arrive de la mer à la grande rue par des routes impossibles, à travers des agglomérations de maisons superposées. Patauger dans cette boue, glisser sur les pavés pointus et souvent séparés les uns des autres par des mares où l'on peut se noyer, grimper ainsi de pavé en pavé, sauter des ruisseaux, s'enfoncer dans des trous profonds, rebondir sur le pic escarpé d'un pavé turc, le tout sans balancier, c'est là un plaisir que peuvent s'offrir en toute sécurité les touristes anglais, habiles à escalader le mont Blanc, mais qui, pour le commun des mortels, n'est pas dépourvu de nombreux désagréments et même de certains dangers. Aussi n'entreprend-il point cette périlleuse ascension de Péra ; il y monte à cheval par la grande rue, qui, depuis la mer jusque sur la hauteur, forme une sorte d'escalier en pavés que les petits chevaux du pays, qu'on loue à l'heure et à la course, comme chez nous les fiacres, montent et descendent d'un pas sûr ou à peu près. On n'a qu'à les laisser aller à leur gré et choisir à leur convenance le pavé où ils doivent se risquer ; les chevaux ont une telle habitude de circuler dans cet escalier périlleux, qu'un clown du cirque, maître en l'art de danser sur des œufs, serait frappé de l'adresse de ces bonnes petites bêtes turques.

La fameuse grande rue de Péra, avec ses magasins européens et ses cafés *à la française*, ressemble à une rue de Saint-Germain ou de Saint-Denis. De ci, de là, on a fait une tentative de trottoir avec des pavés un peu moins pointus que ceux de la chaussée, et où, après le labeur du jour, flâne une population étrange, vêtue de redingotes noires et de fez rouges, comme les Turcs, mais qui parle toutes les langues connues et inconnues. La nature a été si prodigue pour Constantinople, que le touriste, en apercevant par une échappée le merveilleux panorama du Bosphore, oublie volontiers qu'il habite cette exécrable ville de province sans caractère qu'on appelle Péra; c'est le quartier le moins somptueux de Belleville et de la Villette transporté en plein Orient, toutefois moins le pavé qui défie la concurrence et rend la comparaison avec toute ville civilisée absolument impossible. C'est à ce point que les dames européennes, par le plus beau temps, ne peuvent se risquer sur ce pavé horrible avec leurs petites bottines, et l'absence de routes carrossables faisant de la voiture un objet de luxe inutile, les dames de la colonie européenne se rendent en chaise à porteurs au théâtre Naoum, qui vient de brûler également.

Comme site, je ne sais rien de comparable à Péra.

Quand, par ses rues étroites, sales, mal pavées ou pas pavées du tout, on arrive à une sorte de boulevard qu'on a tracé à travers le petit cimetière, ou bien lorsqu'en longeant la grande rue jusqu'au bout de Péra on arrive à la hauteur qui, de ce côté, domine le Bosphore, comme l'autre domine la Corne-d'Or, on pousse un cri d'enthousiasme, tant ces panoramas sont incomparables. Le soir, quand je n'étais pas à la campagne de S. A. Mustapha-Pacha ou de Son Excellence Khalil-Bey; je flânais des heures entières du côté du Petit-Champ, d'où j'apercevais la Corne-d'Or à mes pieds et, au delà de l'eau, cette fantastique et pittoresque ville de Stamboul et ses mosquées, dont les minarets traçaient des lignes d'un gris vaporeux sur le ciel d'une pureté admirable.

Ce petit boulevard n'était pas entièrement achevé, car l'ambassadeur d'Angleterre avait obstinément refusé à la municipalité le tout petit bout de son jardin qu'elle lui avait demandé; le feu, en détruisant le palais de l'ambassade d'Angleterre, s'est chargé à présent de l'alignement.

Figurez-vous maintenant cette agglomération de de bâtisses dites de pierre, mais où le bois domine quand même, sur cette hauteur, qui nulle part n'est abritée contre le vent. D'un côté, la Corne-d'Or; de l'autre, le Bosphore, et tout au bout la presqu'île que forme Péra et que relie à la terre une sorte de désert qui conduit aux eaux douces d'Europe; figurez-vous cette ville, avec ses rues tortueuses et étroites, en proie à l'incendie que le vent, soufflant de tous les côtés, ravive quand le feu est sur le point de s'éteindre ; figurez-vous tout cela, et vous comprendrez qu'ainsi que l'affirment les dépêches, plusieurs milliers de maisons aient pu devenir la proie des flammes. Ajoutez à cela un service de pompiers mal organisé ou pas organisé du tout, que la situation topographique de la ville rend d'ailleurs impossible. Si l'eau manque sur les hauteurs, ce qui est arrivé pendant mon séjour, à la suite de sécheresses trop prolongées, il faut aller la chercher en bas, non dans des tonneaux et au triple galop des chevaux, car il n'y a pas de communications carrossables, mais pour ainsi dire seau par seau. Il est donc tout naturel que les compagnies d'assurances ne fonctionnent pas dans une ville qu'une allumette jetée à terre peut détruire de fond en comble, sans qu'il soit possible de conjurer le désastre, quand le vent souffle dans les flammes.

Aussi, lorsque le feu se déclare dans un coin de Constantinople, toute la ville est en danger ; une pluie de feu tombant du ciel, comme au beau temps du citoyen Loth, n'épouvanterait pas plus les Turcs qu'une baraque qui brûle dans un coin de la ville. La veille de mon départ, je fus éveillé un matin par les clameurs de la rue, auxquelles se mêlaient les cris sauvages des pompiers. Et quels pompiers, grands dieux ! Figurez-vous deux portefaix portant une longue perche et, suspendue à cette perche, une petite pompe à incendie comme celles qui servent à arroser les jardins aux environs de Paris. Le tonneau d'eau ou la pompe, ballotté par la folle course des pompiers qui dégringolent les rues escarpées, flotte de droite à gauche et de gauche à droite comme le bourdon de Notre-Dame un jour de fête.

Ce jour-là, le feu s'était déclaré à Galata, au pied de Péra, et il fallait voir ces fameux pompiers! Les rues où j'osais à peine faire un pas, de peur de glisser dans un gouffre ou de tomber dans un précipice, ils les descendaient au pas de course avec les pompes et les tonneaux suspendus à la perche qu'ils tenaient sur leurs vigoureuses épaules, et dans ce steeple-chase à travers les rues de Péra, où vous et moi nous nous serions cassé le cou au premier obstacle, ils couraient pour ainsi dire ventre à terre, poussant des hurlements sauvages pour qu'on leur livrât passage. Et la garde de Constantinople à cheval, c'est elle qu'il fallait voir! Jamais écuyer du Cirque ou de l'Hippodrome n'a exécuté de pareils tours de force. Couchés sur leurs chevaux, le nez enfoncé dans la crinière, le fez flottant au vent, le sabre au poing, ils descendaient au grand trot l'escalier de Péra, au risque de se casser le cou à chaque pas. Et derrière eux le peuple poussant des cris de détresse, criant : « Au feu! au feu! » dans toutes les langues de la terre. Et les pompiers, avec leurs hurlements sauvages; le tout pêle-mêle, se précipitant des hauteurs de Péra dans la plaine de Galata. On eût dit une ville assiégée, où les hordes d'Attila auraient pénétré pour tout massacrer sur leur passage. Mais ce jour-là heureusement le vent ne soufflait pas, et d'ailleurs, Galata étant situé sur le bord du Bosphore, on ne manquait pas d'eau. Douze habitations, quinze au plus, furent dévorées en un clin d'œil.

On n'en parlait pas plus à Constantinople que d'un feu de cheminée sur le boulevard. Douze maisons qui flambent sur les rives du Bosphore, c'est là un très mince et très vulgaire événement, comme à Paris un chien écrasé par un omnibus.

Retour à Paris, novembre 1869.

Par Mahomet! ce que j'ai vu de plus beau dans mon admirable voyage, c'est le boulevard des Italiens. Si merveilleuse que soit la Corne-d'Or, elle n'éclipsera jamais le coin de la Maison-Dorée, à neuf heures du soir. C'est un beau spectacle que de voir le sultan, entouré d'un pittoresque cortège, se rendant à la mosquée; mais le spectacle d'un omnibus qui se dirige vers la Madeleine n'est pas moins imposant.

Mon beau Paris, je te salue!

Cependant la joie de me retrouver sur les boulevards ne doit pas me faire oublier ceux à qui je dois tant de beaux souvenirs. Le bienveillant lecteur qui, depuis trois mois, m'a suivi dans mes pérégrinations ne m'en voudra pas, je pense, si je dépose ma carte de visite chez les hommes aimables qui, sur les deux rives du Bosphore, m'ont donné la plus exquise hospitalité. A de certaines heures, quand je me promenais entre les deux côtes d'Asie et d'Europe, sur le bateau à vapeur que S. E. Khalil-Bey, ce Parisien de

Stamboul, faisait chauffer pour moi seul, quand, étendu sur un doux tapis de Smyrne, je commandais aux quatre hommes dont se composait l'équipage d'aller à droite ou à gauche, je me figurais que j'étais le sultan. Bercé par les doux rêves d'Orient, il m'est arrivé de dire à *mon* capitaine :

— Mon cher, vu les services que vous m'avez rendus, je vous donne le grand cordon de mon ordre.

Vous me voyez d'ici dans *mon* bateau à vapeur, n'est-il pas vrai? Sur mon passage, les factionnaires des nombreux corps de garde sur le Bosphore, présentaient les armes; ainsi je passai des journées entières sur l'eau, prenant un café par ici, fumant un chibouk par là, tantôt en Europe, tantôt en Asie; depuis la mer de Marmara jusqu'à la mer Noire, tout m'appartenait. Khalil-Bey, que ses nombreuses occupations avaient ramené, en ville, où il habite en hiver, le palais de son père, me dit le jour de son départ de la campagne :

— Vous n'avez pas encore vu la forêt de Belgrade, n'est-ce pas?

— Au fait, c'est vrai! j'irai la voir avant mon départ.

— C'est ce que j'ai pensé! J'ai laissé trois chevaux et un palefrenier à la campagne pour le cas où vous voudriez vous promener dans la forêt avec un de vos amis.

Un bateau à vapeur par-ci, trois chevaux par-là, des amis sur toute la ligne; le couvert mis chez les uns et les autres ; je déjeunais en Europe, je prenais le café en Asie, je lisais le *Figaro* sur les deux rives du Bosphore. Étendu sur les moelleux divans de l'Orient, je fumais des chibouks dont le bout d'ambre était enrichi de diamants comme une petite actrice un jour de première ; j'avais à ma disposition des canots, des vapeurs et des écuries ; je n'avais qu'à faire un signe pour que le palefrenier empressé arrivât avec les chevaux de sang ; tant chez les Turcs que dans la colonie européenne, je trouvai l'accueil le plus flatteur ; le ciel était beau et la mer était calme ; à la fin d'octobre, nous étions encore assis à la fenêtre ouverte, d'où je contemplais les flots bleus, et cependant, quand je voyais passer les bateaux qui partaient pour la France, mon cœur se serrait, et, au milieu de toutes ces splendeurs, j'eus plus d'une fois la nostalgie du boulevard.

Pendant trois mois, j'ai vécu dans un continuel étonnement.

Il faut avoir vu ces Turcs chez eux pour les connaître. Celui qui m'a le plus stupéfait est certainement Son Altesse Mustapha-Fazyl-Pacha, le frère du vice-roi d'Égypte. Les Parisiens le connaissent. Ils ont vu Son Altesse, soit aux Italiens, soit à Bade ou à Hombourg. Chez nous c'était un homme du monde qui s'amusait ; chez lui Mustapha-Fazyl-Pacha est un vrai grand seigneur. Sa maison est de beaucoup la plus considérable de Constantinople ; quand je dis sa maison, c'est une façon de parler, car il n'y a pas sur les deux rives du Bosphore un palais assez vaste pour héberger la suite de ce prince sans trône, de ce ministre sans portefeuille.

C'est à Candilli, sur la côte d'Asie, que Mustapha-Pacha a un palais de quarante fenêtres de front où Son Altesse héberge et nourrit deux cents personnes : hommes, femmes et eunuques; à 3 ou 4 kilomètres de là, sur les hauteurs de Tchamlidja, dans un autre palais, il y a encore deux cents personnes, ce qui fait quatre cents, sans compter la maison d'Égypte, où les anciens domestiques et esclaves invalides finissent leurs jours dans une douce retraite.

En tout, Mustapha-Fazyl-Pacha nourrit cinq cents personnes par jour, et sur ces cinq cents, trois cents s'enrichissent à son service : Pour ne citer qu'un exemple, je ne vous parlerai que d'un certain Nezir-Aga, dont le nom doit être connu des lecteurs du *Sport*. Depuis quatre ans, il a gagné plus de cent mille francs aux courses d'Égypte ; ses écuries font trembler tous les sportsmen du pays.

Et savez-vous quel est au juste ce fameux turfiste ? C'est tout simplement le second chef des eunuques du harem de Candilli.

Rien n'est d'ailleurs plus curieux que l'intérieur du prince Mustapha.

Sous le vestibule, vous trouvez à toute heure de la journée vingt ou trente domestiques, et chaque jour on aperçoit des figures que l'on n'a pas vues la veille. En tout, ils sont bien une centaine attachés spécialement au service du prince, sans compter Jean, le valet de chambre français, un brave garçon qui joue le maximum à Hombourg tout aussi bien que son maître.

Que font tous ces domestiques auprès d'un prince qui est l'homme le plus simple que je connaisse? Allez! ils gagnent bien leur argent; ils se mettent trois ou quatre pour apporter un chibouk et ils sont une demi-douzaine pour servir un verre d'eau; l'un cherche le plat en argent, l'autre le verre, un troisième la carafe, un quatrième la petite cuiller en vermeil, le cinquième gémit sous le fardeau du sucrier, et le sixième, le plus fort, apporte le tout à bras tendu. Vous pensez bien que des serviteurs aussi occupés se relayent plusieurs fois dans la journée : quand l'un d'eux a porté une pipe, il se retire dans sa famille et se fait servir à son tour par des esclaves ; car tous les valets ont leurs esclaves qui vivent des libéralités du prince; les hommes mariés ont leur harem qu'ils nourrissent avec l'argent du prince ; ils ont leurs chevaux à eux, qui mangent les fourrages des écuries du maître; tous ces gens-là vivent comme de grands seigneurs, et c'est toujours le prince qui régale. Il y a entre eux une sorte de franc-maçonnerie de la carotte; au lieu de se nuire comme la valetaille européenne, ils se soutiennent les uns les autres; quand l'un d'eux a besoin d'argent, les autres le mettent en évidence; pendant huit jours c'est toujours le même qui sert le prince jusqu'au moment où Son Altesse lui dit:

— Tiens! tiens! mon garçon! tu es vraiment bien zélé.

Alors ledit serviteur prend un air mélancolique, parle de sa femme et de ses enfants et de l'excessive cherté des vivres qu'il ne paye pas; et le prince, qui est certainement l'homme le meilleur que je sache, sourit et paye les dettes de son domestique. Le lendemain, c'est le tour d'un autre, et ainsi toute l'année. Dans le tas, il est des gens qui gagnent cinq ou six mille francs pour apporter un verre d'eau tous les six mois; mais comment les renvoyer? Si ce ne sont pas de vieux serviteurs, ce sont des enfants nés dans la maison; le père a servi le père; le fils sert le fils; le maître ne les considère pas comme des domestiques, il les a vus grandir; ce sont des familiers plutôt que des laquais; on a des égards pour eux. Si le prince, en un moment de mauvaise humeur, les flanquait à la porte, tous ces gens-là mourraient de faim! Le maître le sait, et, comme c'est un excellent homme, il les garde tous, les nourrit, les élève, leur achète des maisons quand ils se marient, et quand le domestique jouit du bonheur de la paternité, c'est encore le prince qui élève les enfants.

On ne peut pas se faire une idée de tout ce monde qui grouille autour de ce grand seigneur d'Orient. Personne ne sait au juste combien de personnes Mustapha-Fazyl-Pacha nourrit chaque jour. On voit errer dans les couloirs des vieux domestiques qui se font servir par les jeunes et les jeunes qui se font servir par des négrillons. Dans le grand salon d'attente, vous trouverez à toute heure de la journée tout un état-major de jeunes seigneurs dont chacun a son train de maison, ses valets de chambre, ses écuries, ses palefreniers, et c'est toujours le prince qui régale. Cent vingt chevaux qui ne font rien, quarante gondoliers qui ne font pas grand'chose, deux cents domestiques qui en font autant.

Ce train de maison amuse le prince qui, pour son service personnel, se contenterait au besoin d'un seul valet de chambre; la plupart de ces domestiques ont été élevés dans la maison; le prince les a vu grandir; il a grandi au milieu de ses serviteurs, et si vous lui conseillez de les renvoyer, il augmente leurs gages. Je vous laisse à penser si un pareil maître est adoré de tout le monde. Pendant mon séjour à Constantinople, le tailleur français de Péra est venu un beau matin à Candilli, toucher cent mille francs, montant d'une seule facture. Trois mille francs pour le prince et quatre-vingt-dix-sept mille francs pour les jeunes gens de sa suite.

A présent que je suis devant mon bureau, je me demande vraiment si c'est arrivé. Eh bien, croyez bien ceci : rentrer dans son appartement quand, pendant deux mois, on a vécu de la vie de millionnaire, remonter en fiacre quand on a été traîné par des chevaux de sang, prendre l'omnibus quand on a commandé un bateau à vapeur, vous pensez peut-être que c'est bien douloureux? Eh bien! détrompez-vous! Y

a-t-il pour un Parisien une merveille plus grande que
Paris? Allons donc!

Altesses! Excellences! Pachas et Effendis! je vous
remercie, du fond du cœur, de l'exquise hospitalité
que vous m'avez accordée dans vos palais; mais je ne
suis pas fâché d'être rentré chez moi Gros-Jean comme
devant. Oui! vous êtes les hommes les plus aimables
que j'aie rencontrés; mais, à votre ciel bleu, à vos
palais, à votre Bosphore, à votre soleil et à vos mosquées, je préfère mon ciel gris parisien, mes boulevards et mon macadam chéri!

Que voulez-vous? nous sommes ainsi faits, nous
autres boulevardiers. Quand vient l'hiver, nous avons
la nostalgie de la revue de fin d'année, et si on nous
laisse le choix entre un trône en Asie et un fauteuil
d'orchestre aux Variétés, nous sautons dans un fiacre
et nous crions au cocher :

— Boulevard Montmartre! Et bon train! il y a un
pourboire!

Décembre, 1875.

Six années se sont écoulées depuis mon voyage à Constantinople et j'apprends tout à coup la mort de Mustapha-Fazyl-Pacha.

On peut dire du prince qui vient de mourir si jeune, qu'il fut un des derniers grands seigneurs d'Orient, tels que la légende nous les représente. A l'ambition de gouverner les hommes, se joignait la plus folle prodigalité du satrape asiatique. Malgré ses goûts européens et sa préférence pour Paris, Mustapha-Fazyl-Pacha était resté un Oriental. Il était né pour les grands palais et non pour les avant-scènes des théâtres d'opérettes. A ce prodigue, il eût fallu les ressources d'un pays riche et d'un peuple docile, élevé à apporter chaque matin au souverain les trésors qu'il peut lui prendre fantaisie de jeter par la fenêtre dans l'après-midi. A cette ambition politique, à cette intelligence vraiment distinguée, il a manqué le milieu où elles eussent pu se produire; sur le trône d'Egypte, le prince Mustapha eût peut-être tenté de grandes choses et réalisé des progrès étonnants; il était né pour la politique, et ce n'est pas sans amertume qu'il a dû se résigner à subir la volonté des hommes, au lieu de leur imposer la sienne.

Ceux qui n'ont connu le prince qu'au théâtre, à la roulette de Bade ou de Hombourg, ne peuvent pas se faire une idée de cette personnalité étrange, violente, en même temps que douce, qui ne semblait vivre que pour le plaisir, mais qui au fond ne cherchait qu'un terrain pour son activité dévorante et sa terrible ambition. La bruyante vie parisienne n'était que la surface de cette existence agitée ; le plaisir parisien n'était qu'un moyen d'étourdir un instant ce tempérament de dominateur réduit à l'emploi de troisième rôle. Le Mustapha-Fazyl-Pacha des avant-scènes, de la roulette, des gros baccarats de la rue Royale, n'était pas le vrai ; ce n'est pas au Café-Anglais qu'il fallait le juger, mais chez lui, dans son hôtel du boulevard Malesherbes, où l'Altesse boulevardière disparaissait en même temps que le prince d'Orient reprenait son rang ; où il retrouvait, au milieu de son état-major, les honneurs dus à sa naissance aussi bien que ses espérances.

On connaît les dissentiments qui ont divisé le khédive et son frère. La nature turbulente, envahissante de Mustapha inquiétait le vice-roi qui ne vit pas sans terreur un parti très puissant se former autour de cette sorte de duc d'Orléans du Caire. La guerre éclata ; elle fut impitoyable de part et d'autre. Le plus fort eut raison ; Mustapha exilé d'Égypte, forcé de vendre à son frère toutes ses possessions, vint se réfugier à Paris. Les choses en étaient arrivées à ce point que la conciliation devint impossible. Le khédive pouvait ruiner son frère de fond en comble; pour ce faire, il lui suffisait de détourner le cours du Nil des terres de Mustapha. Plus de crue des eaux de ce côté; donc plus d'engrais, plus de récolte... le néant.

De cette transaction, Mustapha-Pacha tira une trentaine de millions. Pour un homme élevé dans la pensée de régner un jour ou l'autre en souverain absolu sur un peuple docile, ce ne fut guère. Le revenu suffisait à peine à l'argent de poche de ce prodigue, et, par-dessus le marché, il fallait maintenir à leur rang les palais du Bosphore, le harem du Caire, les courtisans, les fidèles, les intrigants et les chenapans qui se groupèrent autour de cette ambition, les uns par dévoûment sincère à la nature foncièrement bonne et généreuse du prince, les autres par intérêt et par besoin. Ces divers éléments firent de l'entourage de Mustapha-Pacha une assemblée curieuse; l'Égyptien de distinction y coudoyait l'aventurier parisien; dans le nombre, il était des hommes dont le prince, parvenu au pouvoir, eût fait des ministres et d'autres dont il n'eût pas voulu pour palefreniers à l'heure du succès. Tous se flattaient au même degré de posséder la confiance du prince, mais l'intelligence fine du maître savait bien faire la part de chacun, et si sa caisse s'ouvrait à tous, son estime ne se donnait pas à tout le monde.

10.

Je fis la connaissance du prince dans des conditions singulières. Ce fut à Bade, à la table du Trente et Quarante ; Mustapha-Pacha était fort en colère contre un croupier qui lui avait fait perdre une centaine de mille francs. Le prince, la face empourprée, me vit entrer dans les salons et :

— Monsieur Wolff, s'écria-t-il, il faudra écrire un éreintement sur le maudit croupier à qui on ne gagne pas un coup.

Médiocrement flatté du rôle que me destinait l'Altesse à qui je n'avais pas même eu l'honneur d'être présenté :

— Monseigneur, lui répondis-je sur le même ton, le croupier n'intéresse pas nos lecteurs ; j'aime bien mieux écrire un éreintement de Votre Altesse.

Le prince devint pourpre de colère ; puis sa figure se radoucit ; il sourit, me tendit la main et me dit : « Sans rancune, n'est-ce pas, cher monsieur ? » Le grand seigneur, un instant égaré par le joueur, s'était retrouvé : il avait racheté l'intempérance de langage par un mouvement spontané, plein de grâce et de bonne humeur. Depuis, il m'avoua que ma réponse l'avait surpris. Jamais aucun mortel n'avait osé parler sur ce ton à un prince habitué à commander. Aussi cette première entrevue, qui aurait pu nous brouiller à jamais, devint le point de départ d'une grande sympathie que le prince n'a cessé de me témoigner, sympathie dont je fus d'autant plus heureux qu'elle était franche, sans arrière-pensée. L'Altesse n'avait rien à attendre du chroniqueur d'un journal non politique à ce moment. De son côté, le journaliste vivait assez bien de son travail pour pouvoir au besoin se passer de tous les princes de la terre.

Autour de Son Altesse vivotait tout un monde interlope qui, loin de la pousser à la conciliation avec son frère, attisait les haines de famille. Chacun espérait sa part dans le gâteau vice-royal qu'on comptait partager un jour ou l'autre au palais du Caire. A ce jeu, les millions sautèrent comme des bouchons de vin de Champagne. La maison de Paris, la prodigalité du prince à Paris, furent la moindre dépense. Dans les palais de Constantinople, Mustapha nourrissait cinq cents personnes au moins. Plus tard, à mesure que les espérances sur le trône égyptien déclinaient, Mustapha-Pacha renonçait aux intrigues dont il fut le centre pour se jeter dans la politique active. Le sultan en fit un ministre; à la vie oisive de Paris succéda le travail. Le grand joueur de Paris, de Bade et de Hombourg avait dit son dernier mot. En 1869, je retrouvai le prince dans son palais de Candilli (je ne réponds pas de l'orthographe), prosaïquement attablé avec son fidèle Vassiff Effendi en train de jouer le bezigue chinois. Ici, comme à Bade, Mustapha eut des colères admirables : comme joueur, la question d'argent le préoccupait peu; son amour-propre souffrait d'être vaincu par un inférieur. L'éducation des princes est si curieuse que dans presque tous les cas, elle fausse leur jugement. On les élève pour le commandement au lieu de les préparer à la lutte. Il en résulte que le moindre obstacle les déroute et qu'ils sont fort étonnés de voir qu'un humble mortel se permette de faire un quatre-vingt-dix quand il a l'honneur de jouer le piquet avec une Altesse.

A part ce petit travers, Mustapha-Pacha était, à tous égards, un homme excellent. Sa nature foncièrement bonne le faisait adorer de tous ceux qui l'entouraient. Cinquante domestiques eussent suffi à son train de maison ; il en nourrissait trois cents, les uns parce qu'il les avait vus naître, les autres parce que leurs pères lui avaient rendu des services. Le prince, très simple, très bon enfant, les laissait flâner à leur aise dans le palais; il se contentait, lui, des services empressés de son valet de chambre français Jean, le même qui, à Bade, jouait le maximum à la noire, tandis que son maître le jouait à la rouge et qui gagna, de la sorte, un jour, cent mille francs que le prince avait perdus. Jean, caché dans la foule des joueurs, faisait passer des enjeux par un homme de paille. Ce n'est que le soir, en déshabillant le prince, qui maudissait contre la mauvaise fortune, que le valet de chambre avoua ses bénéfices. Le prince rit à se tordre de l'aventure, mais il défendit depuis ce moment l'entrée des salons à son valet de chambre, afin qu'il ne reperdît pas son argent.

Des trois cents serviteurs qui peuplaient les deux palais sur la côte d'Asie, Jean était le seul utile ; cette armée de paresseux offensait l'activité de ce brave garçon ; il se vengeait à sa façon en observant vis-à-vis des domestiques turcs les façons hautaines d'un ministre.

Lorsque Mustapha-Pacha m'offrit l'hospitalité dans son palais de Candilli, il me fit faire mon lit dans son propre cabinet de travail. La première nuit, ayant laissé ma malle à Péra, je mis le soir mes bottines à la porte dans l'espoir qu'un des trois cents domestiques voulût bien consentir à les cirer. Vain espoir ! Le matin je retrouvai mes chaussures avec la poussière de la veille. Malgré la sympathie que le maître me témoignait, aucun de ces chenapans ne voulait servir le *giaour*. Tout ce qu'on a dit sur la civilisation du peuple turc n'est qu'une fable ; malgré le vernis européen, en dépit de la redingote qu'ils nous ont empruntée, ces gens-là nous haïssent, le fanatisme religieux domine leur être. Le prince, lui-même, n'eût pas obtenu d'un de ces drôles qu'il servît ce giaour d'étranger. Le valet de chambre Jean eut pitié de moi ; il se chargea de mon service, et ses soins augmentèrent à mesure que les domestiques turcs continuaient à me témoigner leur mépris le plus distingué. Les trois cents polissons se prélassaient dans les antichambres ; ils se mettaient à cinquante pour apporter un verre d'eau au prince ; ils dormaient dans tous les coins du palais entre deux digestions ; ils crevaient de rage en voyant le giaour traité avec une si bienveillante attention par le maître ; ils me voyaient entrer chez Son Altesse sans courber l'échine ; ils me voyaient à table à la place d'honneur, ils en souffraient dans leur patriotisme et dans leur fanatisme et Jean ajoutait encore à leur rage en me servant à table les meilleurs morceaux et en m'apportant, au dessert, les plus fins cigares du prince.

Le séjour du palais eût été impossible pour moi si, en montant l'échelle, j'avais rencontré la même animosité. Mais les vils sentiments de la valetaille ne se retrouvaient point dans l'entourage intime du prince. Tout cet état-major fut charmant, autant que les drôles de l'antichambre furent insupportables. Ces trois cents paresseux avaient un moment pénible dans la journée, qui me vengeait de leurs dédains. Vers les trois heures de l'après-midi, le prince demandait son caïk pour faire quelques visites dans les environs, et quand, à travers le palais, résonnait ce cri : « Le caïk du prince! » les trois cents, troublés dans leur digestion, accouraient, formaient une double haie depuis le salon jusqu'à la mer, puis, le prince embarqué, ils retournaient à leur paresse.

Dans ce palais d'Asie, le prince Mustapha menait personnellement l'existence la plus bourgeoise, employant ses loisirs à jouer au bezigue. Un soir, cependant, après dîner :

— Monseigneur, lui dis-je, est-il vrai que vous avez acheté à Hombourg une table de Trente et Quarante?

— Parfaitement.

— Voulez-vous que nous taillons une banque?

Sur un signe du maître, les trois cents fainéants apportèrent la table.

— Combien mettez-vous en banque ? me demanda le prince.

— Tout ce que j'ai, Monseigneur.

J'avoue que ce moment fut un des plus heureux de ma vie ; déjà j'entrevoyais la fortune. Comment, me disais-je, me voici l'hôte du prince, jamais il ne voudra gagner l'argent d'un journaliste. Peut-être bien a-t-il l'intention de perdre un million pour m'être agréable et afin que j'emporte un bon souvenir de Constantinople.

Nous voici donc attablés, le prince et son banquier ; autour de nous tout l'état-major palpitant d'émotion. Son Altesse jette deux livres d'or à rouge et me dit :

— Partez !

Je donne les cartes une à une sans émotion, sûr que le prince ne cherche qu'un moyen de faire ma fortune. La rouge gagne. Mustapha-Pacha prend mes deux livres d'or, les met dans ma poche, se lève, et :

— Assez pour aujourd'hui, dit-il, je vous souhaite une bonne nuit.

Et il s'en alla, en effet, riant aux éclats, heureux d'avoir fait une niche à son invité ; heureux à ce point que, plutôt que de reperdre ses deux livres d'or, il m'eût fait cadeau de la merveilleuse collection d'objets d'art de son cabinet. Le fond du caractère de l'homme privé était une douce gouaillerie. Il était fier du tour qu'il m'avait joué, comme un enfant qui, la nuit, sonne à la porte d'une maison pour faire inutilement tirer le cordon à un portier.

A mesure que j'entrais davantage dans l'intimité du prince, j'appris à le connaître et à l'estimer. C'était un cœur d'or et une belle intelligence. Ce fut pour lui un coup terrible le jour où le khédive obtint du sultan l'autorisation de transmettre à son fils la couronne que la loi du Koran destinait à Mustapha comme à l'aîné de la famille. Le prince supporta ce désastre avec une entière dignité. L'expérience lui avait démontré l'inutilité de la lutte; peu à peu il s'était retiré du filet d'intrigues où le tenaient emprisonné ceux qui espéraient tout de l'inimitié des deux frères. Le prince Mustapha, dès ce moment, se consacra entièrement aux affaires de la Turquie; il occupa successivement les postes les plus élevés de l'administration et sa situation dans le monde politique était considérable.

Pour se rendre compte de la place que Mustapha-Pacha occupait à Constantinople, on n'avait qu'à assister à ses réceptions du vendredi, le dimanche des Turcs. C'était du matin au soir un défilé de grands dignitaires, entrant dans le salon à l'orientale, le dos courbé, les mains croisées sur le ventre, s'approchant respectueusement du fauteuil où, sur une estrade, le prince se prélassait comme sur un trône; ils baisaient en passant le pan de sa redingote et humblement ils allaient s'asseoir dans un coin en attendant que Son Altesse daignât leur adresser la parole.

Une seule fois les rôles changèrent. Un aide-de camp vint dire quelques mots au prince; il sauta debout et, pour me préparer sans doute à la scène que j'allais voir, Son Altesse me dit :

— Voilà un bien grand personnage qui m'arrive.

Le grand personnage se dessina dans la porte. C'était un jeune homme de vingt-cinq ans au plus, remarquablement beau et d'une fierté d'allures telle qu'on croyait le voir sortir du tableau d'un grand maître; une sorte de robe noire, serrée à la taille par une ceinture en or massif; le turban vert sur une des plus mâles têtes que j'aie vues de ma vie. Malgré sa jeunesse, dans cette demeure princière, il resta droit, encadré dans la porte, jetant un regard sur l'assemblée, attendant que le maître de la maison vînt le recevoir selon son rang. Le prince s'était levé; et, dans l'attitude humble que les visiteurs avaient observée à son égard, il s'avança vers le jeune homme qui, immobile, droit et fier, attendait qu'on lui rendît les honneurs. Arrivé auprès de ce grand personnage, le prince Mustapha baisa les vêtements de ce visiteur, le conduisit vers son fauteuil et s'assit à ses pieds.

L'étranger resta quelques minutes, tira trois bouffées de son tchibouk, daigna porter ses lèvres à une tasse de café, se leva, salua, et, reconduit par le prince avec les mêmes honneurs, il disparut comme un personnage biblique qui aurait consenti à faire une courte apparition parmi les mortels.

C'était le fils d'un grand prêtre de la Mecque, et tant

est profond le respect de la religion parmi les Musulmans que, même devant ce fils d'un grand prêtre, l'un des hommes les plus considérables de Constantinople, le prince Mustapha-Fazyl-Pacha s'était incliné comme un ver de terre.

Les dernières années du prince Mustapha n'ont pas été les plus bruyantes peut-être, mais très certainement les plus douces. Il avait marié ses deux filles qu'il aimait de toute la tendresse que peut renfermer le cœur d'un père. L'aînée des princesses a épousé Khalil-Pacha qui a partagé les espérances politiques du prince, qui avait pour ainsi dire attaché ses destinées à celle de Son Altesse, qui, ami fidèle au moment où il lui était permis de tout espérer, est resté l'ami des dernières années, alors qu'on ne pouvait plus rien espérer du tout. Le droit obtenu par le khédive de transmettre la couronne à son fils, avait fermé à jamais au prince la route du trône égyptien. Mustapha-Fazyl-Pacha avait congédié tout le régiment de conspirateurs qu'il entretenait et qui l'ont aidé à croquer les millions sans lui rendre en retour le moindre service. On était parvenu à éteindre ou à peu près la haine qui a si longtemps divisé le khédive et son frère. Le vice-roi d'Égypte, du moment où il n'avait plus à voir en Mustapha un rival de son fils pour le trône d'Égypte, a retrouvé pour son ancien ennemi les sentiments généreux d'un frère, et on peut croire que Mustapha-Fazyl-Pacha s'est éteint sans aucun ressentiment envers celui qu'il a pendant de si longues années considéré comme son plus cruel ennemi.

Un dernier trait peindra, mieux que tous les éloges, le caractère du prince. La loi du Coran lui réservait un trône après la mort de son frère aîné, le khédive d'Égypte. Le jour où Mustapha-Fazyl-Pacha a vu s'écrouler ce droit sous les agissements de son frère, la lutte a éclaté terrible, implacable de part et d'autre. Sans doute, Mustapha eût employé toutes les rouéries, toutes les finesses et même toutes les violences pour reconquérir les droits dont il pouvait se croire frustré ; très certainement il a conspiré pour ce droit non-seulement avec des personnages puissants, mais même avec des aventuriers de bas étage ; tous les moyens lui semblaient bons pour rétablir les prérogatives de sa naissance, mais il avait le cœur trop haut placé pour souffrir que, dans sa cour des miracles, quelqu'un parlât irrévérencieusement de son frère le khédive ; il combattait le souverain par tous les moyens en son pouvoir, il n'eût pas toléré qu'en sa présence et pour lui plaire, quelqu'un eût manqué de respect à son frère. Je ne crois pas qu'on puisse prononcer sur sa tombe une plus belle oraison funèbre, car elle montre le prince tel qu'il était, une impitoyable ambition politique, mais un grand et noble cœur. Son Altesse Mustapha-Fazyl-Pacha laisse un fils, âgé de vingt-quatre ans environ, qui a été élevé à Paris. A l'époque où j'eus l'honneur d'être l'hôte de Mustapha-Pacha, en Asie, le jeune prince sortait à

peine du collège ; il ne songeait qu'à s'amuser selon
la loi de son âge. Rien ne faisait prévoir un tempérament politique en ce jeune homme doux et timide.
On peut donc croire que la question de la succession
au trône d'Égypte se trouve définitivement et à jamais
réglée par la mort de Mustapha-Fazyl-Pacha, car, par
le fait, le fils du khédive succédera à son père. Et si
l'on voulait suivre la loi de Mahomet, ce ne serait point
le fils du prince Mustapha qui pourrait faire valoir
des droits, mais l'oncle du khédive, le prince Halim,
âgé de quarante-cinq ans environ.

IV

EN AUTRICHE

LES VILLES D'EAUX. — LA FAMILLE IMPÉRIALE.
LE CHANCELIER DE FER ET SON CHIEN A GASTEIN.

Ischl, août 1878.

Me voici dans cette adorable ville d'eaux d'Ischl, bâtie sur un des plus beaux coins de terre qu'il soit possible de voir, entre deux lacs qu'on atteint en quelques minutes. Je faisais partie, au mois d'avril, d'un dîner au Café-Anglais. A la fin du dîner, un des plus aimables Viennois, très connu et très répandu à Paris, le baron Alfred de Springer, donna rendez-vous à Ischl à une artiste célèbre et à un chroniqueur parisien.

Christine Nilsson n'est pas venue. Moi j'y suis, heureux d'avoir entrepris le voyage, si loin de Paris.

La prochaine fois, je vous parlerai de cette aimable société viennoise pour laquelle la province de Salzbourg est ce que la Normandie est pour nous autres Parisiens. L'Océan manque, mais une vingtaine de grands et beaux lacs, encaissés dans la montagne, embellissent le pays.

Chaque année, au mois d'août toutes les maisons se pavoisent ; on prépare des feux d'artifice sur tous les lacs. C'est la fête de l'Empereur. Sa Majesté n'est pas venue cette année ; c'est la première fois, depuis de longues années, que l'empereur d'Autriche ne passe pas le jour de sa fête à Ischl. Le souverain n'a pas cru devoir quitter la capitale, au moment où les affaires prennent une tournure sérieuse en Bosnie. Il avait même exprimé le désir formel que l'Impératrice ne se déplaçât pas. C'était convenu. Mais hier soir, vers onze heures, l'Impératrice, quoique fort souffrante depuis quelques jours, est arrivée à la gare, où on ne l'attendait point, et elle est montée dans le train de Vienne pour aller souhaiter la fête à l'Empereur.

Les jolis pavillons de chasse qu'on voit au bout de tous les lacs sont fermés ; les chamois n'ont rien à craindre pour le moment de leur plus redoutable adversaire, car l'Empereur est le plus intrépide chasseur de la monarchie. Il y a une dizaine d'années, je l'ai vu partir, à l'aube, pour la montagne, accompagné d'un seul garde-chasse ; l'Empereur portait le coquet costume national ; la blouse au collet vert, serrée à la taille ; la culotte courte ; les bas de laine et le chapeau pointu orné de plumes de coqs de bruyère.

S. M. l'empereur d'Autriche occupe une situation exceptionnelle parmi les souverains contemporains; il est un des rares princes qui puissent circuler en toute sécurité dans leurs États. Dans le pays, il y a un trait d'union solide entre le souverain et le peuple : la communauté des douleurs nationales dans les revers de la patrie ; la même ardeur, de haut en bas, à rendre à l'Autriche son rang en Europe. L'Empereur compte sur la nation, et la nation compte sur l'Empereur. Ce sont deux vieux amis qui ont traversé les mêmes épreuves et dont l'union a été cimentée dans le malheur, et qui sont absolument unis l'un à l'autre.

L'empereur François-Joseph me rappelle une vieille ballade du poète allemand Uhland ; je me souviens de l'avoir récitée jadis à une distribution de prix, avec l'émotion inséparable d'un premier début; cette ballade est d'ailleurs fort jolie :

« Les princes les plus puissants sont réunis pour une grande fête ; ils vident les coupes en verre de Bohème ; chacun boit à la santé de son voisin ; tous paraissent heureux de vivre, tous rayonnent de leur succès ou de leur gloire. Celui-ci vante ses richesses, un autre son armée, un troisième sa santé robuste, et ainsi de suite. Le comte Eberhardt a jusqu'alors gardé le silence.

— Et vous ? comte Eberhardt, demandent les princes.

Le comte se lève, et d'une voix émue :

— Chers frères et cousins, dit-il, Dieu m'a donné le bonheur le plus précieux que je sache. Je ne le donnerais certes pas en échange de toutes vos richesses et de vos gloires ; je puis entrer sans crainte dans la demeure de tous mes sujets, sûr de ne trouver que des amis, dans les palais aussi bien que dans les chaumières. »

La biographie de Sa Majesté l'empereur François-Joseph est tout entière dans cette vieille ballade.

Et l'ennemi commun, me direz-vous, le parti socialiste, qu'en faites-vous en Autriche ? Mon Dieu, le socialisme est encore dans l'enfance en ce beau pays ; il existe, mais il n'est qu'une infime minorité. Cela tient à ce que l'Autriche est un pays d'agriculteurs. Les grands centres industriels y sont rares. Là où ils existent, on tâche de combattre les idées socialistes, en améliorant autant que possible la situation des ouvriers.

Le fait s'est présenté entre autres tout près d'ici, à Steyer, où se trouve la plus grande manufacture d'armes de l'Empire. Elle est dirigée par son fondateur, M. Werndl, qui a donné son nom au nouveau fusil autrichien. C'est un ancien ouvrier, riche maintenant à millions. Il y a quelques années, M. Werndl se trouvait dans la nécessité de congédier un nombre considérable d'ouvriers ; il en référa au gouvernement ; il lui expliqua la triste situation de ses travailleurs qui allaient se trouver sur le pavé ; il se déclara prêt à contribuer pour sa part, dans de larges proportions, au soulagement de ses collaborateurs, pourvu que le gouvernement consentît à s'y associer. En faisant quelques sacrifices de part et d'autre, on trouva la solution du problème social. On conserva dans les ateliers les plus anciens et on fit aux autres une petite pension qui leur assura le pain quotidien — pas plus — en attendant la reprise des travaux. La guerre d'Orient rendit à la manufacture de Steyer son activité des meilleurs jours ; tous les ouvriers rentrèrent dans les ateliers ; d'un côté, le gouvernement autrichien a fait des commandes considérables pendant la guerre d'Orient ; de l'autre, le Schah de Perse a demandé à la fameuse fabrique d'armes des fusils pour toute son armée. En arrivant en gare à Salzbourg, où une compagnie d'honneur, musique en tête, l'attendait, le Schah a immédiatement voulu voir le fusil autrichien ; il l'a pris des mains d'un fantassin, s'est fait expliquer le mécanisme, et, après avoir manié l'arme de ses propres mains, le Schah a décidé que l'armée persane serait dotée du fusil autrichien.

Enfin, pour en finir avec les armes à feu, je vais vous donner une nouvelle qui intéressera tout particulièrement nos lecteurs. Ces jours derniers, le gouvernement français a commandé à la manufacture de Steyer dix mille fusils dits à répétition, des fusils revolvers à huit coups, système Kropatschek : c'est le nom de l'inventeur, major d'artillerie.

Cette petite bifurcation militaire pourrait tout naturellement me servir de transition pour parler de la Bosnie et de l'opinion publique en Autriche, surexcitée par les clameurs de l'*Italia irredenta*. Mais je m'abstiens. D'une part, la presse viennoise est là pour vous renseigner sur l'état des esprits; de l'autre, je me suis fait une loi de ne jamais rapporter les causeries confidentielles dont m'honorent des hommes souvent considérables. D'ailleurs, dans cette délicieuse nature, on n'a guère envie de songer aux horreurs de la guerre; la journée passe plus agréablement dans une douce contemplation de l'admirable paysage, et dans un charmant commerce avec la société viennoise. De ci, de là, on va à Gmunden, sur le bord du lac de Traunsee, où les fêtes se succèdent. Hier, pour assister aux régates, j'ai reçu l'hospitalité à bord d'un bateau à vapeur, commandé par une élégante Parisienne, la jeune baronne Gustave de Springer, fille du baron de Kœnigswarter, ancien député au Corps législatif. Parmi les invités se trouvait l'ex-ambassadeur Harry d'Arnim, qui préfère ce lac magnifique à la paille humide des cachots que les tribunaux de Berlin lui ont octroyée, avec l'enthousiasme que vous savez... Entre temps, je serre la main au comte d'Osmond, qui va chasser le chamois en Styrie et qui a consacré à ce délicieux pays un volume « *Dans la Montagne* »; plus loin, je salue en passant les comédiens du Théâtre impérial de Vienne, en villégiature sur les bords des nombreux lacs.

Plus haut, j'ai parlé de l'Empereur. Un mot maintenant de l'Impératrice. Sa Majesté habite, à Ischl, une résidence charmante, adossée contre la montagne. L'impératrice Élisabeth s'est fait une situation enviable et qui pourrait servir d'exemple à toutes les princesses de la terre : elle vit loin de la politique ; elle ne veut pas s'occuper des affaires de l'État ; son ambition se borne à être la première parmi les femmes de l'Empire ; jamais elle n'a cédé un seul instant à la tentation de gouverner un peu pour son propre compte. Il y a bien peu de monarchies où il n'y ai qu'un gouvernement. Ordinairement, à côté du souverain, se forme le parti de la souveraine ; de là cette politique funeste, dite des jupons, dont plus d'un État puissant est affligé. Rien de pareil ne s'est produit en Autriche, à aucune époque du règne de François-Joseph. Dans le ménage impérial, chacun des époux a ses attributions définies, à l'Empereur les affaires, à l'Impératrice la maison, comme dans les bonnes familles bourgeoises. La nation sait un gré infini à cette princesse de la situation qu'elle a prise avec beaucoup de tact; S. M. l'Impératrice y a gagné l'affection de toutes les races, réunies sous le sceptre de l'Autriche.

A Ischl la vie de l'Impératrice est très simple. L'Empereur est un chasseur acharné, l'Impératrice est une écuyère passionnée. Dans la dernière visite qu'elle fit la France, elle avait, on le sait, amené ses chevaux de selle. On ne rencontre guère cette écuyère impé-

…iale. Elle choisit pour ses promenades équestres l'heure matinale où le commun des baigneurs se repose encore des fatigues de la veille ; hors la ville, l'Impératrice possède dans la campagne un champ de course à elle, avec tous les obstacles voulus, les haies, la rivière, les fossés et la banquette irlandaise. C'est sur ce turf spécial que l'Impératrice cultive l'équitation ; elle franchit les obstacles avec une hardiesse et une adresse merveilleuses, aux heures où ce coin est désert, car Sa Majesté ne se soucie pas de caracoler devant une galerie de curieux. On le sait, et, avec une déférence qui témoigne de la sympathie publique, on évite de troubler l'Impératrice dans ses exercices équestres.

Si profond que soit mon respect pour la souveraine du pays, où je reçois une hospitalité si cordiale, je devais succomber au désir de voir Sa Majesté franchir la banquette irlandaise. On a bien voulu me prévenir la veille que l'Impératrice monterait à cheval à six heures du matin. Muni d'une excellente longue-vue, j'ai pris position sur une colline boisée ; jamais je n'ai vu d'écuyère franchissant les obstacles avec une telle audace. On ne vante pas la distinction d'une impératrice : c'est une qualité professionnelle, mais j'ai pu me convaincre *de visu* que mes amis autrichiens avaient raison en m'affirmant que Sa Majesté, grand'mère à quarante ans, est toujours la plus jolie femme de la monarchie.

Gastein, août 1878.

Me voici à Gastein, où réside pour le moment le prince de Bismarck. Le chemin de fer d'Ischl, qui conduit à Lend, est un étonnement : il grimpe sur la montagne, descend dans la vallée, suit le cours capricieux des torrents, s'enfonce dans les roches. Ce voyage est long, mais non pénible. Au lieu d'être entassé dans un compartiment, on voyage ici dans un wagon-salon, dont la moitié forme une terrasse découverte, où, assis dans un bon fauteuil, en plein air, on fume son cigare en contemplant un magnifique paysage. C'est la ligne qui conduit du Tyrol dans la province de Salzbourg, qui mène à Gastein, ou du moins à Lend, car ici, il faut monter en voiture pour atteindre en quatre heures la fameuse station thermale.

On ne peut pas voir de point plus pittoresque que Gastein. L'arrivée est un enchantement ; on grimpe une dernière côte, et soudain, en tournant la montagne, on a devant soi un panorama incomparable. La petite ville s'élève en amphithéâtre sur deux rochers ; elle est coupée en deux par le torrent qui, furibond, descend des Alpes et forme une cascade qui laisse bien loin derrière elle tout ce que j'ai vu dans ce genre en Suisse ou dans le Tyrol ; mugissant, ce torrent se fraie un passage à travers la montagne et descend dans la plaine : les tronçons de Gastein sont reliés par un pont couvert, toujours balayé par les flots, dont le bruit est à ce point formidable qu'on croit entendre un combat d'artillerie. Le panorama est fermé en haut par une formidable chaîne de glaciers qui sépare la province de Salzbourg de la Carinthie.

Sur un de ces rochers, dans la partie sud de la ville, perche le prince de Bismarck, dans une maison bourgeoise assez vaste. Le rez-de-chaussée est prosaïquement occupé par un épicier ; de la porte, hermétiquement fermée pour le commun des mortels, on voit d'heure en heure sortir un solide gaillard déguisé en baigneur qui relève de faction, un autre solide gaillard, également déguisé en baigneur. Ce rez-de-chaussée est le poste de la police particulière du prince. L'élégant baigneur se tient ordinairement à l'entrée du jardin, formant une terrasse et d'où, abrité par une tente contre le soleil, on peut contempler le paysage. Le prince près d'une fenêtre lisait le journal, organe des reptiles, selon l'expression de cet ancien confrère, car M. de Bismarck a modestement débuté jadis dans la *Gazette de la Croix ;* sur la promenade, derrière la maison qui est au niveau de ce premier étage, se tenait, comme par hasard, un agent de police autrichien, le regard fixé sur les étrangers qui, en passant, s'arrêtaient pour contempler le chancelier. Je m'installai sur un banc à côté de cet Autrichien, et j'essayai en vain de lier avec lui un bout de conversation. Peine inutile ; cet homme avait la consigne d'observer et de se taire ; impossible de lui arracher un mot sur les habitudes du prince à Gastein ; de temps en temps, un sourire aimable qui semblait vouloir dire :

— Je ne demanderais pas mieux que de vous raconter un tas de choses, mais cela m'est défendu.

— Évidemment, ce silence obligatoire ennuyait cet Autrichien, qui eût préféré une conversation vive et animée.

— Voyons, lui dis-je enfin, il vous est défendu de parler, n'est-ce pas ?

Il fit un signe de tête affirmatif.

— Cependant, hasardai-je, vous seriez bien gentil, mais là, tout à fait gentil, en répondant à une question, à une seule...

L'Autrichien cligna des yeux ; je compris ; cela voulait dire :

— Allez toujours ! nous verrons !

— Pourriez-vous, mon brave, me dire, repris-je du ton le plus insinuant du monde, si le prince est venu à Gastein avec son chien ? vous savez, ce fameux chien dont il ne se sépare jamais et qui est presque aussi célèbre que son maître ?

La question parut de la dernière indiscrétion à l'Autrichien ; il semblait se consulter ; il ne répondit point, mais, après une réflexion, il étendit la main dans la direction du jardin ; un domestique le traversait avec un grand chien, noir comme le diable.

C'était lui !

Le chien du prince de Bismarck n'est pas un chien ordinaire ; il appartient à l'histoire ; les journaux lui ont consacré un grand nombre d'articles ; il est connu dans tous les pays, non seulement comme le plus fidèle ami du prince, mais encore comme un gardien autrement redoutable que les cinq ou six faux baigneurs. M. de Bismarck est chancelier de l'Empire ; les Allemands appellent son chien « chien de l'Empire ». Ceci vous dit tout de suite quelle haute situation ce chien occupe dans l'État. Si jamais l'Allemagne élève un monument à son chancelier, il faudra faire tailler en même temps le chien dans le marbre ; il est le compagnon inséparable de son maître. Le jour, il est étendu sur le seuil du cabinet, la nuit il est couché au pied du lit, le museau au vent, flairant un socialiste à cent mètres.

Ici, je vais faire une révélation foudroyante qui doit singulièrement surprendre les reporters qui ont consacré au chien de M. de Bismarck un si grand nombre d'articles. Comment ai-je appris la grande nouvelle ? Par suite de quels efforts diplomatiques suis-je parvenu à savoir sur ce chien les renseignements les plus extraordinaires ? C'est mon secret

Bref, je suis en mesure de parler de ce chien historique d'après des documents authentiques.

Le fameux chien, le célèbre chien, l'illustre chien Sultan n'est plus de ce monde. Le chien de Gastein est un faux Sultan ; il ne s'appelle pas Sultan. Le vrai, le seul, l'incomparable chien historique a été étranglé au printemps, en Poméranie, par des assassins qui, ne pouvant atteindre le maître, ont égorgé son chien. Un soir, Sultan quitta le château et ne revint point ; le lendemain, pas de nouvelles ; enfin, le surlendemain, quel drame ! On trouva le cadavre de Sultan dans le bois, un lacet autour du cou, pendu à un arbre ! L'Agence Havas n'a pas parlé de cet événement considérable. L'Europe n'en a rien appris ; le meurtre a été tenu secret ; le véritable chien de l'Empire est mort assassiné, et son frère lui a succédé sans que le changement dans la dynastie des chiens du prince de Bismarck ait été notifié aux cabinets étrangers. Les reporters n'y ont vu que du feu, et un nouveau chien a pu succéder à Sultan, sans qu'on s'en aperçût sur la surface du globe.

Nous avons eu, dans l'histoire, un pseudo-Smerdis ; le chien du prince de Bismarck est un pseudo-Sultan, ressemblant on ne peut plus à son frère aîné. Ceci explique comment les journalistes empressés continuent d'enregistrer les faits et gestes du chien de l'Empire, qui n'est plus de ce monde. Pour les gazetiers et le public, le chien s'appelle toujours Sultan, mais, dans l'intimité, il a un autre nom plus significatif. On trouve un peu partout des chiens qui s'appellent Sultan, mais jamais on n'en a vu, dans aucun pays, portant noblement un nom curieux ; il s'appelle « Cuirasse » mot qui, en allemand, est masculin « der Kurass », c'est-à-dire du même sexe que le chien. La bête est, en effet, une cuirasse vivante pour le prince ; une cotte de mailles est gênante ; le prince de Bismarck l'a remplacée par un quadrupède.

Cuirasse, suivi à distance par un domestique respectueux, s'avançait vers moi. C'était l'heure de sa promenade où, devant le public assemblé, il satisfait des besoins naturels. C'est encore bien de l'honneur pour les baigneurs de Gastein.

Le portrait de M. de Bismarck n'est plus à faire. On l'a montré sous tous ses aspects : de face, de trois quarts, de profil ; un petit croquis de Cuirasse comblera, je pense, une lacune regrettable dans la biographie, toujours renouvelée, du grand chancelier. Cuirasse est d'une taille redoutable ; il est noir de haut en bas, de long en large, reluisant comme une botte vernie ; le valet de chambre qui le garde et l'assiste à l'heure de la toilette ne vole pas ses gages, c'est certain. Cuirasse semble avoir conscience de sa haute situation et des fonctions importantes qui lui sont confiées ; le secrétaire intime d'un grand chancelier ne peut pas déployer une plus altière majesté que le nouveau chien de l'Empire.

Toujours suivi à distance par le laquais, comme une Altesse en promenade, Cuirasse s'avançait vers moi. Quand le chien s'arrêtait, le domestique en faisait autant; il levait la patte pour continuer sa route, aussitôt, le valet de pied levait la sienne; le laquais semblait avoir calqué sa vie sur celle du célèbre chien. Arrivé près du banc, où j'étais toujours assis à côté de l'agent de police autrichien, Cuirasse s'arrêta; il s'approcha d'abord de l'homme de police et appuya doucement sa gueule sur ses genoux, pour saluer le camarade; puis, se tournant vers moi, il semblait me contempler avec une méfiance redoutable. Flairait-il, dans mon jonc, l'épée que j'ai l'habitude d'emporter en voyage? Peut-être. Avait-il reconnu un membre de la corporation des reptiles, comme nous appelle le prince? Cela se peut; bref, le chien de l'Empire me regardait dans le blanc des yeux; je voyais venir le moment où il allait me demander mon passeport.

L'examen fut long. Enfin, Cuirasse parut satisfait : il mit ses pattes sur les genoux de l'agent autrichien, approcha son museau de son oreille et semblait vouloir lui dire :

— Rien à craindre de cet étranger !

Puis il continua sa route, toujours suivi à distance par le laquais. Au moment où celui-ci défilait devant moi, je crus lui être agréable en lui disant :

— Oh! le beau chien !

Le domestique me toisa d'un regard hautain et sembla surpris de l'audace du touriste qui lui adressait la parole sans avoir eu l'honneur de lui être présenté.

Quand on a la gloire de brosser le chien de l'Empire, on a déjà le droit de mépriser le reste de l'humanité, n'est il pas vrai?

Le chien, entouré de nombreux baigneurs, qui le regardaient avec la plus vive curiosité, continua encore pendant quelques minutes sa promenade, puis il rentra. Je l'avais suivi; devant l'entrée du jardin, se promenait un des élégants baigneurs en question. Le factionnaire était déguisé avec beaucoup d'art : pantalon clair, gilet blanc, redingote noire; il avait même des gants; un pardessus négligemment jeté sur le bras gauche, une badine dans la main droite, coiffé d'un petit chapeau, cet homme jouait son rôle convenablement; toutefois, ses pieds énormes, enfouis dans des bottes grossières, et une large main dégantée, montrant des ongles noirs, trahissaient ses origines vulgaires.

Afin de compléter le croquis, j'ajoute que le chenapan en question porte une énorme barbe rousse, car je désire que le prince de Bismarck reconnaisse l'original, si jamais il me fait l'honneur de lire le présent chapitre.

Mon Dieu, il est tout naturel que le chancelier, exposé à tant d'hostilités, le point de mire de tant de vengeances, fasse garder sa personne par ses agents particuliers ; il est également naturel que, pour ce métier, Son Altesse ne choisisse pas la fine fleur de la vieille noblesse prussienne, mais ce qui peut surprendre, c'est qu'on attache à la personne du prince, qui est un très grand seigneur, un être si parfaitement grossier que l'homme à la barbe rousse.

Très poliment, feignant d'ignorer sa véritable profession, je dis à ce faux baigneur :

— Monsieur, pouvez-vous me dire si le prince habite toujours la même maison à Gastein ?

L'homme me répondit en secouant sa grande barbe comme un lion sa crinière :

— Cela ne vous regarde pas. Vous oubliez les plus simples formules de politesse. Ordinairement, quand on me parle on me dit : « Veuillez, Monsieur, me faire l'honneur de me dire, » ou bien « Ayez l'excessive obligeance de me dire, » ou bien encore « Oserais-je, Monsieur, vous demander. » Allons, passez votre chemin, et plus vite que ça !

Ce à quoi je répliquai à ce drôle avec un grand calme :

— Désolé, Monsieur, de vous avoir contrarié. Je vous appellerais bien « monseigneur « pour vous être agréable, mais quel titre donnerais-je alors au prince de Bismarck, demain, quand il me fera l'honneur de me recevoir ?

Il va sans dire que je n'avais pas l'intention de demander une audience au prince, mais la réponse fit son effet. La barbe rousse qui s'était hérissée pendant ce court entretien, retourna dans ses frontières naturelles ; l'homme devint aussi plat qu'il avait été grossier et vulgaire. Je lui tournai le dos, comme un marquis de théâtre, en complétant la majesté de mon attitude par la main droite enfouie dans mon gilet, et lentement, avec une entière dignité, j'opérai une sage retraite. Cuirasse, attiré par cette altercation, apparaissait sur la terrasse, suivi de loin par son illustre maître. Ici je m'arrête : je ne suis pas assez irrévérencieux pour passer d'un chien et d'un agent de police, c'est-à-dire de deux êtres inférieurs, à la personne de l'homme d'État à qui la politique intérieure a créé l'une des situations les plus difficiles que jamais un premier ministre ait traversées. Nous en causerons, si vous le voulez bien, une autre fois.

Saltzbourg, septembre.

Il m'a été permis de voir le prince de Bismarck avant mon départ de Gastein ; il se promenait escorté par Cuirasse et les six faux baigneurs qui ne le quittent pas d'une semelle. Je n'avais pas vu M. de Bismarck depuis l'Exposition de 1867 ; je l'aperçus un soir dans une avant-scène du théâtre des Variétés. De comte qu'il était il y a onze ans, M. de Bismarck est devenu prince et chancelier de l'Empire ; mais les grandeurs ne l'ont pas empêché de vieillir ; il a pris de l'embonpoint, et sa moustache est blanche à présent ; il porte toujours le chapeau mou à larges bords qu'il affectionne ; son regard est toujours le même : d'une énergie poussée jusqu'à la dureté.

Le prince de Bismarck m'a paru soucieux ; il y a de quoi, d'ailleurs ; pour la première fois depuis treize ans, il se trouve en face d'une opposition qui se dessine nettement. Le chancelier avait déjà contre lui les catholiques et les socialistes ; il vient de soulever contre sa politique intérieure toute la bourgeoisie libérale. Voilà bien des adversaires pour un homme d'État, si grand qu'il soit. Jusqu'ici le chancelier a marché de succès en succès ; le congrès de Berlin, qu'il a présidé, l'a placé au sommet ; le prince a été, sinon l'arbitre, du moins, selon son expression, « le courtier de l'Europe ». Et c'est précisément au moment où il triomphe sur toute la ligne, qu'il se trouve en face d'une opposition formidable contre sa politique intérieure.

C'est à l'occasion des lois exceptionnelles contre les socialistes, repoussées une première fois par l'ancien Parlement et qui doivent être soumises, dans quelques jours, au nouveau Reichstag, que cette opposition a éclaté. Le parti socialiste a pris des développements tels qu'il inquiète le chancelier ; il a de nombreux organes, des ramifications dans les villes aussi bien que dans la campagne ; sa puissance est si grande qu'à Berlin, aux dernières élections, il a pu triompher malgré les deux attentats contre la vie de l'Empereur. Les deux meurtriers appartenaient au parti socialiste ; il paraît certain maintenant que Hœdel a agi pour son propre compte ; on n'a pas trouvé de trace d'une conspiration. De Nobiling on ne sait rien. Mais toujours est-il que le socialisme est devenu en Allemagne une puissance formidable ; il est admirablement discipliné. Il y a quelques mois, à Berlin, le rédacteur d'un journal socialiste mourut en prison. Plus de trente mille personnes l'accompagnaient au cimetière ; l'enterrement, bien entendu, était purement civil ; des discours furent prononcés ; pas un mot qui eût pu justifier une poursuite; pas un seul prétexte ne fut donné à la police pour opérer une arrestation; la bourgeoisie fut effrayée par cette force si parfaitement disciplinée; le chancelier lui-même en parut stupéfait.

Quand un parti se développe avec une telle intensité, il y a toujours un motif puissant. Les causes qui ont propagé les idées socialistes en Allemagne remontent aux suites de la dernière guerre et à la résurrection de l'Empire allemand. Jusqu'alors, on ne pouvait émigrer d'un point du territoire à un autre, sans des formalités considérables; un Bavarois, par exemple, ne pouvait fixer sa résidence en Prusse sans le consentement du gouvernement; un Prussien ne pouvait changer de province sans l'agrément de l'autorité; il était parfaitement libre de se rendre à Berlin, à la condition d'obtenir d'abord un permis de séjour, ensuite son droit à résider définitivement dans la capitale, droit qui n'était accordé qu'après un mûr examen et une enquête sur la vie du citoyen. La guerre changea tout cela. Avec la déclaration de l'Empire, les vieilles barrières tombèrent; le territoire allemand fut déclaré libre et accessible à tous, Berlin devint alors le point de mire de toutes les ambitions: des quatre coins de l'Allemagne, les gens désireux de s'enrichir affluèrent dans la capitale, entraînant à leur suite les vauriens, les vagabonds, les mauvais sujets, enfin toute cette population flottante qu'une grande ville attire, comme la lumière attire les mouches.

Les suites de cette immigration formidable ne se firent pas attendre. Plus moyen de se caser, les loyers atteignirent des hauteurs inconnues; les immeubles prirent des valeurs inespérées ; il fallait songer à créer des quartiers nouveaux ; des sociétés se formèrent ; la bourgeoisie apportait ses épargnes; on manquait de bras.

Ce fut l'âge d'or des ouvriers. Un simple maçon gagnait ses vingt francs par jour ; on demandait des artisans à cor et à cris. Alléchés par le salaire considérable, les ouvriers arrivaient de tous les coins de l'Allemagne. Vingt francs par jour pour un maçon, trente francs par jour pour un ouvrier intelligent, c'était le Pactole. Les sociétés qui s'étaient formées pour l'agrandissement de la ville ne regardaient pas à la dépense. Qu'est-ce que cela leur faisait ? Elles achetaient des terrains sans valeur pour y élever les quartiers nouveaux ; le petit bourgeois et le rentier, alléchés par les bénéfices, apportaient leurs capitaux les actions montaient toujours, comme la mer à l'Ambigu ; chacun voulait avoir sa part du gâteau ; les terrains qui avaient valu dix sous le mètre montèrent à 100 francs. De haut en bas on faisait bombance; on vivait dans une fête perpétuelle. Il est juste d'ajouter que le gouvernement resta étranger à ces entreprises; le Prince Impérial surtout se montra fort irrité de cette chasse aux millions; il en prévoyait les conséquences; mais le moyen d'arrêter les flots ?

Un jour, ils s'arrêtèrent cependant. A force de bâtir

et de payer les ouvriers à raison de 20 francs par jour, les loyers atteignirent des prix tels que l'immigration cessa ; la crise industrielle dont souffre l'Europe entière éclata. Il faut remonter à l'époque de Law en France pour se faire une idée de ce qui se passa alors à Berlin, dans cette mémorable crise financière ; les travaux arrêtés du jour au lendemain ; les sociétés craquant sur toutes les coutures ; les fameuses actions qui devaient enrichir tout le monde, ne valant bientôt plus rien. Les autres valeurs industrielles furent entraînées par la débâcle : la bourgeoisie avait perdu ses épargnes et l'ouvrier se trouvait sans travail : peu à peu, la main-d'œuvre redescendit au niveau d'autrefois : faites donc comprendre à des artisans, habitués maintenant à vivre à raison de vingt francs par jour, qu'il faut se contenter de trois francs. Tant que les ouvriers avaient gagné leur louis quotidien, il n'était pas question du socialisme. Avec le besoin et la misère, il grandissait maintenant d'heure en heure : il se recrutait comme partout ailleurs dans les rangs des travailleurs qui souffrent, renforcés par les vauriens qui ne veulent pas travailler et soutenus platoniquement par la petite bourgeoisie ruinée.

Jusqu'alors le prince de Bismarck avait joué avec le socialisme comme le chat avec la souris. Peut-être ne déplaisait-il pas à cet ancien autoritaire de faire échec à la bourgeoisie libérale, en laissant le socialisme se développer comme un épouvantail. Je ne dis pas que le prince encourageait le socialisme, mais enfin il le laissa faire, convaincu qu'au moment voulu il l'écraserait comme une souris de sa griffe puissante. Mais un beau matin, le chancelier s'est aperçu, un peu tard peut-être, que le socialisme allemand était devenu une puissance formidable, à laquelle il fallait porter un coup décisif.

La loi contre les socialistes fut portée devant le Parlement, qui la repoussa. Le Reichstag jugea que le gouvernement disposait de forces suffisantes pour faire face à toutes les éventualités. On sait le reste; l'attentat de Nobiling, suivant de près celui de Hœdel; le Parlement dissous; les élections nouvelles n'assurant point, dès à présent, une majorité au gouvernement; une opposition formidable contre les lois exceptionnelles, éclatant d'un bout à l'autre de l'empire; d'un côté toute la nation libérale et les partis avancés; de l'autre, la volonté d'un homme d'État, habitué à marcher de l'avant avec cette énergie qui lui a valu le titre de « Prince de Fer ». Si le prince de Bismarck triomphe de cette résistance, il pourra s'appeler désormais le « Prince d'Acier ».

Mais ce triomphe paraît chaque jour plus incertain; il se peut que sur le rocher de Gastein le prince de Bismarck trouve un moyen de convaincre la nation rebelle à ses desseins, mais cela n'en a pas l'air. En pensant à la situation présente, on se souvient du premier discours dont le baron de Bismarck, un inconnu alors, marqua ses débuts au Parlement prussien.

— Il faut que les grandes villes disparaissent, s'écria-t-il il y a vingt ans, il faut qu'elles disparaissent, car ce sont des foyers d'anarchie !

Parvenu au sommet, le prince de Bismarck rêve la réalisation de ce programme ; il veut détruire sinon les grandes villes, du moins les grands centres de la démagogie. Reste à savoir s'il n'est pas trop tard. Il y a une certaine témérité de la part d'un petit journaliste à juger un si grand homme d'État. Néanmoins, j'ose affirmer que la récente dissolution du Parlement fut une faute énorme. Il est certain, et personne n'en doute en Allemagne, que le Reichstag, convoqué instantanément après l'attentat de Nobiling, eût voté toutes les lois exceptionnelles, quitte à les regretter ensuite. Le prince de Bismarck, qui est tout d'une pièce, n'a pas cru devoir saisir le moment où, effrayée par le second attentat, l'Allemagne devint anxieuse de son avenir. Peut-être aussi le chancelier, habitué à vaincre toutes les résistances, était-il trop fier pour soumettre de nouveau au Parlement les lois repoussées une première fois.

Quoi qu'il en soit, le prince de Bismarck a manqué le coche. L'Allemagne, revenue de son premier effroi, a eu le temps de réfléchir ; si grand que soit son attachement au vieil Empereur, si profond que soit son respect pour le chancelier, il ne semble pas convenir à la nation d'armer le gouvernement de lois exceptionnelles dont chaque paragraphe suffirait pour confisquer les libertés publiques si chèrement ac-

quises. La presse allemande peut donner la mesure
de l'opinion ; sauf les reptiles officieux qui dévorent
les petits lapins gras des fonds ministériels, toute la
presse se prononce déjà avec la plus grande énergie
contre la loi dite des socialistes; elle n'est en effet
qu'une sorte de blanc-seing déguisé que le chancelier
demande au Parlement; avec elle, la liberté de la
presse ne serait plus qu'un vain mot, car il suffirait
qu'un directeur de police jugeât séditieux un article,
pour que le journal disparût; le droit de réunion ne
serait plus qu'un fantôme ; les libertés ne seraient plus
le résultat des délibérations du Parlement d'accord
avec le gouvernement ; elles deviendraient une chose
aléatoire dont la police disposerait à son gré. L'Allemagne se souvient encore des gouvernements qui ont
précédé le règne du prince de Bismarck. Si grande
que soit sa confiance en son vieil empereur et si pénétrée qu'elle soit de l'idée que M. de Bismarck, jaloux
de sa renommée devant la postérité, n'abusera pas
de ces lois, elle ne paraît pas vouloir confier ses destinées au hasard. Les ministres, si grands qu'ils soient,
passent ; les lois restent. Après le chancelier, un
autre homme d'État peut surgir qui, muni de ces
fameuses lois, pourrait rétablir en Allemagne le règne
du bon plaisir et de l'arbitraire.

Dans un pays, gouverné par le régime purement
parlementaire, la situation serait simple. Ou le Parlement céderait, ou le ministre s'en irait. Mais au fond
la majorité du Reichstag n'a pas l'idée de renverser

M. de Bismarck ; selon toutes les apparences, elle ne veut pas non plus voter les fameuses lois. De son côté, le prince n'est pas homme à céder. On le connaît ; il a fait savoir sa volonté ; il lui faut, il veut la loi contre les socialistes ; il ne renoncera pas à un seul paragraphe ; si le Parlement persiste dans sa résistance, on le dissoudera, c'est certain. Et après? Cette dissolution ne serait que le commencement d'un long conflit. Le prince de Bismarck, devant la résistance du Parlement, aura-t-il recours aux moyens extrêmes. Touchera-t-il à la loi électorale pour le Reichstag qui confère le droit de vote à tout citoyen âgé de vingt-cinq ans? Remplacera-t-il le suffrage universel par le suffrage restreint pour se créer une majorité certaine, quitte à soumettre ensuite la nouvelle loi électorale à la ratification d'un Parlement plus docile ? Je n'en sais rien et peut-être le chancelier, l'homme des décisions spontanées, n'est-il pas plus avancé que le journaliste en voyage. Mais toujours est-il que l'ouverture du nouveau Parlement sera le signal d'incidents curieux. Nous allons assister à un spectacle intéressant, à la lutte de Gulliver contre les Lilliputiens. J'avais donc raison de dire que le prince de Bismarck se trouve dans la situation la plus difficile que jamais homme d'État ait traversée.

En cédant, le chancelier perdra son prestige ; en persistant, il perdra sa popularité.

12 septembre.

La montagne n'est pas gaie quand il pleut. Entre deux averses nous avons poussé jusqu'à Munich, où m'appelait d'ailleurs un devoir. Un jour, dans la traversée de Marseille à Naples, assailli par une tempête, j'ai fait le vœu d'entendre tous les ans un opéra de Richard Wagner au cas où la Providence préserverait mes jours précieux. Je paye cette dette régulièrement. Hier soir, au théâtre royal de Munich, j'ai écouté le *Tannhauser* d'un bout à l'autre sans broncher; je l'ai écouté depuis la première note jusqu'à la dernière. C'était raide. On sait le fanatisme du roi de Bavière pour son maestro préféré. Les représentations de Munich peuvent être considérées comme des soirées modèles. Le maître des maîtres a surveillé les études; il a indiqué les moindres nuances à l'orchestre qui est exquis; les chanteurs de Munich, qui sont distingués, ont appris de la bouche même du maestro ses moindres intentions; les décorateurs, les costumiers et les danseurs ont obéi aux ordres de Wagner; partout le compositeur a mis la main à la pâte ; son influence est visible : à Munich, les opéras de Richard Wagner sont un peu plus ennuyeux que partout ailleurs.

Oui, je sais bien : il y a dans ce *Tannhauser* l'ouverture et le septuor qui termine le premier acte. Paris a recueilli ces épaves précieuses pour le Conservatoire et les concerts Pasdeloup ; le reste a été renvoyé à l'Allemagne comme une marchandise d'un placement difficile en France. Rassurez-vous, je ne recommencerai pas l'histoire de la fameuse soirée de l'Opéra, mais il me faut dire un mot du singulier divertissement que le maître des maîtres a intercalé à Munich.

Vous savez le sujet du *Tannhauser*. Le troubadour a fui l'amour platonique de la nièce d'un landgrave, pour se jeter dans les bras de Vénus, qui, dans une montagne voisine du château, cascade avec les jeunes chevaliers. Mais avant de présenter les amoureux au public, Richard Wagner a imaginé une conférence musico-chorégraphique sur les origines de Vénus. C'est une des scènes les plus cocasses que jamais auteur affolé ait inventées. Vous allez voir :

Sur une musique dont je renonce à vous dépeindre les délices, l'orgie débute dans la maison de Vénus ; des satyres et des bacchantes exécutent une ronde infernale embellie par des lumières électriques les plus variées. Tout à coup, le théâtre est plongé dans l'obscurité : le fond de la scène reste seul en pleine lumière. Alors se passe une pantomime qui tient de la folie. Un rideau de gaze se lève et on aperçoit les formes appétissantes d'une femme peu vêtue. Est-ce Vénus ? Non, pas encore. Cette femme peu vêtue est la mère de Vénus. Un cygne en carton s'avance à la nage, balançant joyeusement les ailes ; il tourne autour de la femme peu vêtue ; il s'approche. Le rideau de gaze descend pour cacher au public les suites trop croustillantes de ce tableau de famille. Maintenant que le public est renseigné sur les origines de Vénus, l'Opéra peut commencer. Le public de Munich semblait prendre un grand plaisir à ce cours de mythologie préparatoire, tandis que je songeais à la *Belle Hélène* et au geste superbe d'Hortense Schneider, montrant à Dupuis le portrait d'un cygne et s'écriant :

— Un portrait de famille !

La démence de cet homme de talent semble lasser à la fin l'Allemagne elle-même. Il n'est plus question du théâtre de Bayreuth, quoique le maître des maîtres ait fondé tout exprès un journal pour faire de la propagande en faveur de son *Parcival*, opéra en je ne sais plus combien de soirées. La petite fête était fixée à l'année 1879. *Les Feuilles de Bayreuth* avaient convoqué, pour le mois d'août, tous les amateurs de bonne musique à Bayreuth pour se concerter avec le maître sur le côté financier de la grande affaire. Malgré les appels réitérés et les coups de grosse caisse, les amateurs de bonne musique ont fait la sourde oreille : cinq ou six fanatiques sont venus à Bayreuth pour causer du *Parcival* avec le maître ;

ce n'était pas assez. Maintenant *les Feuilles de Bayreuth* annoncent que l'assemblée générale est remise à l'année prochaine et que la première représentation du *Parcival* aura lieu en 1880. Nous voici tranquilles pour deux ans. C'est toujours cela !

Après la farce mythologique au Théâtre-Royal de Munich, j'avais besoin d'une émotion plus pénétrante ; je l'ai trouvée en rentrant par le plus rapide des trains à Salzbourg, en foulant le sol où est né le vrai musicien de l'avenir. Salzbourg est une des plus belles provinces de l'Autriche. C'est une merveille de voir la gracieuse ville riche en souvenirs historiques, étendue sur les deux rives de la Salza et dominée par l'antique château fort. C'est ici que naquit Mozart, non des enlacements mythologiques d'un cygne et d'une danseuse, mais de l'union de deux braves gens qui ne se doutaient pas plus qu'ils donneraient le jour à un maître divin que Mozart lui-même, en écrivant ses immortelles partitions, ne pensait écrire une musique spéciale pour l'avenir. Le génie n'a pas de pareilles préoccupations ; il n'est pas dans ses habitudes de battre la grosse caisse pour attirer le chaland devant sa boutique ; il n'a pas le temps d'écrire des brochures explicatives pour affirmer au public que sa musique est le meilleur chocolat et qu'elle ne blanchit pas en vieillissant ; il n'a pas besoin d'un théâtre spécial et d'artistes tout particulièrement dressés ; il lui suffit d'entendre battre son cœur.

Tantôt je me suis arrêté devant la maison où naquit

Mozart ; elle est modeste et ne rappelle en rien la maison de Wagner à Bayreuth, ornée d'images tirées de ses opéras, comme la baraque d'un hercule de la foire de Neuilly est décorée de tableaux représentant ses tours de force les plus prodigieux. C'est bête, mais que voulez-vous ? devant cette maisonnette, en songeant à l'avenir immense du grand Mozart, mort à trente-cinq ans, je me suis senti attendri. Le paysage qui entoure cette délicieuse ville de Salzbourg pourrait servir de brochure explicative à l'œuvre de Mozart, si elle avait besoin d'être expliquée. Ici, la plaine souriante de Salzbourg, un magnifique parc où, tout naturellement, le génie a puisé la poésie à pleines mains à l'éternelle source de la nature ; là-bas, à l'horizon, la majestueuse chaîne des Alpes autrichiennes. En bas, dans la plaine, Chérubin soupire les premières sensations de l'adolescent ; là-haut, cette montagne imposante fait penser à la terrible entrée du Commandeur. La grâce et la force, la tendresse et la passion, toutes les émotions que Mozart a prodiguées dans son œuvre, se reflètent dans ce paysage étourdissant, l'un des plus beaux qu'il soit possible de voir.

Quand je pense à cette vie si courte et si bien remplie par le plus noble labeur, à ce flot de mélodies coulant de source de ce cerveau inspiré, et que je reporte ma pensée à ce *Tannhauser* d'hier, dans lequel un homme accouche péniblement de deux morceaux de choix au milieu de l'ennui le plus prodigieux dont un mortel puisse régaler ses contemporains, mon esprit est envahi par une hallucination dont j'essaye en vain de m'affranchir. Là-haut, sur le pic le plus élevé des Alpes, m'apparaît un gigantesque Mozart rayonnant sur le monde, tandis qu'en bas j'aperçois un tout petit Wagner, s'efforçant en vain de déboulonner la montagne.

Le génie est inconscient, c'est certain ; il ne s'installe pas devant son bureau, en se disant : « Je vais faire un chef-d'œuvre ! » Il compose, il écrit, il peint, il pétrit la terre, il va de l'avant, advienne que pourra. Le chef-d'œuvre ne naît pas d'un calcul, mais d'une inspiration ; souvent il sort d'un labeur hâtif mieux que d'un travail acharné. Un homme comme Mozart qui meurt à trente-cinq ans, en laissant son œuvre colossale qui touche à tous les genres : la symphonie, la sonate, l'opéra-bouffe l'*Enlèvement au Sérail ;* ce chef-d'œuvre d'esprit et de sentiment qui a nom les *Noces de Figaro ;* cette incroyable partition de *Don Juan,* où le drame le plus terrible coudoie la comédie pleine d'esprit et de grâce, un tel homme n'a pas le temps de s'arrêter longtemps à une seule œuvre ; la tâche lui est facile, aimable, primesautière ! Point n'est besoin de s'enfermer dans une ville de province, de remuer l'antiquité, les dieux et les hommes, pour faire jaillir de son cerveau la mélodie. L'œuvre de Mozart, comme celle des vrais hommes de génie, semble venue sans efforts. On sait comment il composa la *Flûte enchantée ;* le directeur de Mozart est dans l'embarras ; il lui faut un opéra pour satisfaire son public; je ne sais quel illustre Italien, oublié depuis longtemps, lui a manqué de parole. Il lui reste Mozart.

— Tirez-moi d'embarras, lui dit-il, il me faut un opéra nouveau !

— Où prendre un livret ?

— Qu'à cela ne tienne, s'écrie le directeur poète, je vais vous bâcler cela au plus vite.

Et, en effet, le directeur Schikaneder bâcle en quelques jours le livret ridicule de la *Flûte enchantée*. Mozart l'ouvre et sourit. Mais bientôt son génie s'envole sur les ailes de la fantaisie ; dans cette pièce stupide il entrevoit les mystères de l'Orient et il improvise la magnifique invocation à Isis devant l'impresario stupéfait. Huit jours après, le chef-d'œuvre est terminé et Mozart écrit l'ouverture entre deux répétitions.

Notre époque est à ce point pauvre de grands artistes que nous bombardons homme de génie, l'homme qui nous donne un seul bon tableau, un seul bon marbre, une seule belle mélodie. La qualité essentielle du génie est la fécondité dans le beau. Michel-Ange peint le plafond de la chapelle Sixtine, taille son Moïse dans le marbre et produit le tombeau des Médicis entre mille autre travaux gigantesques ; Rubens brosse au hasard de la palette l'histoire sainte et l'histoire profane, le portrait, le tableau de genre et le paysage. Raphaël, mort si jeune, comme Mozart, laisse une œuvre à ce point considérable, qu'on se demande où il a pris le temps pour la produire. Ne prodiguons donc pas le titre d'homme de génie à des peintres qui, tous les trois ans, accouchent d'une petite toile, ou à un musicien qui, approchant de la soixantaine, a péniblement extirpé de son cerveau rebelle quelques belles inspirations enfouies sous l'ennui le plus colossal qui puisse se prodiguer. A côté de Mozart, l'homme de l'avenir de Bayreuth n'est qu'un méchant petit homme de talent.

La postérité ne se décrète pas pour une œuvre d'art par son auteur; elle naît spontanément de l'enthousiasme et de l'admiration de plusieurs générations. Les magnifiques prélats, les grands princes dont l'histoire est écrite sur tous les monuments de Salzbourg sont morts enterrés et oubliés. L'immortel artiste qui a jeté sur sa ville natale une gloire impérissable est seul resté debout; il plane sur la cité; il rayonne au delà de la province sur sa patrie tout entière. Le plus humble des Autrichiens a sa part de gloire dans l'œuvre du maître. Il n'y a donc rien de surprenant que sa mémoire soit un objet de profonde vénération. Le prince de Stahrenberg a élevé à Mozart un monument curieux sur une des collines qui environnent la ville; pièce par pièce, il a fait démonter à Vienne la maisonnette où Mozart a composé ses plus belles œuvres; le tout a été transporté sur cette colline de Salzbourg (dite la montagne des Capucins); les boiseries, les vieux clavecins, les anciens meubles; le cabinet de travail de Mozart a été de la sorte reconstitué dans sa ville natale; un des meilleurs portraits du grand maître orne la chambre; il est pour ainsi dire enfoui, sous les couronnes de lauriers que les passants ont accrochées sur les murs; c'est touchant et cela fait du bien! Si la postérité ne se montrait pas reconnaissante envers un tel géant, il faudrait désespérer des hommes. Après le *Tannhauser* d'hier, j'avais besoin de cette joie et de cette consolation. Prince Stahrenberg, souffrez que je vous remercie ici!

V

L'ESPAGNE

MADRID. — LES COURSES DE TAUREAUX.
LES GRANDS D'ESPAGNE.

26 janvier 1878.

Me voici donc à Madrid, chez de braves gens qui louent une partie de leur appartement à l'occasion des fêtes. La situation est curieuse : je ne sais pas un mot d'espagnol et personne dans la maison ne parle le français. Il s'agit de se débrouiller, et, ô miracle ! j'y parviens, non sans difficultés. La persévérance, mère de toutes les vertus, me soutient. Grâce à elle, j'obtiens tout ce qu'il me faut pour écrire ; seulement, pour avoir de l'encre, j'ai dû me livrer à une pantomime avec laquelle on pourrait faire un ballet en trois actes pour l'opéra ; la bonne, avant de me comprendre définitivement, m'a apporté successivement de l'eau fraîche, un tire-bottes et une boîte de sardines.

Il est vrai que j'ai près de moi mon excellent ami Antonio de Ezpeleta ; mais il couche à l'autre extrémité de l'appartement. Le marquis de Bedmar lui a envoyé sa voiture à la gare; le marquis de Sardoal nous a reçus en personne ; nous n'avions pas encore débouclé nos malles, que le duc d'Albe était déjà venu nous faire une visite. Dix palais nous offraient l'hospitalité. Mais je tiens à rester chez des Espagnols de Madrid ne sachant pas un mot de français, de véritables Espagnols qui ne me rappellent pas le high life Parisien ; la difficulté que j'ai à me faire comprendre donne de l'imprévu à ce voyage.

D'ailleurs, ma situation étrange me plaît, et les bonnes gens chez qui je demeure font vraiment tout ce qui dépend d'eux pour me comprendre. Au bout de cinq minutes, la bonne a renoncé à la tâche difficile de servir un étranger qui lui faisait des signes désespérés ; elle est allée chercher sa maîtresse, le deuxième acte de la pantomime commençait, puis on a fait entrer en scène un bambin de huit ans avec qui j'ai entamé une conversation panachée. Ce gamin a fini par comprendre. Comment ? Je n'en sais rien ; mais il a compris. L'enfance est souvent douée de seconde vue.

D'autres s'étonneraient que les bonnes espagnoles ne parlent pas le français. A ma place, ils pesteraient contre ces Espagnols qui n'ont pas appris notre langue tout exprès pour répondre un jour ou l'autre aux questions d'un touriste égaré parmi eux. Ils partiraient de là pour apprendre à l'Espagne que l'instruction publique laisse beaucoup à désirer dans ce pays. Peut-être bien ils remonteraient en cette circonstance le cours de l'histoire jusqu'à Philippe II. Souffrez que je ne m'égare pas dans de pareilles niaiseries et que je ne rende pas les autres responsables de mon ignorance de la langue espagnole. Ceci ne m'empêchera d'ailleurs pas d'avoir tous les renseignements voulus, car la société madrilène à laquelle je vais avoir l'honneur d'être présenté parle fort bien le français. Le marquis de Sardoal, un des personnages politiques les plus considérables de ce pays, s'est, dès mon arrivée, mis à ma disposition avec une bonne grâce dont je ne saurai jamais le remercier assez ; le duc de Rivas, dont je vous entretiendrai tantôt, a bien voulu me déclarer de son côté que, pendant mon séjour en Espagne, je pourrai compter sur lui en tout et pour tout. — Six heures après mon arrivée, une carte d'invitation, déposée chez moi, me donnait accès au Veloz-Club, le centre le plus aristocratique de Madrid, qui deviendra pour le voyageur une source précieuse de renseignements. Aujourd'hui même, le marquis de Sardoal doit me faire l'honneur de me présenter au grand maître du palais, à M. le duc de Sesto. Je sais que je suis redevable à mon ami Ezpeleta de cet excellent accueil qui me permettra de contempler les Espagnols, non seulement dans la rue, mais encore chez eux, et de voir par conséquent de l'Espagne plus que le commun des voyageurs.

Mon entrée en Espagne s'est effectuée dans des conditions charmantes. Le hasard a voulu que je fisse le trajet de Bordeaux à Madrid avec les trois ambassades extraordinaires de France, d'Allemagne et d'Angleterre. The Earl of Rossling, l'envoyé britannique, se trouvait dans le train rapide qui de Paris m'a conduit à Bordeaux. C'est un homme d'une rare distinction, de haute taille; il peut avoir cinquante ans. L'ambassadeur de la reine est accompagné de tout un bataillon de jeunes Anglais raides comme la justice; dans le groupe, the Earl of Rossling, avec les allures dégagées d'un vraiment grand seigneur, prend les proportions d'un monument. Après avoir passé la nuit à Bordeaux, l'ambassade extraordinaire anglaise s'est dirigée par un train spécial vers Biarritz, où elle a rejoint ensuite les ambassadeurs de France et d'Allemagne.

A Bordeaux, l'affluence des touristes est telle qu'il faut organiser deux trains express pour Madrid. Grâce à l'obligeance du chef de gare de la ligne du Midi, qui veut bien me renseigner, nous montons dans le train, dit des Ambassadeurs et que je suis décidé à ne pas quitter avant Madrid, advienne que pourra. — Nous quittons Bordeaux à huit heures du matin; les ambassadeurs sont dans leur wagon-salon, dont les stores sont baissés; après la nuit

passée entre Paris et Bordeaux, ils dorment encore.
Ce n'est que vers dix heures et demie que je verrai les
diplomates à la gare de Morcenx.

Le train s'arrête en gare, et tout le monde se précipite pêle-mêle vers le buffet. A ma droite, entre
deux compagnons de voyage, se place un homme de
soixante-cinq ans environ, au teint coloré, aux traits
bienveillants et enjoués, qui, de fort bonne humeur,
entame l'omelette froide. D'épais sourcils donnent à
sa physionomie une certaine expression d'énergie ;
le regard est singulièrement intelligent. Ce bourgeois, enveloppé dans une pelisse, est l'ambassadeur
extraordinaire de France, M. l'amiral Fourichon. A
ma gauche vient se placer un voyageur de haute stature, enveloppé dans un vaste paletot brun, un chapeau mou sur la tête ; il doit flotter entre cinquante-cinq et soixante ans ; il porte d'épaisses moustaches
et des lunettes. C'est le général de Gœben, l'ambassadeur extraordinaire d'Allemagne. Tout le monde,
pêle-mêle, les diplomates aussi bien que le commun
des touristes, dévorent de bon appétit le médiocre
déjeuner comme des voyageurs affamés par l'air du
matin. Nous quittons la gare au moment où l'express
ordinaire y entre. A Bayonne, quelques fonctionnaires viennent saluer l'amiral ; le consul général de
Beyrouth se précipite dans ses bras. Le bruit s'est
sans doute répandu dans la ville que les ambassadeurs arrivent, car la foule est compacte. Tandis que
l'amiral français s'entretient avec les fonctionnaires,

le général allemand se promène sur le quai entre les jeunes officiers en bourgeois qui lui font escorte. M. de Gœben, pour la circonstance, a mis un chapeau de soie haut de forme ; dans ses vêtements bourgeois l'ambassadeur d'Allemagne n'a rien d'un général ; de même qu'à la vérité on ne découvrirait pas aisément sous la pelisse de l'autre touriste fameux un amiral français.

Les voyageurs de Bayonne à Madrid voudraient tous grimper dans le train des ambassadeurs. Ce n'est pas sans peine que les employés obtiennent d'eux qu'ils attendent l'express qui nous suit. Dans le court arrêt à Bayonne, je renouvelle connaissance avec M. le duc de Rivas, qui accompagne à Madrid madame la marquise de Molins ; l'ambassadeur d'Espagne est resté à Paris. Tout Paris connaît le duc de Rivas. Son père a été pendant de longues années ambassadeur à la cour de France. Il ne fut pas seulement un grand diplomate, mais encore un grand historien, dont les œuvres font autorité. Son fils, le duc de Rivas actuel, marche sur les traces de son père ; il est à la fois diplomate et littérateur distingué ; il compte parmi les hommes d'État de l'Espagne en même temps que parmi les poètes de son pays. Le dernier poste diplomatique qu'il ait occupé fut l'ambassade à Florence ; sa santé délicate l'a obligé à donner sa démission, et le duc s'est installé depuis à Paris, dont le climat clément lui est plus favorable. Chez nous, le duc vit dans le culte des lettres ; rien de notre mouvement artistique ne lui échappe ; il lit tous les journaux, sait par cœur tous les livres et parle de l'état des beaux-arts en France comme un critique studieux et savant. Le duc de Rivas, qui est grand d'Espagne et chambellan du roi, se rend à Madrid pour les fêtes ; après quoi il retournera à ses études à Paris. C'est par excellence le type du grand seigneur digne de ce nom, amoureux de tout ce qui peut intéresser un homme aussi haut placé par son intelligence que par son blason.

Je ne vous décrirai pas longuement le magnifique paysage qui se découvre à mes yeux en quittant Bayonne. A Biarritz l'ambassade d'Angleterre monte dans le salon qu'on lui a réservé dans le train, et vers deux heures nous franchissons la frontière, nous sommes à Irun... Sur le quai est massé un bataillon d'infanterie ; la musique joue la marche royale espagnole ; le drapeau échange un salut avec les ambassadeurs.

Le général commandant des provinces basques en grande tenue s'avance, suivi de son état-major pour souhaiter la bienvenue aux illustres touristes au nom du roi. La gare est en fête ; les populations sont accourues de toutes parts. Dans cette réception rien de la raideur désespérante qui distingue, ordinairement, ces sortes de solennités. Le général espagnol s'avance vers les ambassadeurs et leur tend la main ; cette pantomime simple et cordiale en dit plus long que tous les discours.

Pendant ce temps la douane visite les bagages des touristes qui ne sont pas attachés aux ambassades. On m'avait dit beaucoup de mal de la douane espagnole. La vérité m'oblige à constater qu'elle est charmante. C'est à peine si elle ouvre nos malles pour y jeter un regard rapide pour la forme seulement ; les douaniers sont souriants, comme des gens qui ont leur part de plaisir dans les fêtes qu'on prépare à Madrid, et qui ne veulent pas troubler le contentement des voyageurs par des recherches prolongées. — Le général commandant dans les provinces basques monte dans le train avec son état-major ; il accompagnera les ambassades jusqu'à Vitoria, l'extrême limite de la première province espagnole que nous traversons. Pendant quatre heures le spectacle militaire d'Irun se renouvelle à toutes les gares importantes. Partout les troupes sont échelonnées et sur tout le parcours, le train des ambassadeurs est accueilli par la musique militaire. Cela ressemble à un vrai train de plaisir. Le paysage, tout autour de nous, est d'une grandeur imposante ; de ci, de là, seulement, le touriste est attristé par la vue de quelques maisons écroulées sous les boulets pendant la guerre carliste ; on me montre, en passant, une maisonnette où, pendant de longs mois, Don Carlos avait établi son quartier général. Le souvenir est cruel, comme tout ce qui rappelle la plus affreuse des guerres, la guerre civile. Passons ! Les troupiers échelonnés dans les gares ont, ma foi ! fort bon air ;

les soldats paraissent jeunes, mais leur tenue est excellente et l'uniforme très pittoresque ; le pantalon rouge relevé et enfermé dans des guêtres noires ; la capote bleu foncé ; le schako bas de forme que vous connaissez ; les officiers, sur le front des troupes, saluent de l'épée, et les ambassadeurs, penchés à la portière de leur wagon, saluent le drapeau espagnol. La foule est énorme partout et je constate, à sa louange, qu'elle se montre pleine de déférence pour les représentants des puissances étrangères ; c'est une première preuve que je cueille en passant de l'hospitalité espagnole, qui est proverbiale. A quelques stations où l'on s'arrête dix minutes, les ambassadeurs descendent et circulent comme de simples bourgeois au milieu de la foule, à laquelle on a permis d'envahir la gare, ce qui, tout naturellement, l'a bien disposée en faveur des étrangers. Les gendarmes espagnols se montrent partout pleins de mansuétude ; sur tout le parcours d'Irun à Vitoria, pendant cinq heures, pas une violence, pas une arrestation.

A Miranda un salon spécial est réservé aux ambassades. Tandis que nous dînons au buffet, je vois l'amiral français et le général allemand attablés l'un en face de l'autre. The Earl of Rossling entre les deux. La musique militaire sur le perron ne cesse de jouer l'air national pendant le court repas. A huit heures du soir, nous arrivons à Vitoria, où le général espagnol prend congé des ambassadeurs, qui se plongent dans les lits des wagons-salons. La nuit enveloppe la Vieille Castille dont je ne vois rien. Notre train file à toute vapeur, toujours suivi du train express ordinaire, qui est déjà à une distance énorme derrière nous ; il arrivera à Madrid sept heures après nous.

Le jour se lève sur un des plus beaux paysages qu'il soit possible de voir. C'est le panorama de la ville d'Avila, si fièrement adossée contre la montagne grise éclairée à peine par les premières lueurs du jour, tandis que la lune, pleine encore à l'horizon, jette sur cet éblouissant paysage sa lumière blafarde, à travers laquelle se glissent les premiers rayons du soleil qui se lève radieux. Devant ce spectacle, les fatigues de la nuit sont oubliées en un instant. Les ambassadeurs viennent, comme le plus vulgaire des touristes, admirer cette vue admirable qu'un peintre de premier ordre pourrait seul entreprendre de fixer sur une toile. Puis nous entrons dans cette contrée grandiosement sauvage qui précède Madrid. Depuis mon voyage de Mori au lac de Garde, à travers le chaos que les éruptions volcaniques ont produit dans cette partie du Tyrol, je n'ai pas vu de paysage plus grand dans sa désolation. C'est admirable et attristant à la fois ; un désert de blocs formidables, de rochers jetés dans l'espace par des éruptions lointaines. Sur une hauteur, on aperçoit le majestueux palais de l'Escurial, qui ressemble à l'antre d'un lion dans le désert. Il n'en faut pas plus pour reconstruire dans notre esprit toute l'histoire de la cour de Philippe II. La grandeur de l'Espagne se dresse tout entière devant nous avec le souvenir du grand monarque qui pouvait se vanter que le soleil ne se couchait jamais dans son vaste empire. Vous me pardonnerez sans doute si, sous le coup de tant d'imposants souvenirs historiques, je ne me livre pas à quelques bonnes petites plaisanteries sur le modeste Mançanarès, que nous traversons avant de faire notre entrée dans la capitale. Je m'attendais à une réception magnifique des ambassadeurs dans la gare de Madrid. Il n'en a rien été. D'ailleurs une réception officielle eût plongé les ambassadeurs dans le plus cruel embarras, car leurs malles aussi bien que les nôtres suivaient dans le train express.

Et sur ce nous pénétrons dans la ville la plus gaie que j'aie vue en dehors de Paris. Par toutes les rues que nous traversons s'élèvent déjà des tribunes pour le public désireux de voir passer le cortège royal. Au Prado, les préparatifs pour la fête publique sont déjà terminés. Vous dire que Madrid est bondé d'étrangers me paraît superflu. Il y a déjà dans toute la capitale comme un air de fête, et les habitants, heureux de voir tant d'étrangers arriver pour les solennités nationales, se montrent pleins de prévenance pour le touriste. Le peuple de Madrid est de bonne humeur et nage déjà dans les délices des fêtes qu'on va lui offrir. Tout autour de moi est gaieté et contentement ; je suis ravi de mon voyage, heureux d'être venu à Madrid, qui est pour moi l'inconnu avec son cortège de promesses et d'illusions.

Hier soir, comme j'exprimais au duc de Rivas l'étonnement que j'avais éprouvé à mon arrivée à Madrid en constatant l'absence de toute pompe pour la réception des ambassadeurs, il me répondit :

— « A quoi bon ? La réception a été faite à Irun. Dès la frontière, les ambassadeurs avaient *pris possession* de l'Espagne. »

Ils avaient pris possession de l'Espagne ! N'est-ce pas que l'expression est charmante et qu'elle dit bien en peu de mots tout ce qu'elle veut dire ?

30 janvier 1878.

Enfin, j'ai entendu mugir la foule; elle a des rages et des enthousiasmes ; elle est vivante. Il s'agit seulement de lui offrir le spectacle qui la passionne, le grand régal national, la course de taureaux. Quel mouvement aujourd'hui dans les rues ! La rue d'Alcala, qui est le boulevard des Italiens de Madrid, est bondée de voitures de toutes sortes; il y a le coupé et le landau, l'omnibus attelé de cinq mules panachées et le modeste coucou. Les cochers crient : « Plazza! plazza ! » On se bat pour les places; on grimpe sur l'impériale, sur les marchepieds; on se hisse à côté du cocher, jusque dans le grand panier en osier, sous la voiture, qui renferme le foin pour les chevaux et mulets.

Vous rappelez-vous la scène des *Faux Bonshommes* où, voyant enfin l'impassible Péponnet s'animer, Octave s'écrie avec stupéfaction :

— Tiens, il remue !

C'est la sensation que j'ai éprouvée hier matin, en voyant cette foule madrilène; elle remuait, elle vivait, elle grouillait, elle se passionnait pour le sport national plus que pour le cortège royal d'hier.

Les grands carrosses de cérémonie ne sont plus seuls à remplir la chaussée. A côté des voitures de gala escortées des valets de pied. il y a des échantillons de tous les véhicules qu'il soit possible d'imaginer. Tout ce qui tient sur une paire de roues est sorti des remises; pas un cheval, si boiteux qu'il soit, pas une mule, si vieille qu'elle soit, n'est restée à l'écurie. Et cependant une faible partie de cette foule seulement peut entrer dans le Cirque : les quinze mille places ont été distribuées par la maison du roi, elles ont été données aux ministères, aux ambassades, aux fonctionnaires de toutes sortes, à l'armée. Pour le peuple proprement dit, il n'y a pas de place aujourd'hui, et cependant il court aux Taureaux : il restera dehors, mais il sera près de ses matadors; dans les entr'actes on lui donnera des nouvelles; la foule ne peut pas attendre les journaux du soir pour apprendre si les coups d'épée ont été bien donnés, et si les taureaux se sont bien défendus.

La place des Taureaux est à peu près à deux kilomètres du Prado; pour y arriver, il faut monter une côte escarpée; c'est ici que le mouvement devient plus curieux. A côté des mules phtisiques qui traînent les fantastiques véhicules trottent des palefreniers qui, à coups de bâton, les maintiennent dans un doux galop. Le carrosse du grand d'Espagne, les magnifiques voitures de la cour, les riches équipages de la grande société madrilène, pêle-mêle avec les plus infimes coucous et les voitures démodées qui sont sorties pour la circonstance, et qu'on ne voit ordinairement que dans quelques vieilles gravures de la fin du siècle dernier et du commencement de ce siècle. Au milieu de la chaussée, dans cette cohue formidable, les gendarmes à cheval, grands, superbes, majestueux comme les nôtres. Les nombreux valets de pied des grands d'Espagne marchent des deux côtés du carrosse de gala. Si un accident doit arriver, mieux vaut qu'il soient *accrochés*, eux, que la voiture. Le tout forme un spectacle mouvementé, charmant, délicieux. Madrid vit, Madrid se remue, Madrid se passionne.

Le cirque, immense, est bondé dès onze heures ; ceux qui n'ont pas de places numérotées envahissent les places inférieures, quinze rangées de gradins en pierre, où ils grelottent dans l'ouragan hivernal qui par malheur s'est déchaîné sur Madrid : il fait un vent atroce et glacial ; la tempête qui se joue dans les manteaux espagnols, dans les mantilles des dames, qui fait voltiger les mille drapeaux dont le cirque est orné pour la circonstance, qui fait craquer les panoplies accrochées devant les loges, donne plus de vie encore à cette foule déjà si houleuse par l'attente et la passion du spectacle qu'on lui offre.

Le cirque est tout entier construit en briques et en fer ; il est de proportions colossales ; après les quinze rangées de gradins en pierre, douze rangées de stalles numérotées ; au-dessus, au deuxième étage, les loges. L'aristocratie est, pour ainsi dire, logée au paradis, comme le roi ; la loge du souverain est la seule qui soit couverte; un vitrage protège la famille royale contre le vent. Les souverains et les princes ont l'air d'être dans une serre.

La fée bienfaisante qui veille sur moi à Madrid a bien fait les choses. Elle m'a placé au premier étage, juste en face de la loge royale. D'ici je vais pouvoir contempler à mon aise ce spectacle nouveau et curieux; pas un détail ne m'échappera. Un peu au-dessous de moi sont assis le timbalier et deux trompettes des hallebardiers, les yeux fixés sur la loge royale d'où doivent partir les signaux. De bas en haut, le public est comme une énorme masse noire encadrée dans les couleurs brillantes de l'édifice et des mille drapeaux qui l'ornent. Quelques dames ont revêtu le costume national : la mantille tombant du haut peigne espagnol sur les épaules; leur vue excite le patriotisme; on leur fait une entrée, comme nous disons à Paris.

Le roi Alphonse XII est l'exactitude même; il ne se fait jamais attendre; à midi précis il entre dans sa loge, tandis que les deux corps de musique placés des deux côtés du cirque jouent l'air national. Les courses que je vais voir ne ressemblent en rien aux combats ordinaires. On a ressuscité le passé; on est remonté à Philippe IV. On a copié d'après les tableaux de Velazquez les costumes du temps. Ce sont les gentilshommes qui vont courir le taureau; les « caballeros en plazza » ou plutôt les chevaliers sur place : c'est-à-dire les gentilshommes dans l'arène ou, comme disent les Espagnols, sur la place des Taureaux.

A peine le roi a-t-il pris place dans la loge qu'il lève la main ; le timbalier et les deux trompettes ont compris ; une fanfare retentit. On ouvre deux portes de l'arène et, tandis que les toréadores, les piccadores, les quadrillos de matadorès de profession entrent par l'une, on voit s'avancer par l'autre un cortége inouï. A cheval, d'abord un autre timbalier flanqué de deux trompettes. Puis, sur une rangée, cinq alguazils sortis d'un tableau de Velazquez ; ils sont vêtus de velours noir de la tête aux pieds ; le manteau, le justaucorps, les culottes, les bas, tout est noir ; ils sont coiffés du chapeau de l'époque, de ce chapeau en velours orné de quelques plumes aux couleurs discrètes.

Deux carrosses vides, dits de respect, deux carrosses de la cour, les suivent ; puis dans d'autres voitures des grands d'Espagne, attelées de six chevaux, sont les chevaliers avec leur parrains. Derrière les carrosses et autour d'eux marchent les légions de valets de pied en livrée de gala ; les chevaux des cavaliers sont conduits à la main par des pages, de vrais pages de féerie, car chaque chevalier à son page prêt à lui passer un deuxième javelot quand le premier se sera brisé dans les flancs du taureau. Les matadors, les piccadorès, les dix-sept quadrillos se joignent à ce cortège historique. Sur leurs affreuses haridelles destinées à être éventrées par le taureau, les piccadores, debout dans les étriers, la lance au poing, rappellent don Quichotte; au besoin, avec un petit effort d'imagination on pourrait prendre leur large chapeau blanc pour le légendaire plat de barbier du héros de Cervantès. Les deux cortèges se confondent; le ciel clément envoie sur l'arène le soleil caché jusqu'alors derrière les nuages; il se joue dans les costumes dorés des toréadors, dans les harnais admirables des chevaux, dans les panaches. Éclairé subitement de la sorte, le cortège semble inondé par la lumière électrique; cela ne dure que quelques minutes, mais c'est un spectacle admirable. Les toréadors ne portent pas la toque noire que nous sommes habitués à voir dans des tableaux représentant des combats de taureaux. Comme les chevaliers, ils se sont mis en gala; leur costume n'a déjà pas bougé dans le cours des siècles; ils y ont ajouté l'antique chapeau espagnol, le grand chapeau claque, posé en travers sur la tête. On croit assister aux courses royales, non sous Alphonse XII, mais sous Sa Majesté catholique Philippe IV.

M. le marquis de Bedmar, grand maître de chevalerie, grand chambellan, doit présenter deux chevaliers au roi; M. le comte Balazote, les deux autres. Tout Paris distingué et élégant connaît le marquis de Bedmar, l'un des diplomates les plus appréciés de l'Espagne; il a longtemps vécu à Paris. Ce grand d'Espagne a été dans son jeune temps un gai étudiant de notre quartier Latin; il a fait ses études chez nous, des études sérieuses : il a été reçu avocat à la Cour de Paris avant d'entrer dans la diplomatie. En dernier lieu, M. le marquis de Bedmar a été ambassadeur à Saint-Pétersbourg ; il a de l'ambassadeur la haute distinction, du Parisien la grâce et l'esprit. Le marquis aime Paris comme on aime les souvenirs de jeunesse, c'est-à-dire avec passion. Il y passe tout le temps dont il peut disposer, et il en parle avec une sympathie vive et sincère. Nous avons l'habitude de dire des étrangers en évidence qui vivent au milieu de nous : « C'est un Russe de Paris » ou un « Turc de Paris ». Si usé que soit ce cliché, je ne trouve pas d'expression meilleure pour rendre ma pensée. M. le marquis de Bedmar est « un Espagnol de Paris », mais dans la bonne et vraie acception du mot. Espagnol par sa naissance, la haute situation qu'il occupe dans l'État et dans la société, par son patriotisme, le marquis est Parisien jusqu'au bout des doigts, Parisien de Paris, ne parlant pas seulement le français, mais encore le parisien dans la perfection, et très au courant de tout ce qui occupe un homme qui d'un bout à l'autre de l'année vivrait au boulevard des Italiens.

Donc le marquis de Bedmar et le comte Balazote présentent les chevaliers au roi ; les caballeros *in plazza* portent de riches costumes du temps de Philippe IV, des costumes de cour, tout de soie et de velours, avec la toque ornée de plumes et la longue rapière au côté. Le roi se penche sur le bord de sa soge et leur rend le salut. Puis le cortège continue la route, et, après avoir fait le tour de l'arène, quitte le icrque. Dans l'arène même, au bas de la loge royale, sur trois rangs, sont échelonnés les hallebardiers du roi; ils sont là par tradition. Autrefois le souverain, au lieu d'être logé au deuxième étage, occupait ce que nous appelons une baignoire dans les théâtres de Paris; le taureau pouvait d'un élan sauter dans la loge royale, et c'est pour cela que les hallebardiers étaient postés là; ils protégeaient la vie du roi. A présent que le souverain est monté au deuxième étage, leur présence dans l'arène n'a plus de raison d'être, mais leur allure martiale, leur costume pittoresque, que j'ai déjà décrit, ajoutent encore à l'éclat du spectacle.

L'arène est vide; les toréadors se sont retirés dans l'enceinte entre la place des combats et le public, là où, enjambant la barrière, haute de plus de cinq pieds, ils se sauvent quand, pressés de trop près par le taureau, ils sont en péril. Un timbalier, aidé de deux trompettes, exécute une nouvelle fanfare. Le roi jette la clef du toril dans l'arène: les combats vont commencer.

S'il s'agissait ici d'une simple course de taureaux, cent fois décrite, et dont tous les détails sont connus ou à peu près du lecteur, je ne m'y arrêterais pas longtemps: la relation exacte se trouve dans tous les livres qui ont été publiés sur l'Espagne. Mais, encore une fois, le combat d'aujourd'hui ne se voit pas souvent. La dernière fois que la course royale historique a été mise en scène, c'était en 1846. Dans ces courses, il n'y a ni piccadores, ni banderilleros. Ces toréadors n'accompagnent le chevalier que pour détourner le taureau, au cas où sa vie serait en péril et pour mener la bête devant le chevalier, qui doit la transpercer d'un long javelot.

Pour ce faire, il doit attendre le taureau, éviter le choc au moment où l'animal fonce sur le cheval, et lui planter le javelot entre les deux épaules. Cela n'est pas aussi aisé qu'on pourrait le supposer et il y va absolument de la vie du chevalier. Aussi les toréadors ne le quittent pas ; ils marchent à ses côtés ; ils lui indiquent les mouvements à faire ; de plus, il faut que le chevalier soit excellent cavalier, habile à faire pirouetter son cheval sur place et à maintenir à quelques pas devant le taureau mugissant le cheval qui a peur. De son côté, cet animal ne se prête pas facilement à ce jeu ; j'ai remarqué que le taureau est méfiant par tempérament ; il lutte comme les maîtres d'armes font de l'escrime ; il ne se jette pas aveuglément sur son adversaire comme nous le croyons à tort ; il a des ruses, il fait des feintes ; il regarde à droite, pour laisser croire qu'il attaquera par là, et il fonce sur l'ennemi du côté opposé. Dans le combat, l'œil du taureau est faux, me disait l'illustre Frascuello, dont nous causerons tout à l'heure : celui qui aurait le malheur de s'y fier serait un homme perdu.

Jugez donc si cette rencontre est périlleuse pour le chevalier, qui n'est qu'un amateur. A la vérité, le combat des taureaux entre dans l'éducation des Espagnols comme l'épée chez nous ; de plus, depuis quelques semaines, ils n'ont cessé de répéter sous la surveillance des plus illustres matadors de toutes les Espagnes. Mais le danger est imminent. Les toréadors le savent, et le public aussi ; l'émotion est grande. Le premier taureau qui entre n'est pas d'humeur agréable. Du toril il s'élance avec fureur dans l'arène. Il s'arrête un instant au milieu du cirque, regarde autour de lui d'un air étonné, puis, affolé par les capas des toréadors qui scintillent devant ses yeux, il s'élance sur tout ce qu'il rencontre sur son chemin. La vue des hallebardiers semble déplaire à cet animal ; il fonce droit sur eux et devant cette attaque les vieux grognards se déconcertent ; le désordre est dans leurs rangs ; ils se serrent les uns contre les autres et reçoivent le taureau avec les piques de leurs hallebardes.

Alors, l'animal furieux se jette sur les malheureux alguazils qui fuient épouvantés au grand galop de leurs chevaux. Arrêter le taureau dans cette poursuite, l'attirer d'un autre côté en faisant flotter devant ses yeux les manteaux aux couleurs criardes, telle est la tâche difficile des toréadors ; ils entourent l'animal et le mènent malgré lui au-devant du chevalier. Celui-ci, debout dans les étriers, le javelot au poing attend ; il ne peut attaquer l'adversaire redoutable que de face, pour ainsi dire, pour la défense de sa vie ; il ne peut pas faire d'escrime et planter son arme dans les flancs du taureau ; il faut que, calme et impassible, il attende que l'ennemi fonce sur lui, et alors, à bout portant, corps à corps, il doit lui planter le javelot entre les deux épaules. Il faut bien mener dix fois le taureau devant le chevalier avant que celui-ci puisse porter le coup redoutable. C'est un spectacle cruel, mais d'une émotion poignante.

Voici enfin le taureau qui se décide à porter un coup fatal au chevalier; il n'est plus qu'à quelques pas de lui; il s'arrête une seconde; les toréadors avec leurs capas activent sa fureur, il fonce sur le chevalier, qui en la même seconde plonge son javelot dans le dos du taureau et jette son cheval de côté pour éviter le choc. Mais le coup est porté sans vigueur: le javelot n'entre que de quelques centimètres et se brise dans la plaie; le sang coule. Prompt comme l'éclair, le taureau s'est retourné et fait la chasse au chevalier désarmé; il le presse de près; ses cornes sont déjà sous le ventre du cheval; dans un instant, le cavalier et la monture vont rouler dans le sable. La foule est à ce point émue, qu'elle ne pousse plus un cri, elle qui tantôt, par des clameurs terribles, excitait le chevalier, les toréadors et le taureau.

C'est alors que je vois à l'œuvre le grand Frascuello, la première lame de toutes les Espagnes, la coqueluche de la foule, l'artiste *di primo cartello*, l'incomparable Frascuello, l'idole de Madrid, le torero à recettes de la province. Il n'a qu'un rival: Lagartijo, et Lagartijo est malade; Frascuello reste donc le seul roi de l'arène. Déjà à sa première apparition, un frémissement a parcouru le cirque ; Frascuello est le Bayard des combats de taureaux ; il ne s'est jamais sauvé dans le refuge entre l'arène et le public ; deux ou trois fois il a été horriblement blessé, mais il mourrait plutôt que de fuir devant l'ennemi.

Frascuello voit le danger qui menace le chevalier, et, avec une audace étonnante, une adresse merveilleuse, il se jette pour ainsi dire sous le cheval qui galope, agite sa capa rouge devant les yeux du taureau et parvient à lui faire lâcher prise. L'animal affolé se jette sur le toréador, qui saute autour de lui comme un danseur de l'Opéra. Il joue avec cette bête féroce comme le chat avec une souris, et finalement la ramène devant le chevalier. Le page a apporté à son maître un nouveau javelot, et cette fois le coup est porté avec une telle vigueur que l'arme entre dans les épaules et sort sous le ventre. Le taureau est transpercé de part en part ; le sang coule à flots.

Mais pour si peu le taureau ne perd pas contenance ; il se secoue tout étonné d'avoir cette lance dans le corps ; il reste un moment comme pétrifié ; mais, perdant tout son sang, il charge les chevaliers, les alguazils, les hallebardiers, et finalement, d'un bond prodigieux, il saute par-dessus la barrière, haute de cinq pieds, et le voici au milieu des toreadors, qui attendent leur tour de combat, des palefreniers et des soldats de service. Le cas n'est pas rare, et il est prévu.

Tout en fuyant devant ce terrible ennemi, les toreros ouvrent vivement une porte qui donne de ce refuge dans l'arène. L'un des battants de cette porte barre le passage au taureau, qui, après quelques coups de cornes donnés dans le bois, se décide à rentrer dans l'arène. Il est ruisselant de sang, et ce spectacle, pour l'homme qui n'y est pas habitué, est pénible. Sur un signal du roi, les trompettes sonnent la mort du taureau. Le toreador va l'achever.

C'est Frascuello qui débute. Le voici, la longue épée tranchante dans une main, la capa rouge de l'autre, devant le taureau. J'ai vu, après lui, d'autres toréadors fameux devant la bête ; mais aucun d'eux n'a son agilité, son adresse prodigieuse et son courage froid. J'ai vu des toréadors faire face à l'adversaire et lui planter l'épée entre les épaules, mais en reculant aussitôt pour éviter le dernier choc. Celui-ci ne fait pas de concessions au taureau. Plutôt que de reculer d'une semelle, il se ferait éventrer sur place. Le public le sait ; il est anxieux, haletant. Voici Frascuello qui d'abord voltige au-devant du taureau, agitant la capa ; il s'agit pour lui de forcer l'ennemi, par des feintes admirables, à se jeter pour ainsi dire dans l'épée. De même ferait un maître en l'art de l'escrime, pour envelopper le fer de l'adversaire, pour le forcer à donner le coup auquel il veut riposter. Frascuello et le taureau se regardent pour ainsi dire dans le blanc des yeux. Voici le moment enfin venu : le taureau, la tête baissée, fonce sur Frascuello, qui l'attend d'un pied ferme, et, sans reculer seulement d'une semelle, il lui plante sa longue épée jusqu'à la garde entre les deux épaules. Le coup a été si sûr et si beau, que le public est transporté. On est debout, on crie, on hurle, on applaudit. Le taureau a reçu le coup terrible ; il chancelle, mais ne se rend pas encore.

— Voyez comme cet animal meurt noblement ! me dit un Espagnol qui m'accompagne.

Et cet Espagnol avait raison. Le taureau meurt comme un grand tragédien ; il chancelle ; il se traîne pendant quelques pas ; il ne veut pas se rendre ; il essaye de foncer encore sur l'ennemi ; les forces lui manquent. Les genoux fléchissent lentement ; il ne tombe pas, il se laisse glisser à terre, et c'est alors seulement, bien tard pour un étranger qui n'est pas habitué à un tel spectacle, qu'on lui donne le coup de grâce en lui plongeant un poignard dans le cerveau, entre les deux cornes. Un attelage de trois mules aux panaches bleus entre ; on passe une courroie autour des cornes du taureau et on l'accroche à une barre en bois. Au galop, les mules font le tour de l'arène ; le chevalier en place qui a porté le premier coup fatal s'avance pour saluer le roi. Frascuello, habitué à tous les triomphes, reçoit les applaudissements du public dans l'attitude d'un grand acteur habitué à toutes les ovations.

Un matador jadis fameux, El Salamancino, a voulu courir le taureau malgré ses soixante-cinq ans ; il y avait droit par ancienneté, et le roi lui-même ne pouvait pas lui refuser cette rentrée dans l'arène. Un hasard malheureux a voulu que ce vieillard se trouvât précisément en face du taureau le plus furieux. Déjà il avait jeté deux picadors par terre. L'un des chevaux tué sur le coup gisait dans l'arène ; le second avait le ventre ouvert sur toute la longueur et les entrailles pendaient de l'horrible blessure. On avait dégagé le picador et, à force de frapper sur le pauvre cheval avec de fortes cannes, les palefreniers l'avaient forcé à se relever ; le picador fit mine de remonter en selle, car il est d'usage qu'il reste à cheval tant que la bête mutilée et traînant ses intestins dans le sable peut se porter. Pour les étrangers c'était un spectacle épouvantable : on le comprit et on fit sortir le cheval éventré de l'arène. Merci !

Il y a peut être plus d'un de mes lecteurs qui se figure que les picadorès avec leur lance et les banderileros qui plantent des drapeaux dans le cou du taureau se livrent à cet exercice pour augmenter la fureur de l'animal. Je confesse qu'avant mon voyage à Madrid je l'ai pensé également ; mais les toréadors, les picadorès et les banderilleros n'ont qu'un but : celui de fatiguer le taureau avant que le matador ne l'aborde à l'épée. Il faut que le taureau ait, avec son sang, perdu une partie de ses forces. C'est pour cela qu'on le fait tant souffrir, qu'on le saigne avec les lances et les banderillas. L'illustre Frascuello lui-même n'oserait pas attaquer à l'épée un taureau qui n'aurait pas préalablement été saigné de toutes les façons. La vue de là bête ruisselante de sang produit sur l'étranger un effet pénible : on voudrait qu'on l'achevât sur-le-champ, mais il paraît que c'est impossible : il faut que les choses se passent selon les règles de l'art.

Or le taureau avait déjà tué un cheval et éventré l'autre; il avait déjà six banderillas dans le cou ; le sang coulait par toutes les blessures, quand le vieux Salamancino, l'épée à la main, fit mine de vouloir le tuer. Mais du premier coup, il roula dans le sable et, sans les dix ou douze toréadors qui se jetèrent au-devant du taureau, agitant leurs manteaux pour le faire changer de direction, El Salamancino serait à cette heure mort et enterré. De plus, ce vieillard, jadis fameux, tremblait devant le taureau. Il était livide; il maniait si maladroitement son épée que cinq ou six fois il ne fit à son adversaire que d'insignifiantes piqûres. « Dehors ! Dehors ! » criait le public, à qui ce spectacle faisait pitié. Mais il n'y a pas de déshonneur plus grand pour un matador que de quitter l'arène sans avoir tué le taureau : il est considéré comme un lâche et disqualifié sur tous les turfs, il n'ose plus paraître devant le public; c'est un homme perdu à jamais, comme un malheureux qui sur le terrain fuirait devant l'épée de son adversaire. El Salamancino faisait pitié à voir ; la lutte, déjà longue, avait épuisé ce qui lui restait de force; deux fois, d'un coup de corne, le taureau avait lancé l'épée dans l'arène. « Dehors ! Dehors ! » criait le public. Et le pauvre vieux revenait toujours à la charge, toujours avec le même insuccès ; une seconde fois il trébucha ; cette fois encore les toréadors lui sauvèrent la vie en attirant, avec leur capa, le taureau dans une autre direction. L'animal furieux se rua alors sur le cheval mort qui gisait à terre et, à coups de cornes, lui laboura le ventre. Et Salamancino, d'une main tremblante, aborda toujours le taureau.

Pendant ce temps, la loge royale était en émoi. On conjurait le roi de faire cesser ce combat inégal, en ordonnant qu'on avançât la *media luna* ou demi-lune, c'est-à-dire une serpe avec laquelle on coupe les jarrets au taureau, quand le matador n'en peut pas venir à bout ; car, dès que la porte du toril est ouverte le taureau est condamné à mort et il faut qu'il meure. « Dehors ! Dehors ! » criait le public, comme dans nos cirques nous crions : « Assez ! Assez ! » quand un écuyer persiste dans un exercice, au risque de se casser le cou. Le pauvre Salamancino, ému, atterré, pâle comme un mort, faisait pitié à voir.

— Sire ! dit-on au roi, qui présidait les courses ; Sire, donnez l'ordre qu'on apporte la *media-luna*.

Mais le roi tint bon.

— Ce serait le déshonneur de ce pauvre vieillard, dit-il ; je n'ose donner l'ordre.

Sur toutes les banquettes, le public était debout, agitant les mouchoirs dans le sens de la sortie. Cela voulait dire : « Allez-vous-en ! Allez-vous-en ! » — On avait injurié le chevalier qui, dans toute la force de la jeunesse, venait de fuir devant le taureau ; mais à l'adresse du vieux toréador pas un cri blessant ne fut proféré. La situation terrible fit tressaillir tous les cœurs du haut en bas du cirque. Un hasard sauva le vieux matador. L'une des portes donnant sur le toril était mal fermée ; sous un vigoureux coup de cornes, cette porte céda. Le taureau s'échappa. El Salamancino n'avait pas fui ; on n'avait pas apporté la *media-luna* : l'honneur était sauf. Une grande partie du public quitta le cirque après cet incident pénible qui est sans exemple dans l'histoire. Jamais un taureau lancé dans l'arène n'en est sorti vivant. Si celui-ci atteint un âge avancé, il pourra raconter aux jeunes veaux, ses petits-enfants, son histoire qui fait pendant à l'évasion du fameux baron de Trenk.

12 février 1878.

Maintenant je puis quitter Madrid ; les fêtes se sont terminées hier soir par le bal que le duc et la duchesse de Fernan Nunez ont offert, dans leur magnifique palais, à la haute société espagnole et aux étrangers en évidence. Ceci peut être considéré comme le bouquet ; on ne peut rien voir de plus beau, de plus séduisant, de plus artistique, que cette fête qui a été le pendant de celle que le duc et la duchesse ont offerte l'année dernière au prince de Galles.

Ce qui caractérise les palais des seigneurs de ce pays, c'est la grande allure des temps passés qu'ils ont conservée. L'Espagne, qui a fait tant de révolutions politiques, n'a pas encore vu une de ces insurrections dites sociales qui, par le fer et le feu, abattent les monuments et les palais. Les demeures de la noblesse espagnole sont intactes ; les grands souvenirs du passé n'ont pas été détruits par les émeutes, et c'est ce qui donne à ces palais un si grand caractère. Les tentures anciennes, les collections d'armes et les portraits de famille, font de ces hôtels princiers de véritables musées ; c'est pour ainsi dire l'histoire des grands d'Espagne, écrite par les objets d'art des siècles passés. Rien qu'avec la collection des armes de la famille de Medina Cœli, on pourrait faire un musée magnifique. Chacun de ces palais a sa bibliothèque précieuse, ne contenant pas seulement les archives de la famille remontant aussi loin que possible dans l'histoire, mais encore tous les manuscrits et ouvrages historiques accumulés, pendant des siècles, par les ancêtres de ces vraiment grands seigneurs. Les bibliothèques des palais du duc d'Ossuna, du duc de Medina Cœli et de quelques autres grands d'Espagne, contiennent en moyenne de vingt à trente mille volumes rares.

Parmi les demeures aristocratiques de Madrid, le palais du duc de Fernan Nunez n'est ni le plus grand, ni le plus magnifique, mais c'est très certainement au point de vue des œuvres d'art qu'il contient, un des plus intéressants de la capitale. Tous les salons avaient été ouverts pour le bal d'hier, auquel plus de deux mille personnes étaient conviées. Et cependant pas la moindre cohue : cette réunion considérable circulait dans les salons avec aisance. Une longue galerie, ornée de portraits de famille signés de grands peintres espagnols des seizième et dix-septième siècles, servait de salle de bal. Dans les autres salons, on causait, on se promenait. Tout autour, sur les murs, des tableaux anciens de premier ordre, des Murillo, des Velasquez, des

Titien, des Van Dyck, des Téniers, des Rubens,
comme s'il en pleuvait. Dans la galerie de tableaux
proprement dite, entre deux portraits de famille,
une panoplie merveilleuse, les cuirasses et les harnais
en or, donnés à l'un des ancêtres du duc, au treizième
siècle, par je ne sais plus quel roi. Tous ces salons
discrètement éclairés, formaient dans leur ensemble
un riche musée, au milieu duquel circulaient les
grandes dames de Madrid, dans leurs plus merveilleuses toilettes de bal et avec tous leurs diamants.
Pas d'uniformes. Les ministres aussi bien que les
ambassadeurs et les grands dignitaires, en habit
noir ; partout la plus exquise cordialité ; rien de cette
allure guindée que, bien à tort, le préjugé prête à la
société espagnole.

Sans doute, il est bien difficile pour un étranger de
se faire recevoir dans la grande société de Madrid.
On se méfie de nous ; on sait combien est grand notre
penchant pour l'ironie ; on a tant *blagué* les Espagnols
dans nos livres et dans nos journaux, qu'ils nous
considèrent comme des adversaires. Mais, une fois
qu'on est dans la place, quelle grâce charmante et
quelle exquise hospitalité pour l'étranger! Les grandes
dames de Madrid ont la délicieuse habitude de vous
tendre la main partout où on les rencontre, après la
première présentation. Ceci met l'étranger tout de
suite à son aise et autorise une certaine familiarité
respectueuse. Ainsi, en passant, comme tout autre
invité, j'avais été présenté à madame la duchesse de

Baylen chez elle, un soir de bal; je la rencontre hier chez le duc de Fernan Nunez et, ne sachant même pas si elle avait conservé le moindre souvenir de son invité, je me bornai à la saluer avec déférence ; ce fut la duchesse qui vint à moi et me tendit la main pour me prouver qu'elle ne m'avait pas oublié. Je trouve cela tout à fait délicieux.

Le luxe en général n'a pas le don de me séduire. Tout homme riche peut, avec de l'argent, se donner la satisfaction de décorer ses salons plus brillamment que le voisin. Mais dans le palais du duc de Fernan Nunez tout est distinction, goût et art. Un détail m'a frappé : les appartements particuliers, meublés d'objets d'art, avaient été ouverts, mais on les avait livrés aux invités dans l'état où ils se trouvent ordinairement ; rien n'avait été déplacé ; les journaux étaient sur les tables, les dernières lettres reçues, sur le bureau ; dans la chambre de la duchesse, dont le lit ancien, en bois sculpté, était couvert d'un merveilleux tapis brodé d'or, brûlait la lampe éternelle devant le prie-Dieu. Tout cela donnait à cette fête un caractère intime ; elle ne semblait pas préparée ; un vraiment grand seigneur avait tout simplement ouvert les salons, voilà tout.

Parmi toutes les illustrations de Madrid, j'ai retrouvé chez le duc de Fernan Nunez le général Pavia, à qui la veille j'avais été présenté chez le marquis de Bedmar. Je vous dirai que le général est le seul personnage en évidence de Madrid ne sachant pas le français; cependant le général, voulant sans doute me donner une idée de ses talents, s'avança vers moi et me dit :

— Bonsoir, signor, va bien ?

Et moi, employant sa langue, je lui répondis :

— *Gratias*, général; moi aller très bien !

Voici maintenant que je tombe malgré moi dans notre défaut commun de nous étonner qu'un général espagnol ne parle pas le français dans la perfection : j'ai tort et je m'en accuse. Mais c'est aussi un peu de la faute de la société madrilène, qui parle le français dans la perfection et qui, sachant que je ne sais pas un mot d'espagnol, pousse la délicatesse jusqu'à continuer la conversation en français aussitôt que je m'approche d'un groupe.

En ce qui me concerne, je reçois tous ces témoignages de sympathie exquise, non comme un honneur dû à mon mérite personnel, mais comme un hommage à l'adresse des gens de lettres français, à la grande corporation dont je fais partie. Il m'est doux de dire à mes confrères de quelles attentions on entoure ici un étranger qui n'a d'autres titres à tant de bienveillance que sa situation dans les lettres. On en ferait tout autant pour ceux de mes confrères qui auraient le plaisir d'être introduits dans les salons des Grands d'Espagne. On nous connaît; on nous lit et on tient à nous prouver que nous avons des lecteurs sympathiques de ce côté des Pyrénées.

La fête chez le duc de Fernan Nunez a été divisée

en deux actes : la première a eu lieu dans les salons où tout évoque le passé, et la seconde dans la partie moderne du palais. Vers deux heures on a ouvert les portes de communication entre le premier étage, où l'on dansait, et le rez-de-chaussée. L'escalier par lequel on descend est une merveille de boiseries, et les murs sont tapissés de ces fameux Gobelins qui ont figuré à la vente Demidoff ; ils représentent des scènes de Don Quichotte ; cet escalier conduit dans les appartements privés du duc, ornés de tableaux modernes de toutes les écoles.

En traversant ces salons, on aboutit à une serre immense, remplie d'arbres et de plantes rares. C'est ici que le souper est servi, non à une grande table d'apparat, ainsi que cela se fait ordinairement dans les fêtes, mais à une foule de petites tables éparpillées dans cet éblouissant jardin d'hiver, éclairé par des milliers de bougies de couleurs, brûlant dans de magnifiques lustres de Venise ; on se forme en groupe de quatre ou de six personnes amies et on s'installe comme on veut.

C'est une merveille de voir les dames, dans leurs brillantes toilettes et avec tous leurs diamants, au milieu de cette magnifique et étrange verdure. Quand toutes les tables sont occupées, l'huissier ferme les portes de la serre pour les rouvrir devant une autre série de soupeurs aussitôt qu'il y aura de la place. Ce souper partiel, commencé à deux heures, s'est prolongé jusqu'à six heures du matin. Il faut avoir vu cet enchantement des yeux pour s'en faire une idée. Afin d'en augmenter le charme, tandis qu'en haut l'orchestre du bal continue à faire retentir les airs joyeux, une bande de musiciens espagnols, six guitaristes et autant de mandolinistes, cachés dans un bosquet, exécutent les airs nationaux. Installé en fort aimable compagnie sous un grand palmier, j'ai subi pendant une heure cet éblouissement que je renonce à vous dépeindre, et qui peut être considéré comme le dernier mot des fêtes royales auxquelles j'ai assisté.

Dans les salons du duc de Fernan Nunez j'ai rencontré un homme dont la vue m'a vraiment peiné. Que la vie est donc une chose curieuse avec les grandeurs inespérées et les chutes terribles des hommes.

Quelque jours auparavant, dans les salons de la duchesse de Baylen, l'ambassadeur extraordinaire allemand, le général de Gœben racontait à un auditoire attentif l'émotion qu'il avait éprouvée à son premier voyage à Madrid. C'était aux environs de 1832. M. de Gœben, simple officier, avait fait des folies; il était criblé de dettes; il quitta le service et s'en fut en Espagne, se battit pour l'amour de l'art au service de Don Carlos, fut fait prisonnier, conduit à Madrid et insulté dans les rues par le peuple exaspéré contre les Carlistes. Au bout d'un demi-siècle, il rentre dans la même capitale, représentant un empereur et comblé d'honneurs.

Et d'un! A l'autre, maintenant.

Celui-ci a été un vaillant soldat qui a fait sa carrière brillante à la pointe de l'épée ; il fut un général redouté et redoutable ; il comptait dans son temps parmi les capitaines fameux qui pendant des siècles ont fait la gloire de l'armée française. Et le voici maintenant à ce bal chez le duc de Fernan Nunez, non par goût, mais par devoir, pour accompagner sa femme et point pour se distraire ; il n'a plus le droit de porter une seule des nombreuses croix dont sa poitrine fut jadis ornée ; il entre en habit noir ; rien à la boutonnière, dans cette assemblée chamarrée de croix, et, pour se soustraire à une curiosité qui lui est pénible, il va s'asseoir tout seul à une table dans la petite serre du premier étage, prend un journal et reste là des heures entières loin de ceux qui s'amusent. C'est un spectacle affligeant et qui serre le cœur : on ne peut pas voir sans un profond sentiment de pitié l'homme qui représenta si longtemps une fraction de la gloire française et qui maintenant ne rappelle plus que la douleur d'un grand peuple.

Vous avez deviné sans doute que je parle de celui qui fut le maréchal Bazaine.

IV

TÉTRALOGIE DE BAYREUTH

LA VILLE — LES NIBELUNGEN — LE CRÉPUSCULE DE
M. WAGNER

11 août 1876.

L'échéance fatale approche; à mesure que je m'avance vers le festival de Bayreuth, je deviens inquiet. Voici cinq ou six jours que je me promène avec les livrets de M. Wagner et toutes les brochures explicatives, enfin avec toute une littérature spéciale qu'un de mes amis a spirituellement appelée : *Le Guide de l'étranger dans la musique de l'avenir.*

Aujourd'hui je voudrais bien, sans ennuyer le lecteur, si cela se peut, vous dire rapidement quelques mots sur l'épopée où M. Wagner a puisé les livrets de ses opéras. Mais auparavant il est, je crois, utile d'expliquer pourquoi l'homme dit de l'avenir, a fait

reconstruire le théâtre de Bayreuth? C'est lui-même
qui l'explique dans l'avant-propos du volume qui
contient les quatre poèmes dont la lecture, en ce qui
concerne les vers, vous procure une de ces jouissances que je ne saurais comparer qu'au plaisir qu'é-
prouve un gourmet, lorsqu'un restaurateur lui sert
une double semelle, sauce madère.

Ce que veut M. Wagner, le voici à peu près.

L'homme de l'avenir confesse, avec cette outrecui-
dance qui lui est propre, qu'aucune scène ne peut
représenter son œuvre. Il ne veut pas de ce public qui,
après le labeur du jour, va au théâtre pour se distraire, de ce public imbécile de tous les peuples qui
va tout bonnement entendre *Guillaume Tell* ou les
Huguenots; il lui faut un public à part qu'il puisse
entraîner dans une ville de province et à ce point dé-
taché de l'humanité, qu'après avoir médité toute la
journée sur les plaisirs du soir, il vienne au théâtre,
sévère et recueilli comme on entre dans une église.
Les premiers accords de l'orchestre *mystique* (c'est
l'expression de M. Wagner), doivent envelopper l'esprit de l'auditoire, l'arracher à la vie terrestre et le
transporter dans les régions pures de l'idéal. C'est
pour cela que M. Wagner a ressuscité la vieille scène
de Bayreuth avec l'argent des princes, et, grâce,
dit-il, à une association d'hommes et de femmes aimant
les arts, et possédant une fortune suffisante pour lui
fournir les moyens d'une première représentation
modèle sur un théâtre modèle. M. Wagner engage les

princes à ne plus subventionner les théâtres immondes qui jouent ce que l'humble mortel appelle « l'opéra » et à réserver leurs fonds pour soutenir le théâtre modèle qui, lui, ne représentera que le « drame lyrique », créé par M. Wagner.

Voilà qui est net et clair! A la hotte l'œuvre de Rossini ! A la hotte l'œuvre de Meyerbeer ! A la hotte les *opéras* de tous les temps et de tous les peuples. Voici le chiffonnier qui passe. D'un coup sûr il arrache les vieilles affiches et les lance par-dessus sa tête dans la hotte de l'avenir ! A la hotte le *Prophète !* A la hotte *Faust !* A la hotte la *Muette !* Ils y gisent tous, pêle mêle, les anciens et les modernes, comme des grenouilles dans une mare !

Et quand je pense que Mozart mort si jeune, a composé son immortel *Don Juan* sans écrire la moindre brochure explicative, ni avant, ni pendant, ni après; qu'il lui a suffi d'ouvrir les écluses de son génie pour inonder le monde de ces admirables inspirations, faites d'émotion et de bonne humeur; que, tout bêtement, l'œuvre une fois terminée, il l'a livrée, non à un public spécial mais à cette foule de tous les pays qui, dans son ensemble, constitue l'humanité. Quand je songe à tout cela, l'homme de l'avenir, qui est un halluciné, disparaît dans une trappe et l'homme du passé, qui fut tout simplement un génie, s'élève rayonnant de gloire sur le pic le plus escarpé de l'art vrai, de cet art qui vient du cœur et va droit à l'âme.

Maintenant un mot des Nibelungen.

Le poème du moyen-âge qui a inspiré M. Wagner, est le résultat d'un grand nombre de légendes distinctes qui, confondues en une seule épopée, forment dans leur ensemble un livre admirable. C'est l'histoire des passions humaines se déchirant entre elles : la soif de l'or, l'amour, la haine, la vengeance, traversent cette épopée avec leur cortège, laissant sur leur passage une mer de sang. La princesse Kriemhilde, sœur du roi Gunther, résidant à Worms, en est l'implacable héroïne. Un fils du roi, Siegfried, venu à Worms pour voir la princesse, arrive juste au moment où les Danois et les Saxons ont déclaré la guerre au frère de Kriemhilde. C'est ce Siegfried de la légende qui a conquis l'immense trésor que les Nibelungen, dans leur fuite, ont enfoui dans le Rhin ; il a pris au nain redoutable, Alberich, le casque qui rend invincible le chevalier qui le porte ; c'est lui encore qui a tué un monstre et s'est baigné dans son sang, qui met à l'abri du glaive et du javelot. Il demande la main de la princesse.

Hagen, le fidèle serviteur du roi, connaît seul les hauts faits du héros aimé. Le roi, qui est veuf, met une condition à l'union des amants ; Siegfried combattra la terrible reine Kriemhilde du Nord, que nul n'a pu vaincre en combat singulier. Le prince part, désarme l'amazone et la force à le suivre à Worms, pour se rendre au roi. Kriemhilde ne connaît pas son véritable vainqueur, rendu invisible par le fameux casque du nain Alberich. Après les fêtes des épousailles, Siegfried part avec sa femme aimée pour son royaume sur les confins de la Hollande.

Dix années se sont écoulées. Le roi Siegfried et la reine Kriemhilde viennent rendre visite au roi Gunther et à la reine Brunhlelde; la querelle éclate entre les deux princesses. Kriemhilde, dans un accès de colère, déclare à son ennemie que ce n'est point le roi Gunther, mais bien son époux adoré, le beau et vaillant Siegfried qui l'a vaincue, et pour preuve, elle lui montre l'anneau et la ceinture qu'elle a perdus dans le combat. Dès ce moment, la mort de Siegfried est décidée. Brunhielde charge de cette vengeance Hagen, le fidèle serviteur de son roi. La douce Kriemhilde, tremblant pour son époux, prie ce même Hagen de veiller sur son Siegfried. Le sang du monstre le rend invulnérable, mais il a, entre les deux épaules, une place que le sang du dragon n'a pas mise à l'abri de l'arme. Entre les deux reines, Hagen n'hésite pas. Fidèle serviteur de sa souveraine, il tue Siegfried pendant la chasse.

Depuis la mort de Siegfried, la douce Kriemhilde est devenue une panthère; elle ne songe plus qu'à venger son époux assassiné. Une occasion se présente. Le roi des Huns, Etzel, envoie un ambassadeur chargé de demander pour lui la main de Kriemhilde. Elle consent à la condition que ce roi puissant devienne son vengeur. Pendant sept ans, elle médite son plan. La naissance d'un fils lui fournit l'occasion tant désirée. Le roi des Huns invite le frère de Kriemhilde à venir le voir. Gunther part avec son fidèle Hagen, accompagné de 1,000 chevaliers et de 9,000 valets ; ils arrivent dans le pays des Huns. A la vue de Hagen, l'assassin de Siegfried, la reine appelle les Huns au combat contre ses compatriotes et ses hôtes. C'est ici que se place le récit épique des combats. Ce n'est de part et d'autre qu'un massacre sans trêve ni merci. Il y a un passage de l'épopée terrible entre tous. Le roi Gunther, Hagen et une poignée de leurs gens se sont barricadés dans une maison à laquelle Kriemhilde fait mettre le feu ; ils se défendent contre les flammes avec leurs boucliers en acier, et comme ils sont menacés de mourir de soif dans le brasier où ils sont enfermés, ils boivent le sang des blessés.

Le roi Gunther et Hagen faits prisonniers sont conduits devant la reine. Ce sont les seuls qui aient survécu au combat. Kriemhilde saisit un glaive et de sa propre main elle tue Hagen d'abord, son frère ensuite. Siegfried est vengé mais à son tour la reine tombe frappée par un de ses serviteurs indigné de l'assassinat des deux autres.

De tous ces combattants, le roi des Huns survit seul. L'épopée ne dit pas si le veuf est resté inconsolable jusqu'à la fin de ses jours.

Par le rapide résumé qui précède, le lecteur jugera sans doute que ce n'est pas précisément le *Postillon de Longjumeau* que M. Wagner a coupé en quatre morceaux pour les représentations de Bayreuth. Ils se contenteront, je l'espère, de cet aperçu général du poème épique qui, avec une grandeur digne de l'antiquité, dépeint les passions, les vertus et les bassesses humaines.

M. Wagner ne s'est pas contenté de mettre au théâtre les héros de cette partie purement humaine de l'épopée qui a déjà fourni tant de tragédies au théâtre allemand. Il est remonté aux premières traditions de la légende dans laquelle les dieux du Nord jouent un rôle important. Sous la plume de M. Wagner, le poème héroïque est devenu une sorte de féerie dans laquelle il est assez difficile de se débrouiller.

Voilà le spectacle curieux qui m'attend à Bayreuth, sans compter que le théâtre est bâti d'après un plan de M. Wagner, avec un orchestre invisible et un luxe de décors et de flammes de Bengale dont on nous promet monts et merveilles.

Mais avant d'entrer dans la ville, je voudrais bien dire un mot personnel à M. Wagner.

Oui, monsieur Wagner, Paris qui a fait un bon accueil à *Rienzi* a été moins tendre pour le *Tannhauser*. Cette légende, si chère à l'Allemagne, n'eut pas le don de séduire le public de l'Opéra. Mais de cette tempête le Conservatoire et les concerts populaires ont sauvé les épaves. On vous a souvent applaudi à outrance, très souvent, et dans ces derniers temps, on vous a parfois sifflé. Dire que dans votre œuvre on ait sifflé toute la nation, c'est une prétention que vous ne sauriez avoir, quelle que soit votre vanité ! Ces sifflets étaient la réponse à une brochure nauséabonde dont vous avez essayé d'accabler Paris qu'on pouvait croire à l'agonie !

Depuis les terribles événements de 1870, monsieur Wagner, je me suis tenu à l'écart des discussions ardentes. Le rôle d'un honnête homme comme moi, n'était pas de prendre part à la querelle entre deux pays, dont l'un fut mon berceau et dont l'autre m'a tendu une main hospitalière quand, inconnu et pauvre, je suis venu lui demander du travail et un tout petit peu de cette renommée qu'il prodigue. L'estime de mes lecteurs a été la récompense de ce silence obstiné. Paris, Monsieur, comprend à demi mot les choses de la délicatesse et les subtilités de l'honneur.

Mais aujourd'hui, Monsieur, que je me trouve sur la terre allemande, en face de vous, je tiens à vous dire dans le blanc des yeux, que votre pamphlet contre Paris a été une vengeance plate et odieuse. Les cendres de Henri Heine, l'immortel poète, et de Louis Boerne, le grand satirique, en ont dû tressaillir de honte et de colère sous la terre parisienne où elles reposent.

Paris, Monsieur, n'a pas toujours été cette cité expirante, à laquelle il vous a plu de donner le coup de pied de l'avenir. La grande ville fut, dans un temps dont il convient de se souvenir, le pays hospitalier où les plus grands esprits de l'Allemagne, chassés de leur patrie ingrate par la police, sont venus se réfugier contre une persécution abominable poursuivant ceux qui aimaient la liberté, si chère à tous les penseurs. Je crois même, monsieur Wagner, que vous étiez du nombre, alors que, simple barricadier de Dresde, vous avez demandé à Paris un abri contre la peine de mort dont vous étiez menacé sur le sol natal !

Regardez maintenant ce Paris que vous avez insulté. Le voici debout avec son admirable intelligence et son magnifique instinct d'artiste : sans se préoccuper de votre indigne pamphlet, il veut savoir si vous êtes vraiment le grand musicien, qu'on a dit appelé à bouleverser un art démodé. Les artistes et les journalistes parisiens arrivent en nombre à Bayreuth, non pour vous siffler mais pour vous écouter. Dites maintenant, Monsieur, si Paris ne fait que danser le cancan ?

Et maintenant, à nous deux, monsieur l'artiste ! ne parlons plus du misérable pamphlétaire qui a commis une méchante action un jour que son intelligence était absente. Paris a, comme on dit, les reins si solides, qu'il peut avec une dédaigneuse hauteur, oublier qu'en un jour de démence, un musicien d'un grand talent, s'est déguisé en hercule de la foire pour essayer de *tomber* les tours de Notre-Dame.

13 août 1876.

Après avoir résumé l'épopée des *Nibelungen*, je vais faire connaître les quatre livrets philosopho-dramatico-féeriques que M. Wagner a tirés du poème original en y mêlant les dieux et toutes les vieilles légendes des peuples du Nord et des bords du Rhin.

Je compte donc envoyer de Bayreuth, non des disgressions savantes, mais des causeries d'un Parisien en tournée. Moins j'aurai à parler de la poésie de M. Wagner, plus je pourrai m'étendre sur le côté pittoresque de ces représentations curieuses. Je prie donc très humblement le lecteur de vouloir bien lire attentivement le résumé des quatres livrets, afin que je n'aie plus à m'occuper du littérateur Wagner, à qui je dois depuis huit jours les heures les plus difficiles de ma vie.

I

RHEINGOLD

Au fond du Rhin est enfoui un trésor d'où le premier opéra tient son titre. Rheingold c'est l'or du Rhin que gardent les fées dans les profondeurs du fleuve. Il suffit de porter au doigt un anneau fait avec cet or, pour être le plus puissant sur la terre. Un casque fait du même métal rend invisible celui qui le porte et lui permet de vivre sous n'importe quelle forme.

Les dieux, les géants et les nains se disputent le règne du monde. Les géants ont la force ; les nains dits Nibelungen, l'intelligence et la ruse. Quant aux dieux, ils sont tenus, par leur haute situation, à ne point montrer les passions des mortels. Le dieu Wotan est descendu sur la terre : il craint que les hommes ne deviennent plus puissants que son Olympe ; il croit que le moment est venu de donner aux humains une preuve matérielle de sa puissance. Pour ce faire, il s'est adressé au prince des géants, à Farfax, et il lui a promis la main de sa sœur Freija, la déesse de l'éternelle jeunesse, si, en une nuit, les géants parviennent à lui bâtir sur la montagne un palais, à nul autre pareil, qu'on pourrait apercevoir des quatre coins du monde. Le lendemain matin, le palais est terminé et le prince des géants réclame son salaire.

Wotan a promis, mais son confident Loge, moitié dieu, moitié homme est moins engagé ; il raconte au géant que la femme est le plus grand bien pour tous, excepté toutefois pour Alberich, le prince des Nibelungen, qui a renoncé à jamais à l'amour, malgré les séductions des sirènes, et s'est, de la sorte, rendu maître de l'or du Rhin, qui donne la toute-puissance.

A ces mots, le géant devient inquiet. La soif de la

domination l'emporte sur l'amour ; il est prêt à rendre Freija, à la condition que Wotan lui livre l'or du Rhin. En attendant, il gardera la déesse comme otage.

La déesse de la Jeunesse étant partie, Wotan se sent vieillir ; son dos se courbe ; ses jambes fléchissent. Il lui faut donc conquérir l'or du Rhin pour délivrer la déesse de la Jeunesse. Avec Loge, il descend dans les flots, où ils trouvent le prince des Nibelungen en train de fabriquer l'anneau et le casque. Il répugne à Wotan d'employer la force, mais Loge n'a pas la susceptibilité d'un dieu. Il s'empare, moitié par la ruse, moitié par la force, des talismans. Le nain, trompé et vaincu, se redresse alors et s'écrie :

— Garde donc cet anneau. Qu'il soit maudit à jamais, celui qui le porte !

L'or du Rhin est livré au géant Farfax en échange de la déesse : mais à peine le géant est-il possesseur des joyaux maudits que son propre frère veut s'en emparer. Un combat s'engage ; le géant Farfax tue son frère. La sinistre prophétie du nain commence à se réaliser.

Cependant Wotan n'est pas tranquille. Les talismans au pouvoir des géants, sont un danger pour les dieux. De son palais, dit Walhalla (le Temple des élus, on verra tout à l'heure pourquoi), il surveillera les mortels pour guetter le moment propice de ravir au géant l'or du Rhin, sans compromettre sa divinité. Wotan va se recueillir ; il fait un geste, un arc-en-ciel se lève à l'horizon, descend d'un côté dans la plaine, et c'est sur ce pont surnaturel que le dieu se rend à son palais, tandis que du cours du Rhin les sirènes font entendre leurs plaintes et pleurent le trésor enlevé.

II

LA WALKURE

Wotan, voyant les dieux menacés par les mortels, est descendu sur la terre ; il se fait aimer de la divineresse Erda qui lui donne neuf filles. Ce sont les Walkures ou Amazones qui, après la bataille, choisissent les héros trépassés et les portent sur leurs coursiers à travers les airs au château de Walhålla. Ici les grands héros renaissent à la vie et forment un bataillon sacré au service des dieux.

Mais tant que Wotan n'aura pas l'or du Rhin, c'est-à-dire toutes les richesses du monde, il ne sera pas le plus fort. Le dieu, engagé par sa parole envers le géant, ne peut pas lui ravir le trésor. Farfax, le géant sans intelligence, ne sait que faire de son or ; il en jouit à la façon de ces faux mendiants qui jouent de la clarinette sur le pont des Arts et se couchent le soir sur un matelas bourré de titres de rente. Le géant s'est transformé en dragon, vomissant le feu par les naseaux et s'est retiré avec son trésor dans une caverne inabordable.

Wotan commence à transiger avec sa conscience ;

il voudrait donner le jour à un mortel qui, sans son secours, tuerait le dragon et s'emparerait du trésor ; après quoi, le dieu pourrait à son tour s'en rendre maître sans manquer de parole au géant.

C'est ce que nous appelons à Paris un « roublard ». Donc Wotan, sous le nom de Waelse, descend sur la terre et se marie avec une simple mortelle. Deux enfants, de sexe différent, viennent au monde ; Siegmund et Sieglinde. Waelse et son fils se distinguent parmi les hommes par de grands exploits qui leur suscitent de nombreuses inimitiés. Un jour, en leur absence, les ennemis tuent la mère, enlèvent la jeune Sieglinde et mettent le feu à la maison. Waelse et son fils cherchent un refuge dans la forêt, Sieglinde, enlevée, et devenue la femme d'un homme qu'elle exècre. Pendant le repas nuptial, le dieu Wotan ou Waelse entre sous un nouveau déguisement, — c'est ce que nous appelons à Paris un rôle *à tiroirs ;* il plonge son glaive jusqu'à la garde dans le trou d'un chêne énorme, dit que ce glaive appartiendra à l'homme assez fort pour l'en retirer. Parmi les chevaliers, nul ne le peut ; mais Sieglinde a reconnu le glaive de son père ; elle sait maintenant que quelqu'un veille sur elle ; elle comprend qu'un homme viendra s'emparer de ce glaive et que cet homme deviendra son époux. Quant au fils de Waelse, Siegmund, il a perdu la trace de son père, combat seul contre ses ennemis, perd dans un dernier combat jusqu'à ses armes et fuit comme un homme désormais sans défense.

Cet avant-propos est nécessaire afin de faire comprendre, si c'est possible, l'action de la *Walkure*.

L'opéra, *la Walkure*, commence ce soir, Siegmund, fuyant toujours, pénètre dans la maison de son beau-frère Hunding. Sieglinde ne reconnaît point son frère qui a vécu depuis une année dans la forêt comme un fauve et porte sur son visage les traces des nombreux combats qu'il a soutenus. Il fait nuit. Siegmund, resté seul auprès du foyer mourant, se demande où il trouvera un glaive pour le combat du lendemain. Sieglinde, en bonne épouse, a donné un narcotique à son mari et vient raconter à cet étranger l'histoire de l'arme plongée dans le chêne et que nul n'a encore pu en retirer. Avec un suprême effort, Siegmund s'empare du glaive. La pauvre Sieglinde voit alors en cet étranger l'homme que son père lui destine ; elle tombe dans ses bras, et le frère et la sœur, sans le savoir, consomment l'amour incestueux.

Au lendemain de cette scène de famille, les ennemis de Siegmund s'avancent, conduits par le mari outragé. Le dieu Wotan veut assister à cette lutte avec Brunhielde, la plus vaillante de ses amazones. Brunhielde a deviné le combat qui se livre dans le cœur de son père. Le dieu s'avoue que le héros, né de ses œuvres avec une mortelle, ne remplit pas tout à fait le programme ; il ne s'emparera jamais de l'or du Rhin par ses propres forces, car qui lui a donné la vie ? Lui, Wotan ? Qui lui a fourni, dans un moment critique, ce glaive redoutable ? C'est Wotan ? Toutes ces capitulations de conscience ne lui semblent plus dignes d'un dieu! Que Siegmund, son fils mortel, meure donc dans le combat! Il renaîtra à la Walhalla où la Walkure emportera son corps. Brunhielde arrive au moment où Sieglinde s'arrache des bras de son amant. Alors la Walkure annonce à Siegmund sa mort prochaine et sa résurrection dans le palais des dieux.

— Et retrouverai-je ma maîtresse aimée? demande Siegmund.

— Non.

— Dans ce cas, je préfère les entrailles de la terre aux splendeurs de la vie éternelle parmi les dieux.

Et il tire son épée pour tuer l'amante d'abord et pour se tuer ensuite.

La Walkure l'en empêche? elle sait le dégré de parenté qui l'unit à Siegmund, et, contrairement aux ordres de son père, entraînée elle-même vers ce beau jeune homme, elle s'écrie :

— Tu vivras et tu seras vainqueur!

L'ennemi s'avance, Siegmund, entraîné par la voix de Brunhielde, va porter un coup mortel au mari de son amante. Mais le dieu Wotan apparaît, et l'arme de Siegmund se brise contre l'épée de son ennemi, il tombe frappé à mort. Sieglinde s'évanouit, mais la Walkure jette la pauvre femme sur son coursier et disparaît avec elle. Le dieu Wotan contemple avec une douleur grande le corps de son fils aimé, puis il lui suffit de regarder le vainqueur avec mépris pour que celui-ci tombe mort à son tour. Il a sacrifié son fils aux principes de sa divinité ; mais le mortel qui a frappé Siegmund au cœur doit descendre dans le néant. Wotan est satisfait et comme dieu et comme père sous le pseudonyme de Waelse.

La Walkure a emporté Sielginde sur une des montagnes aux environs du palais des dieux. Ici la jeune femme renaît à la vie. En apprenant la mort de son amant, elle veut mourir à son tour, mais Brunhielde lui annonce que de son court amour avec Siegmund elle porte déjà un enfant dans ses entrailles ; elle la conjure de vivre, et afin de fuir la colère de Wotan, elle l'engage à se réfugier dans la forêt.

Sieglinde part. Mais voici Wotan qui apparaît pour juger la Walkure qui n'a pas obéi à ses ordres ; il la chassera de la demeure des dieux afin que seule, et sans protection, elle erre désormais parmi les mortels. En vain les autres Walkures arrivent et demandent grâce pour leur sœur. Wotan est inexorable ; il va plonger Brunhielde dans un sommeil profond : le mortel qui, la trouvant ainsi, la réveillera, sera son époux. Le combat entre le dieu et le père se renouvelle ici. Wotan embrasse la Walkure sur ses yeux qui se ferment ; il l'étend doucement sur la terre, la contemple encore une fois, puis baisse la visière du casque de l'amazone ; il couvre la Walkure endormie de son bouclier en acier ; puis il ordonne que des flammes enveloppent la montagne afin que cette sorte de Belle au bois dormant ne soit pas à la merci du premier venu, car, seul, un chevalier sans peur et sans reproche, osera traverser cette montagne de feu pour délivrer et épouser Brunhielde.

III

SIEGFRIED

On sait que l'anneau et le casque des Nibelungen sont toujours au pouvoir de Farfax, le géant qui s'est transformé en dragon. Sieglinde, sur le conseil de la Walkure, s'est réfugiée dans cette forêt; elle y rencontre le nain Mime, frère du prince des Nibelungen, qui, avec l'intelligence de sa race, guette le moment favorable pour arracher au géant l'anneau et le casque, Dans la demeure du nain, Sieglinde met au monde un enfant du sexe masculin, lui donne le nom de Siegfried et meurt. Le nain se charge de l'éducation de l'enfant dont il a deviné l'origine et en voyant plus tard l'adolescent faire preuve d'un courage et d'une force surhumaine, le nain compte se servir de Siegfried pour tuer le dragon et pour lui reconquérir l'or du Rhin. Le nain ne cesse de forger des épées pour son fils adoptif, mais si solide que soit l'arme, Siegfried la brise comme du verre dans ses mains puissantes.

C'est le début de la troisième soirée.

Malgré la tendresse affectée du nain, Siegfried éprouve une grande répulsion contre ce peti

monstre ; il sait bien qu'il ne peut pas être le fils de ce
Nibelunge, lui si fort, si beau, si vaillant. Un soir, il
menace d'étrangler Mime, s'il ne lui fait pas connaître
la vérité tout entière ; le nain raconte à Siegfried
l'histoire de sa naissance, la mort de son père, comme
quoi Sieglinde, sauvée par la Walkure, a été trouvée
par lui, le nain, dans la forêt. Brunhielde, avant
sa fuite, a ramassé les tronçons de l'épée brisée dans
les mains de Siegmund expirant, et les a remis à la
mère de Siegfried comme un dernier souvenir de son
amant d'une heure. Le jeune héros ordonne au nain
de lui forger une épée avec ces morceaux d'acier, tout
ce qui lui reste de son père. Siegfried part, et, en son
absence, le nain se met à l'œuvre. Efforts inutiles ;
il ne parvient pas à forger l'arme. Voici le dieu Wotan
qui arrive (on pourrait l'appeler le dieu Benoiton, vu
qu'il est toujours sorti). Depuis qu'il a dû se séparer
de sa fille aimée entre toutes, de Brunhielde, il est en
proie à un énorme désespoir ; il parcourt le monde
sans but et sans volonté ; il sait que le nain élève un
adolescent grand, beau et fort, pour tuer le dragon,
pour lui prendre l'or du Rhin et pour combattre
les dieux dont Wotan sent la fin prochaine. Le voici
dans la cabane de Mime et il assiste à son travail
inutile.

— Assez d'efforts ! dit le dieu au nain. Seul celui
qui n'aura jamais eu peur pourra forger une lame
avec ces tronçons d'épée.

Wotan parti, Siegfried revient et trouve la besogne

inachevée. Le jeune héros s'emporte, et comme il n'a jamais eu peur ni de rien, ni de personne, il chauffe l'acier à blanc, et de son bras nerveux, en trois coups de marteaux, il forge l'épée.

Au deuxième acte, nous sommes devant la caverne du dragon. Le prince des Nibelungen, Alberich, sachant le danger qui lui viendra de son frère Mime, si celui-ci, par le vaillant Siegfred, s'empare de l'or, avertit le dragon qu'un grand péril le menace et qu'il est prêt à tout dire pourvu que le géant transformé en monstre lui livre l'anneau des Nibelungen. Le géant, confiant en sa force, repousse cette transaction et Alberich se retire désespéré dans la forêt.

Mais voici le jeune Siegfried et le nain Mime qui s'approchent de la caverne. Le rêve du nain est de voir le dragon et Siegfried s'égorger entre eux. Pendant le combat il s'emparera du talisman.

Le dragon sort de sa caverne. Ici se place un duo entre le monstre et Siegfried, un vrai duo dont j'attends avec volupté l'effet au théâtre. Siegfried plonge son épée dans le cœur du dragon; le sang jaillit sur sa main et aussitôt le héros comprend le chant des oiseaux que tantôt il a en vain essayé de surprendre. Un petit oiseau lui dit de s'emparer de l'anneau et du casque magiques. Le nain Mime a, sur ces entrefaites, fabriqué un breuvage qui doit donner la mort à Siegfried ; mais le petit oiseau avertit le jeune homme qui plonge son épée dans le cœur de Mime. Son frère, le prince Alberich, caché dans les arbres, assiste à cette exécution avec la satisfaction d'un nain qui est débarrassé d'un frère dangereux

Siegfried se repose sous l'ombre d'un chêne, il voit les petits oiseaux vivre en famille ; il entend leur langage doux et passionné. Et il est seul au monde sans avoir jamais connu ses parents. Alors le petit oiseau lui apprend que là-haut, sur la montagne de feu, repose une jeune fille qui donnera son cœur à celui qui la réveillera, malgré les flammes qui l'environnent, du sommeil où elle est plongée, Siegfried l'épée haute, se précipite en avant. Il fait nuit : les flammes lui indiquent son chemin, mais en route il rencontre Wotan qui essaie de lui barrer le chemin. Le dieu sent que la puissance ne pourra jamais se fonder sur la richesse et la ruse ; sa soif de l'or a déjà fait assez de malheurs dans sa famille. Périsse la divinité plutôt que le principe d'amour et d'honneur qui en est la base ! deux générations se sont égorgées déjà pour assurer aux dieux la puissance qu'ils ne doivent tenir que de leur vertu. Que ces dieux meurent donc ! Wotan retourne a son palais de Walhalla ; il rassemble autour de lui les Walkures, les héros des bataillons sacrés, fait entasser des monceaux de bois autour du palais, monte sur son trône et tenant dans sa main affaiblie l'épée brisée dans le combat contre son petit-fils : il jure qu'il consent à disparaître à jamais avec tous les siens, pourvu que la royauté des hommes triomphe et que le trésor volé aux sirènes du Rhin rentre en leur possession.

Pendant ce temps, Siegfried, le chevalier sans peur, a traversé les flammes ; il y trouve Brunhielde, la Valkure : elle sort d'un sommeil qui n'a pas duré moins de vingt ans et tombe sur le cœur de Siegfried, qui lui tend les bras.

IV

LE CRÉPUSCULE DES DIEUX

Dans ce quatrième poème nos lecteurs retrouveront les personnages de l'épopée des Nibelungen ; mais que le poète Wagner se sent donc peu a l'aise quand il ne peut plus faire chanter les dragons et les petits oiseaux !

Voici la situation. Si je ne suis pas tout à fait clair, je prie le lecteur de me pardonner ; j'ai des bourdonnements dans les oreilles et une migraine folle. Se débrouiller pendant plusieurs jours dans l'horrible poésie de M. Wagner, c'est une besogne autrement lourde que de combattre un dragon.

Siegfried, après avoir passé une nuit délicieuse auprès de la Walkure qui lui a découvert toute sa science divine, passe l'anneau du Nibelunge au doigt de la femme de son cœur. En échange, Brunhielde lui fait cadeau de son coursier divin qui, pendant vingt ans, a sommeillé à côté de la Walkure. L'anneau magique recommence son œuvre. Siegfried, à peine parti, pour voir un peu le monde, oubliera Brunhielde. Il arrive à Worms, à la cour du roi

Gunther. Hagen, le confident de ce roi, est le fils du prince des nains. Hagen a toute la ruse de son père ; il fera en sorte que Siegfried oublie Brunhielde. Pour ce faire, il raconte à la princesse Gutrune, la sœur du roi, les faits d'armes du vaillant héros dont on annonce l'arrivée, Siegfried se présente à la cour ; la princesse lui tend, selon la coutume, le verre précieux dans lequel on sert le vin de la bienvenue. Mais à ce vin, Hagen a substitué un élixir d'amour. Siegfried boit et oublie Brunhielde ; maintenant il aime la princesse, demande sa main au roi Gunther. En échange, le roi demande à Siegfried de l'aider à délivrer des flammes la belle Amazone qui, selon la légende, repose là haut.

Sur la montagne, Brunhielde, qui a donné toute sa science à Siegfried en échange de l'anneau du Nibelunge, attend le retour de son époux. En vain Wotan lui dépêche-t-il une des Walkures pour suppplier Brunhielde de jeter l'anneau fatal dans le Rhin. Mais comment cette femme, maintenant dépouillée de sa divinité, pourrait-elle se séparer de l'anneau ? Siegfried a, par le casque magique, rejoint Brunhielde sous la forme du roi Gunther. Comme une simple mortelle, la Walkure s'évanouit ; Siegfried, qui n'a plus aucune conscience de ses actions, grâce au breuvage d'Hagen, emporte Brunhielde évanouie, cède sa place au vrai Gunther et ne s'occupe plus que de son mariage avec Gutrune.

A l'arrivée du roi et de Brunhielde, Siegfried paraît

sur les marches du château pour recevoir Gunther et celle dont le roi compte faire la reine. Brunhielde reconnaît Siegfried qui, lui a perdu la mémoire de Brunhielde. L'anneau est au doigt de Gunther. La femme abandonnée par Siegfried commence à croire qu'elle s'est livrée au roi. L'apparition de Siegfried sur la Montagne de feu serait-elle un simple rêve ? Mais non ! On l'a trompée, et le traître, c'est Siegfried ; il faut qu'il meure !

Hagen, le fils du nain Alberich, s'offre pour la venger ; il tuera le traître pendant la chasse. Mais auparavant il veut avoir tous les secrets de Siegfried. Pendant la chasse il lui verse un nouveau breuvage qui lui rend la mémoire sans lui restituer la conscience de ses paroles, Siegfried raconte tout ; comme quoi les oiseaux lui ont montré la route vers la montagne de feu. Le roi Gunther, présent, apprend que la reine Brunhielde, sa femme, a été à un autre.

Déjà Hagen a plongé son épée dans le dos de Siegfried, entre les deux épaules, à cette place seule, où, selon la légende, le héros est vulnérable. Le crépuscule enveloppe le paysage. Siegfried, agonisant, voit dans un suprême effort se dérouler toute sa vie. La mort le purifie : il appelle Brunhielde, sa vraie femme devant les dieux et les hommes. Il lui semble que Brunhielde entend cet appel suprême d'un moribond ; il expire et les valets emportent son corps.

Il fait nuit ; la lune se lève et se reflète dans les flots du Rhin. On apporte le corps de Siegfried à Gutrune.

Le roi Gunther réclame comme souvenir l'anneau du Nibelunge que Siegfried porte toujours, mais Hagen, le fils du prince Albérich, ne l'entend pas ainsi ; il tire son épée et tue le roi ; puis il se précipite sur le corps de Siegfried pour s'emparer de l'anneau, mais la main du mort se lève menaçante vers Hagen qui n'ose plus aller jusqu'au bout.

C'est à ce moment que Brunhielde s'avance. Elle a entendu le dernier soupir de Siegfried à travers le silence de la nuit. Loin d'être un traître, son héros a été une victime de Hagen. Elle veut que l'anneau du Nibelunge descende dans le Rhin avec le corps de son époux. Elle fait construire un bûcher sur lequel on étend le corps de Siegfried, et lorsque les flammes l'enveloppent, Brunhielde se jette sur son coursier de Walkure et se précipite dans le brasier pour mourir à côté de son amant. Hagen fait un suprême effort pour s'emparer de l'anneau ; mais les flots montent comme à l'Ambigu, les fées du Rhin ressaisissent l'or maintenant purifié par le feu, et entraînent Hagen dans les flots où il trouve la mort.

A l'horizon se montre la lueur d'un incendie ; c'est le palais des dieux qui brûle. Wotan y a mis le feu il quittera la terre à jamais !

Un mot maintenant :

J'en suis encore à me demander ce que le poète Wagner a voulu faire en mêlant, à la légende des Nibelungen, toutes les vieilles traditions des dieux descendant sur la terre et les antiques légendes des peuples du Nord. Les fanatiques de M. Wagner affirment que ces quatre tragédies sont autant de chefs-d'œuvre. Je confesse humblement que je les trouve horriblement ennuyeuses au point de vue du théâtre et remplies d'une poésie abracadabrante qui rappelle les plus belles et les plus pures inspirations de notre éminent Gagne.

A vous parler franchement, je ne sais plus ce que cela veut dire. L'Allemagne a une littérature si vraiment grande que je ne comprends pas comment elle ne pouffe pas de rire devant les œuvres de ce médiocre versificateur.

De deux choses l'une : ou le poète Wagner est fou, ou c'est moi qui ait perdu la raison. Admettons, pour ne pas avoir l'air de mettre un parti pris dans mon jugement, que ce soit moi. Mais alors, dans ma folie furieuse, qu'on me laisse au moins dire ce que je pense.

Pendant une semaine, — j'ai peut-être attrapé une insolation en route; — j'ai tourné et retourné les poèmes de M. Wagner sans les comprendre ; il m'a fallu avoir recours à un tas de brochures explicatives pour pouvoir donner le résumé qu'on vient de lire. La poésie de M. Wagner est d'une lecture indigeste. Seul, l'homme qui pendant une semaine s'est *entraîné* avec du homard à l'américaine et autres plats réputés lourds, peut résister à cette lecture.

Il faut attendre maintenant les représentations de Bayreuth. Le musicien est peut-être sublime, qui sait! mais l'auteur dramatique est dès maintenant condamné. Scribe disait : « Ce que nous coupons ne sera pas sifflé. » M. Wagner semble dire : « Il faut faire long pour être applaudi davantage. Mais dès à présent je comprends la nécessité de l'orchestre invisible; il tiendra lieu de l'opium pour plonger le spectateur dans cet état d'hallucination qui fait qu'un misérable Chinois, étendu sur un vieux matelas, rêve qu'il escalade les cieux pour s'asseoir sur un trône fait d'or et de diamants.

L'Allemagne, dont la littérature est si riche et la musique si grande, s'apercevra un jour qu'elle fait un mauvais rêve à la suite du breuvage que M. Wagner lui verse dans la bière de Munich et le vin du Rhin. Ce jour-là, elle verra que l'épopée nationale des Nibelungen, dans son admirable simplicité, est à l'œuvre littéraire de M. Wagner, ce qu'un objet d'art ciselé par Benvenuto Cellini est à une bague en doublé de la boutique à treize sous.

14 août.

La ville de Bayreuth se souviendra de la journée d'hier. Vers midi, au moment, où j'y arrivais, une foule consternée encombrait les rues. Ah! quel malheur, s'écriaient les uns. Ça, vraiment, c'est un bien grand malheur, gémissaient les autres. Oui, c'est un épouvantable malheur! ajoutaient ceux qui n'avaient encore rien dit et enfin un fanatique exécutait le solo :

— Oui, c'est un malheur, mais le malheur grandit les hommes et Wagner est admirable d'énergie.

— Pardon, monsieur, dis-je en m'approchant, de quel malheur parlez-vous ?

— D'un grand malheur, monsieur ! M. Wagner a commandé à Londres, chez le bon faiseur, le fameux dragon que Siegfried doit tuer. Eh bien! monsieur, le dragon est arrivé hier, moins la tête qui s'est égarée en route. On vient de télégraphier à tous les grands théâtres pour les prier d'envoyer par le premier train toutes les têtes de dragon dont ils pourront disposer, mais nous espérons toujours que la vraie tête sera retrouvée, la tête telle que Wagner l'a rêvée dans son immense cerveau.

Enfin, j'étais récompensé de ce que j'avais souffert depuis quinze jours, car je vous déclare qu'il faut pâlir pendant des journées entières sur les indicateurs avant de trouver la route de cette petite ville de province que Wagner a tiré de l'oubli. Encore, si elle était sur une grande ligne, tout irait bien ; mais je vous ai déjà dit que Wagner n'aime pas le public ordinaire ; il a donc lardé son entreprise de toutes les difficultés possibles ; avant d'arriver à Bayreuth, on passe par un tas d'épreuves comme chez les francs-maçons. Tant qu'on marche à toute vapeur, sur la grande ligne, ce n'est rien. Mais, après l'express, il faut prendre plusieurs omnibus, et finalement on vous fourre à la fin dans un mixte, rempli de voyageurs et de bestiaux. A chaque station on prend des veaux pour les hôtels, et je vous prie de croire que lesdits veaux font une résistance ! Ce ne sont pas eux qui donneraient quatre cents francs pour entendre quatre opéras de Wagner ! Ah ! mais non. M. de Buffon ne nous a jamais appris que le veau n'aime pas la musique de l'avenir.

Le voyage à Bayreuth est mémorable. A mesure que nous approchons, les trains correspondants amènent des quatres coins du monde des hommes et des femmes couverts de poussière ! D'aucuns voyageurs, avec les partitions ou les livrets, se plongent dans des études profondes. Dans mon compartiment, je voyage avec un musicien de Vienne; un correspondant d'un journal américain; une dame qui lit la partition du *Crépuscule des Dieux;* un monsieur coiffé d'un de ces casques en toile blanche comme on en portes aux Indes; un Berlinois qui lit la poésie de Wagner, et enfin M. Davison, l'éminent critique musical du *Times.* Le musicien ne reste pas cinq minutes sans s'écrier :

— Ah! messieurs, vous allez entendre des chefs-d'œuvre!

L'homme au casque sourit :

— Vous riez? reprend le musicien. Ah! monsieur, vous me faites pitié!

— Je vous prie de ne pas dire de grossièretés, riposte l'homme au casque; j'ai payé trois cents marcs!

La dame qui lit la partition intervient à son tour :

— Oui monsieur, dit-elle, des chefs-d'œuvre. Écoutez le passage de l'*Or du Rhin.*

La voici partie : ce doit être une cantatrice, car elle nous menace de chanter l'Opéra tout entier. M. Davison s'est doucement appuyé sur le velours et ferme les yeux. Que ne puis-je en faire autant? Mais non. Ce diable de Viennois me connaît; il ne me lâche pas. A tout instant il s'écrie :

— J'en appelle à M. Wolff qui n'aime pas Wagner, et qui, néanmoins, est venu de Paris. Je vous préviens, M. Wolff, que vous entendrez des chefs-d'œuvre!

— Je ne demande pas mieux, mais en attendant je vous déclare que la poésie est inepte.

— Bravo ! dit l'homme au casque.

— Inepte, reprend le musicien, mais dites-moi, M. Wolff, pour parler de la sorte de cette belle poésie, l'avez-vous suffisamment *étudiée?*

Comprenez-vous ce que ce mot contient de menaces et d'aveux? Il faut *étudier* cela comme on étudie Homère. Heureusement que nous avons dix minutes d'arrêt; j'en profite pour monter dans un autre compartiment; la même scène recommence à tous les buffets : on se dispute, et quand le train s'arrête un instant aux petites stations, on entend des cris sauvages qui partent de tous les compartiments à la fois.

Nous arrivons enfin à une station où nous attendons un autre train; j'y retrouve M. Davison; je l'entraîne dans un coin et je lui demande si tous ces braillards l'amusent; il me dit que non. A l'arrivée du train correspondant, je corromps un conducteur et me voici seul avec le correspondant du *Times* qui me serre la main avec l'émotion d'un homme que j'ai tiré d'une mauvaise affaire, M. Davison parle un peu le français, moi je baragouine quelques phrases anglaises, et comme nous ne comprenons qu'un bon quart de ce que nous disons l'un et l'autre, nous tombons d'accord sur toutes les questions.

A la gare de Bayreuth, le musicien de Vienne me rejoint :

— Je vous préviens, me dit-il, que pour bien juger

17

l'œuvre de Wagner il ne faut pas vous attendre à des mélodies.

— Oh! je le sais, cher monsieur, j'ai entendu les *Maîtres chanteurs de Nuremberg* et j'en souffre encore.

— Malheureux, murmure mon ami Jauner, ne dites pas cela trop haut, vous vous ferez écharper à Bayreuth!

Et vraiment, à présent que je suis dans la ville, je comprends la vénération de l'indigène pour Wagner. C'est lui qui fait sa fortune, et quelle que soit votre opinion sur la musique de l'avenir, vous restez stupéfait en voyant ce que peut la volonté d'un homme! Il a plu à Wagner de se fixer à Bayreuth et aussitôt la ville devient un centre artistique. On peut ne pas admirer la poésie et la musique de l'avenir, mais il faut s'incliner devant une telle énergie. Bayreuth contient une salle de théâtre qui est un petit bijou : Wagner ne trouve pas la scène assez vaste et il fait construire un théâtre à lui.

Je n'en dirai pas un mot aujourd'hui. Il faut voir la salle demain avec le public; l'extérieur est d'un effet médiocre; il rappelle comme goût les palais d'industrie de province, un jour de concours régional. Le théâtre construit, Wagner appelle les artistes : ils arrivent; puis, le public qui afflue de tous les coins. En attendant, il s'occupe de tout : il règle la mise en scène; il surveille les machinistes; il est grossier avec les artistes; il invective son chef d'orchestre préféré, M. Hans Richter, du théâtre impérial de Vienne; il se brouille avec tout le monde à chaque répétition. Mais le fanatisme est tel que les artistes maltraités s'approchent du « maître » après la répétition et lui baisent respectueusement la main.

Wagner a fait construire son théâtre loin de la ville; il s'est dit que les gens qui aiment vraiment sa musique ne reculeront devant rien, et il a raison. Qu'il pleuve ou qu'il tonne ils iront, sous le soleil ou dans la boue! Peu leur importe! Wagner veut que son public ait suffisamment étudié sa poésie pour se passer du livret au théâtre. Que fait-il? Réservant toute la lumière pour la scène, il plonge les spectateurs dans une profonde obscurité; on ne voit pas son voisin. En somme cette innovation n'est pas sans charmes par trente-cinq degrés à l'ombre. Le spectacle commence à quatre heures de l'après-midi.

Dans cette obscurité, si on a trop chaud, on peut parfaitement ôter son habit, sans se faire remarquer. Wagner ordonne, qu'une fois le spectacle commencé, personne n'entrera ni ne sortira. Quand on a pénétré dans la salle, il faut écouter jusqu'à bout ; il y a dans ses opéras plus d'un acte qui dure deux heures ; c'est affreux ! Mais que faire ? Pas moyen de se sauver. Le public est *bouclé* comme des prisonniers de Sainte-Pélagie.

A Paris, le public ferait une révolution. Ici on juge que le maître a raison, quoi qu'il fasse; s'il demandait au public de venir au théâtre couvert de fourrures, le public irait.

Dix-sept princes sont annoncés. Au moment où je vous écris on attend l'empereur Guillaume. Le roi de Bavière a envoyé ses voitures, ses chevaux, ses domestiques : il a mis à la disposition de ses invités princiers la jolie résidence d'été, du dix-huitième siècle, qui est là-haut sur la colline ; il a sacrifié des sommes considérables à l'entreprise de Bayreuth, mais... il ne viendra pas assister aux représentations.

Ne cherchez pas la politique dans cette abstention singulière. La vérité vraie est que le jeune roi est misanthrope ; il n'aime pas le monde : il a horreur de la foule ; il lui déplait qu'on le voie. Un jour de la semaine dernière, il est venu à Bayreuth ; si je dis à Bayreuth, ce n'est pas l'exacte vérité. La ville était pavoisée pour recevoir le prince. Tous les habitants l'attendaient à la gare. Seul M. Wagner était informé de ce qui devait se passer. A quelques kilomètres de la ville, le train royal s'arrête. M. Wagner attend le roi qui monte en voiture avec lui ; les chevaux partent au galop. Le roi et le musicien vont au théâtre et la première répétition générale commence. Le souverain a demandé à être seul dans la salle. M. Wagner lui a fait comprendre qu'à cause de l'acoustique, il fallait des spectateurs.

— Très bien, a dit Sa Majesté, mais je ne veux pas être vu ! qu'on éteigne le gaz dans la salle.

Et caché, dans l'obscurité, le roi a écouté avec recueillement. Après la première répétition, il est allé coucher à son château sans traverser la ville. Cale a duré quatre jours. Après la dernière répétition générale, Wagner a reconduit le prince en voiture jusqu'à la station où attendait le train royal, et Sa Majesté est repartie pour son château de Hohenschwangen près Munich où elle vit en solitaire. C'est de là que le roi part à tout instant sans prévenir qui que ce soit. La dernière fois qu'il est venu à Nancy pour y faire des études archéologiques, il n'avait même pas prévenu ses ministres. Quelle existence curieuse et pleine de mystères ?

J'ai retrouvé ici tous mes amis de Vienne ; j'attends les camarades de Paris. Le soir, on se réunit dans les hôtels ; on bavarde avec les artistes qui sont radieux quoique leurs rôles ne soient pas toujours agréables. Ainsi madame Materna, la grande cantatrice de Vienne, m'a raconté qu'elle a failli se tuer avant-hier. C'est elle qui chante la *Walkure*, l'amazone qui ramasse sur le champ de bataille les héros tombés pour les conduire au palais des Dieux. Il lui a fallu apprendre à monter à cheval ; elle traverse le théâtre au triple galop sur une étroite passerelle. A la dernière répétition, son cheval glisse et tombe dans les profondeurs. L'artiste a eu la présence d'esprit de s'accrocher à la passerelle et elle en a été quitte pour la peur.

Ce qu'il y a de plus curieux en Wagner, c'est l'éternelle contradiction de son esprit : il veut s'élever sur les hauteurs de l'idéal ; il fait chanter les dieux, les monstres et les nains ; il lui faut tout l'attirail des féeries parisiennes et pour la mise en scène, il exige le plus grand réalisme. L'hiver dernier, à Vienne, Wagner a mis en scène le *Tannhauser*; aussitôt il a exigé du directeur, douze chevaux de chasse pour la fin du premier acte. Les écuries impériales lui ont fourni les douze chevaux. Le lendemain, autre exigence ; il lui faut des chiens de chasse ; on va chercher la meute impériale. Aux premiers accords de l'orchestre, les chiens qui n'ont pas l'habitude de la scène, commencent à aboyer. M. Jauner, le directeur, pâlit et :

— Eh bien, maître ? dit-il, qu'en pensez-vous !

— C'est parfait, répond Wagner, voilà une vraie chasse.

De tout ce que les artistes me racontent sur cet homme curieux, il résulte à l'évidence que M. Wagner est un de ces esprits comme il y en a tant, qui, de parti pris, font toujours le contraire de ce qu'on leur demande. Ainsi, le directeur du théâtre impérial de Vienne, mon ami Jauner, avait supplié Wagner de l'autoriser à convier quelques amis intimes à la répétition générale de la reprise du *Tannhauser* avec le concours des chiens impériaux et royaux.

— Si j'aperçois un seul spectateur dans la salle, lui répondit le maestro d'une voix cassante, je lèverai la répétition.

Jusqu'ici, rien à dire. Mais nous arrivons aux fêtes de Bayreuth. Inutile de venir avant le 13, se dit le public à quatre cents francs par tête, puisqu'il est défendu d'assister aux répétitions, Eh bien ! non : la salle était bondée. Seulement, on payait pour assister aux répétitions. Wagner laissait entrer le public pour l'aider à combler le déficit considérable. Le public a fourni à Wagner pour les douze représentations de Bayreuth (car il y a trois séries), quelque chose comme trois millons de francs. Ce que le roi a donné, nul ne le sait, mais personne n'ignore que le souverain de la Bavière est forcé d'aligner une dernière subvention de quatre cent mille francs, pour que M. Wagner puisse péniblement joindre les deux bouts.

Avais-je raison de vous dire que cette volonté de fer de Wagner est admirable ! En passant, j'ai vu la villa de l'homme de l'avenir. La façade est décorée de toutes sortes de vers tirés de ses œuvres et au-dessus de la porte un peintre a retracé une scène de je ne sais quel opéra : comme on fait à l'Ambigu quand on reprend le *Naufrage de la Méduse* ou tout autre vieux mélodrame. Quant au maître, je ne l'ai pas encore aperçu. Il ne quitte pas le théâtre où il attend la tête du dragon. Au moment où je ferme ma lettre, une bonne nouvelle se répand dans la ville ; une dépêche de Cologne annonce qu'on a retrouvé la tête en carton dans un fourgon.

Donc, tout va bien. A demain, le prologue l'*Or du Rhin*, un seul acte qui ne dure pas moins de deux heures et demie. Nous serons enfermés à cinq heures précises. Je vais à la recherche d'un notaire pour lui dicter mes dernières volontés, car on ne sait pas ce qui peut arriver. Dès à présent; je vous prie de faire ramener mon corps à Paris, au cas où je viendrais à succomber sous le poids de ces opéras énormes. Le *Crépuscule des Dieux* (quatrième journée) commence à quatre heures de l'après-midi pour finir vers minuit. On ferait bien d'établir des ambulances aux alentours du théâtre.

16 août.

Enfin, cela se corse. Les trains arrivent avec des retards de cinq ou six heures ! Il n'y a plus de chambres à louer. Les pick-pockets sont fidèles au rendez-vous ! Impossible de vous dire se qui se passe dans cette petite ville. Les habitants deviennent fous. Ils avaient compté sur le public de la première série, mais l'idée ne leur était pas venue qu'on viendrait de cinquante lieues à la ronde pour voir les étrangers. C'est une vogue. On manque de vivres. Dimanche soir, tandis que Wagner recevait un choix d'amis désireux d'entendre l'abbé Listz, qui est descendu chez le maëstro, dimanche soir, dis-je, nous étions une vingtaine de camarades de tous les pays, mourant de faim et ne trouvant rien à manger. Dans les restaurants, les garçons affolés s'écriaient en nous voyant entrer :

— Il n'y a plus rien ! Il n'y a plus rien !

Devant les brasseries, quel spectacle ! L'intérieur bondé, la rue envahie par une foule extraordinaire ; les plus fatigués assis au milieu de la chaussée sur le pavé. Quelques-uns sur des chaises que des voisins par pitié pour cette foule affamée, avaient complaisamment prêtées aux plus exténués. Au milieu de cet affolement quelques effarés racontaient comme quoi les pick-pockets leur avaient pris le porte-monnaie, la chaîne et la montre. A force de courir d'un cabaret à un autre, nous avons fini, à minuit, par mettre la main sur une tranche de jambon : quel régal ! On parle beaucoup du journaliste parisien, il est un objet de haute curiosité ; on lit tant le *Figaro*, j'ai tant voyagé, j'ai passé par tant de villes, que je suis connu comme le loup blanc par les artistes et les écrivains venus des quatre coins de l'Europe.

Wagner est, à ce qu'il paraît, furieux contre le pauvre Jauner qui est la cause de ma présence. Comment ce pauvre Jauner pouvait-il avoir l'audace de convier à la fête de Bayreuth un rédacteur du *Figaro* ? Mon premier article est entré dans la peau de Wagner, comme une lame de rasoir ; il était au mieux avec Jauner, et les voici brouillés pour longtemps. Afin de vivre en paix avec tout le monde, j'ai adopté un système d'une simplicité antique. Quand on me demande si j'aime la musique de Wagner, je réponds naïvement :

— Le maître veut qu'on entende ses quatre opéras à la fois. Donc, je n'aurai pas d'opinion avant jeudi prochain.

En attendant j'envoie tranquillement mes articles, sans me soucier s'ils plaisent ou non aux fanatiques. De temps en temps un bienveillant ami me prend par le bras et me dit :

— Prenez garde ! N'irritez pas les forcenés !

Même le doux M. Davison, du *Times*, m'a dit hier en passant :

— Ne soyez pas trop féroce !

Décidément on me confond avec le bourreau.

De temps en temps, en passant devant un groupe, j'entends des grognements et je vois des yeux féroces rouler dans les orbites comme des soleils de feu d'artifice. Il y a là surtout un Wagnérien, qui se promène avec un chapeau haut de forme et couvert de plumes d'autruche ! Chaque fois qu'il me rencontre il pâlit et par un mécanisme ingénieux les plumes d'autruche se dressent de terreur sur son chapeau.

Quelle soirée je viens de passer ! L'empereur ayant fait dire à Wagner qu'il lui serait désagréable d'aller au théâtre à cinq heures de l'après-midi, l'*Or du Rhin* a commencé deux heures plus tard. Dès six heures j'étais sur la colline d'où le théâtre Wagner domine la ville. Je vous ai dit déjà que vu du dehors il ressemble à un concours régional. De la villa Wagner, le mot d'ordre était parti de venir en tenue de ville, mais toutes les personnes en évidence étaient en habit noir et cravatées de blanc.

On attendait l'Empereur et les princes conviés à la fête. Vers sept heures du soir, je vis apparaître sur un balcon, au sommet du théâtre, des trompettes annonçant qu'on allait commencer. Wagner a remplacé les sonnettes électriques par une fanfare tirée des motifs de son prologue. Il en sera ainsi tous les soirs et chaque fois la fanfare sera empruntée à l'opéra du jour.

Me voici dans la salle, à peine éclairée. Depuis l'orchestre invisible les gradins montent à la hauteur d'un deuxième étage de nos théâtres parisiens. Des fauteuils et rien que des fauteuils. Figurez-vous une salle ne contenant qu'une seule espèce de places comme l'amphithéâtre de l'Opéra. Tout en haut, derrière le dernier rang des fauteuils, la loge royale tenant toute la largeur de la salle : sur les côtés, rien, sauf quelques colonnes destinées à cacher la nudité de ces murs. Pas d'orchestre, comme vous savez. Entre le premier rang des fauteuils et la scène, un fossé large de cinq mètres ; c'est là que sont enfouis les musiciens cachés aux yeux du spectateur par une sorte de capote de cabriolet qui s'avance assez au-dessus de l'orchestre pour que, d'aucune place, on ne puisse apercevoir seulement le bout d'un archet. Le chef d'orchestre, placé derrière ses musiciens, peut voir et diriger les chanteurs ; les exécutants ne voient ni le public ni les artistes. Les cuivres et les timbales sont enfouis sous la scène même. Si un chanteur tombait dans une trappe il crèverait la grosse caisse.

Dans la salle, pas le moindre luxe ; quelques glands en or, pour les rideaux de la loge princière. Le plafond est curieux ; à partir de la loge royale, il monte à la hauteur de l'avant-scène, qui est beaucoup plus élevée que le fond de la salle. Pas de peintures allégoriques sur ce plafond ; pas de lustre ; quelques rares becs de gaz éclairent à peine la salle, juste assez pour qu'on puisse trouver sa stalle ; tout à l'heure, on va les éteindre. Cette salle modèle est froide. Un public parisien ne s'en accommoderait jamais. Pas de loges, hommes et femmes pêle-mêle dans les stalles ; de toutes les places on voit admirablement la scène. C'est l'unique préoccupation de Wagner. Rien ne doit distraire l'attention de l'auditoire ; plongé dans l'obscurité, le public ne doit pas se voir ni se lorgner.

Quand le roi de Bavière est venu à la répétition générale, toute la salle s'est levée pour tâcher de voir à travers l'obscurité les traits du souverain invisible. Alors Richard Wagner, fou de colère, est venu sur la scène et s'est écrié : — Mesdames et Messieurs ! face à la scène : je ne vous ai pas laissé entrer pour voir autre chose que mon opéra. Ceux qui pensent le contraire peuvent se retirer !

Tout est là pour Wagner : la scène, encore et toujours la scène ; il sacrifie à ce principe la salle et le public ; il se moque bien de ce public docile. Si Wagner lui demandait d'écouter *les Niebelungen*, la tête en bas, le public le ferait. Et cependant c'est un public choisi qui se laisse traiter de la sorte. Tout le monde ne peut pas donner quatre cents francs pour une stalle, payer le voyage à Bayreuth, descendre à l'hôtel, sans compter les voitures qui sont hors de prix. Nous payons la nôtre soixante-quinze francs par jour. Parmi les spectateurs, un bon tiers est venu pour pouvoir dire : J'y étais. Pour cette fraction du public, la musique de l'avenir est un sport comme un autre. Un autre tiers se compose de fanatiques et le reste appartient à la haute société de tous les pays. Le grand monde de Vienne est ici au complet. On remarque l'absence de la princesse de Metternich. Depuis le jour où la princesse s'est dévouée pour Wagner à Paris, le maëstro a été une dizaine de fois à Vienne sans prendre la peine de déposer sa carte chez sa bienfaitrice. Toujours le même !

Entrée de l'empereur et des princes. Le public leur fait un accueil enthousiaste ; on éteint le gaz dans la salle. L'orchestre mystérieux fait entendre un prélude d'un effet énorme ; le rideau ne se lève pas, il s'écarte comme une paire de rideaux et un tableau merveilleux s'offre à nos regards ; la scène est partagée en deux. En bas le nain Alberich guette le moment favorable pour s'emparer de l'or du Rhin ; en haut nagent les sirènes, tantôt s'approchant et tantôt s'éloignant en chantant un trio admirable. On se dit qu'on va entendre un chef-d'œuvre, mais cette première scène passée, arrive l'histoire des géants qui veulent enlever les déesses, qui demandent en échange de la liberté l'or du Rhin ; puis la descente du dieu Wotan au fond du fleuve avec son fidèle Loge pour s'emparer du trésor ; enfin toute la pièce que j'ai raconté à nos lecteurs.

Tout se passe en récits d'une longueur démesurée

C'est un bien grand malheur pour M. Wagner d'être poète, à ce qu'il dit. Pour faire admirer ses vers, il leur sacrifie la musique ; l'action au lieu de marcher s'arrête constamment ; les récitatifs sont innombrables ; on dirait qu'on joue une féerie et que la musique est chose secondaire. Une seule fois encore, la salle applaudit un morceau ; vous en devinez la cause : c'est que nous entendons une des rares mélodies de l'*Or du Rhin*. Puis, plus rien du tout que la finale qui est une reprise du chant des sirènes du commencement.

Ce qui est surprenant chez M. Wagner c'est qu'il lui faut tout l'attirail du *Pied de Mouton* pour sa musique de l'avenir. Ce qu'il y a dans ce prologue de flammes de bengale, de nuages produits par une chaudière, de transformations, de gens qui disparaissent dans une trappe, de nains qui se transforment en monstres à douze pattes, est impossible à dire. Les yeux sont si occupés que les autres organes ne fonctionnent plus ; tout à la mise en scène on ne fait plus attention à l'accompagnement et au chant.

Quant à l'orchestre invisible, je le crois impossible. Figurez-vous ces musiciens enfouis dans le trou béant ; enfermés en partie sous la scène ils étouffent ; ils ôtent leur habit et jouent en manches de chemise. C'est une question secondaire je le veux bien, mais je crois que l'orchestre tel qu'il existe, est nécessaire ; il sert de transition entre le public et la scène. Ces musiciens cachés ne voient pas le public, ils n'entendent pas ses frémissements. L'orchestre, au lieu de s'enlever au contact du public, devient une machine qui fonctionne avec la régularité d'une locomotive, mais il reste étranger à la sensation du spectateur, et en ce qui concerne celui-ci, à force de ne pas voir les musiciens il finit par se désintéresser complètement de l'orchestre.

Attendons les autres représentations pour juger cette question importante ; ce soir nous avons une féerie, et la musique invisible s'explique jusqu'à un certain point. Mais demain nous entrons dans le drame et nous verrons alors ce que cette fameuse invention vaut au juste. D'ailleurs, pour adopter ce système, il faudrait commencer par démolir les théâtres, car des loges de côté on verrait l'orchestre et tout serait manqué.

Ce qu'il faut louer avant tout, c'est le soin artistique qui préside à ces représentations. Vous croyez peut-être que ce sont les machinistes qui font manœuvrer les fées du Rhin? Point ! Ce sont des musiciens de talent qui règlent les mouvements sur le rhythme de l'orchestre. C'est admirable de précision et d'un effet énorme.

En somme, ce prologue est d'un effet incertain, sauf le commencement ; c'est long ! Mais il ne faut pas vous y tromper, c'est quand même l'œuvre d'un musicien hors de pair, qui cherche une voie nouvelle; sans en avoir dit jusqu'ici le dernier mot. Il y a un effort si considérable dans tout cela, qu'il commande le respect. Wagner ne nous a donné ce soir qu'un morceau hors ligne, mais celui-là est étourdissant d'élévation. C'est ennuyeux souvent, mais toujours intéressant. Figurez-vous que l'*Or du Rhin* dure deux heures et demie, sans qu'on baisse le rideau, et cependant on l'a écouté, sinon avec plaisir, du moins avec une attention soutenue. Moi qui vous parle, j'ai fait mon temps sans excès de fatigue.

Parmi les artistes, quelques-uns sont considérables, mais les moindres rôles sont tenus par des artistes de valeur.

Il est impossible de voir une œuvre musicale mieux exécutée et en somme, on fera bien de venir voir à Bayreuth comment on peut représenter un opéra dans la perfection. A ce point de vue la soirée d'aujourd'hui a été un régal pour les raffinés.

Les décors sont médiocres et les trucs parfois enfantins. Le public les a admirés, mais quand on a l'habitude de voir les chefs-d'œuvres de nos décorarateurs parisiens, tout semble mesquin ici.

A la fin du spectacle le public a demandé Wagner; les fanatiques ont commencé et toute la salle s'y est mêlée ensuite. Cela a duré un quart d'heure, mais le « maître des maîtres » n'est pas venu. Quelle que soit l'opinion qu'on ait sur M. Wagner, on comprend cette insistance du public, quand on considère quelle œuvre colossale le compositeur a entreprise. De plus, M. Wagner est un grand artiste et quand il touche la note juste, il s'élève à des hauteurs immenses. Quelle malheur qu'il faille payer ces courtes jouissances par un si long ennui !

Je voudrais qu'après moi, tous les critiques de musique vinssent ici ; il est regrettable à tous les points de vue que la presse française se soit abstenue. Parler maintenant des fredaines de Wagner, en face de cet effort considérable, c'est impossible. Il faut pardonner tout à l'homme par égard pour le musicien. J'avoue que la première demi-heure de l'*Or du Rhin* a été une sensation grande et le jour où la postérité aura oublié le reste, cette première page suffirait au besoin à placer Wagner parmi les plus grands maîtres !

A demain *la Walkure*, trois actes qui durent six heures. Avec deux entr'actes d'une heure, cela nous fera un bon petit spectacle de huit heures (35 degrés à l'ombre). A Paris on a fait des révolutions pour moins que cela. Les œuvres de M. Wagner ne pourront jamais être jouées en France.

Le directeur de l'Opéra qui se permettrait de nous offrir six heures de musique et un seul acte qui dure deux heures et demie, ferait de la belle besogne. Au lendemain de chaque représentation de cette taille, on aurait un autre gouvernement.

18 août 1876.

Ça va tout à fait bien ; on commence à se battre. Un de nos confrères viennois a osé dire dans une brasserie, après la première de l'*Or du Rhin*, que la représentation a été troublée parfois par un truc qui ratait.

Aussitôt, un autre consommateur s'est levé en s'écriant :

— C'est une infamie ! Tout a bien marché !

Je ne vous parle pas, a répondu le journaliste, et je ne sais de quel droit vous intervenez dans notre conversation. Qui êtes-vous ?

— Qui je suis ? Je suis le trompette de M. Wagner !

Ceci peut vous donner une idée de la situation que l'homme de l'avenir occupe ici. Quand il le voudra, il prendra la succession des Markgraves d'Anspach et de Bayreuth, et on le verra sans étonnement traverser la ville avec un sceptre, une couronne et un manteau couvert d'hermine.

La cour de M. Wagner est toute prête ; elle commence en bas par le trompette et, en montant l'échelle, on arrive jusqu'aux princesses, en passant par les comtes et les barons. Pour un ancien barricadier de 1848, ce n'est déjà pas mal ; mais il a aussi un bataillon de mameloucks moins bien élevés, et qu'il faut prendre garde d'irriter. Toutefois, je dois l'avouer, leur haine contre le journaliste parisien est mêlée d'un certain sentiment de respect pour le chroniqueur qui, d'un cœur léger, circule dans les rues de Bayreuth, après avoir administré quelques volées de bois vert au maître des maîtres. Un officier autrichien a bien voulu me complimenter sur mon attitude :

— J'ai assisté à pas mal de batailles, m'a-t-il dit, mais j'ai rarement vu un homme se précipiter dans la bagarre avec plus d'insouciance que vous.

— Mon colonel, lui ai-je répondu, nous autres journalistes, nous avons notre honneur aussi bien que les militaires. M. Wagner dût-il faire dresser l'échafaud sur une place publique et me traîner jusque sur les marches fatales, il ne me fera pas dire ce que je n'ai pas envie de dire ! Je suis poli avec tout le monde et le jour où quelqu'un se permettrait de ne pas l'être avec moi, je suis sûr que je pourrai compter sur vous

Le colonel m'a serré les deux mains pour toute réponse. Mais soyez sans crainte : je savais bien qu'en arrivant ici, je trouverais les sympathies de ceux qui respectent l'indépendance d'un journaliste. Les hommes de bonne éducation sont en majorité aux fêtes de Bayreuth, et je ne vois pas les autres. M. Wagner entendra la vérité jusqu'au bout, et comme le *Figaro* est ici dans toutes les mains, le lendemain de son apparition, c'est comme si j'avais l'honneur d'écrire pour le journal de Bayreuth.

Hier, le prince de Bayreuth (c'est ainsi que les journalistes officiels de la localité appellent M. Wagner), a fait afficher un nouvel Ukase sur les murs de son théâtre. Il a prié le public de ne pas le rappeler, ni lui, ni les chanteurs, ni personne et de ne pas interrompre « l'œuvre d'art » par des applaudissements. On se l'est tenu pour dit; et pendant les six heures qu'ont duré les trois actes de la *Walkure*, personne n'a bougé.

Pour comprendre comment un public peut ne pas applaudir quand il en a envie, il faut savoir, qu'ici on ne va pas au théâtre pour s'amuser, mais pour s'instruire : ce public a peur de perdre une phrase, une nuance. Pour lui, la scène n'est pas une scène, mais un tabernacle. Wagner n'est pas un compositeur, c'est un Dieu ! Le théâtre est un temple ; les artistes officient.

Hier le trompette de Richard Wagner a sonné sa fanfare à quatre heure précises. On a éteint le gaz et, après un court prélude, le rideau s'est partagé en deux. On sait que la *Walkure* commence par l'entrée de Siegmund qui se réfugie, sans le savoir, dans la demeure de son beau-père et qu'il y devient amoureux de Sieglinde, sa sœur, qu'il n'a jamais vue. Mais pour arriver à cette situation, il convient que M. Wagner mette le public au courant de ce qui s'est passé entre les deux journées. Il en résulte un récit de Sieglinde qui est horriblement long et une conversation à trois entre le mari, la femme et le futur amant (remarquez que je ne dis pas un trio) qui est d'un ennui mortel. Le malheur de Wagner est qu'il n'entend rien à la construction d'une pièce de théâtre, que le dialogue musical remplace chez lui l'action absente. Mais quand par hasard il tombe sur une situation qui est dans ses cordes et qui l'emporte, c'est une autre affaire. Il a trouvé cette situation dans l'amour naissant entre ces deux êtres malheureux. Sieglinde a versé un breuvage à son mari qui lui est odieux et, dans le silence de la nuit, elle vient trouver l'étranger pour implorer sa protection.

Le héros en déroute et la femme mariée contre son gré confondent d'abord leur douleur à la lueur du eu qui flambe dans l'âtre; puis, dans l'enivrement de la passion naissante, l'amitié se change en amour. La lune éclaire le paysage du fond et les parfums de la nuit enivrent les sens des amants.

Eh bien, tenez-vous le pour dit, c'est un des plus beaux morceaux qu'il soit possible d'entendre, et j'ai rarement éprouvé au théâtre une sensation plus pénétrante. Tantôt ce sont les amants qui chantent ce *duo*, tantôt, pendant qu'ils se tiennent étroitement enlacés, l'orchestre se charge d'exprimer ce qu'on ne peut pas dire au théâtre. Ce sont des phrases plaintives qui peu à peu tournent à la plus haute expression de l'extase. On ne peut pas se faire une idée de ce morceau au piano; la musique de Wagner, quand elle passe à l'inspiration, ne peut s'exprimer au piano; il faut l'orchestre tout entier, le cadre du décor, l'ensemble qui enivre à la fois les yeux et le cœur. Wagner est tantôt un fou, tantôt un inspiré. C'est un singulier mélange de qualités superbes et de défaillances cruelles; quand il ne vous *empoigne* pas, il vous ennuie au delà de toute expression.

Pendant ce duo, on a parfois essayé d'applaudir, mais instantanément le public fait faire silence.

Le maître a défendu d'applaudir. Feringhéa a parlé.

Sur ce merveilleux dialogue en musique, car cela ne ressemble en rien à un duo dans le sens strict du mot, le rideau tombe.

Quelques-uns rappellent les artistes, on leur impose silence et sur ce succès considérable, la foule obéissante se retire sans oser rappeler les chanteurs.

C'est la même chose qu'hier. On croit l'opéra parti pour un succès considérable. Mais dès le deuxième acte, l'homme de l'avenir commence à vous ennuyer avec cette persistance dont il a déjà donné tant de preuves. Ce deuxième acte est insipide d'un bout à l'autre; toujours des récits et des dialogues. Vous ne sauriez croire combien le Dieu Wotan commence à m'agacer; il vient pendant ce second acte débiter un récit qui, montre en main, dure vingt-cinq minutes; pas une situation, pas une phrase, une effroyable cacophonie qui dure une heure et demie, l'un des actes les plus assommants qu'on ait jamais entendu sur un théâtre. L'insensé prend une éclatante revanche sur l'inspiré. Aucun public, sauf celui-ci, n'écouterait cette horrible mélopée jusqu'au bout. Ceci n'est possible sur aucune autre scène que celle-ci, c'est l'*insenséisme* le plus complet, et les enragés de dire :

— Ah ! voilà de la belle musique !

Mais le public intelligent et impartial sort cette fois du théâtre, moulu, brisé par un tel supplice. Dans cet entr'acte, je rencontre un ancien marchand de lorgnettes de Dresde qui a fait fortune et joue maintenant au Mécène.

— Eh bien monsieur Wolff, me dit-il, comment trouvez-vous cela ?

— J'ai bien chaud, Monsieur.

— C'est une œuvre d'art magnifique, reprend le vieil usurier. Vous savez que ce n'est pas fait pour le grand public, mais bien pour *nous autres artistes*.

Je lâche cet imbécile et je cours à la buvette. Sur toutes les figures, la même lassitude, et quand le trompette de M. Wagner nous appelle pour le troisième acte, on rentre au théâtre comme les prisonniers de Mazas dans leur cellule.

Nous avons déjà entendu sept heures de musique sans un seul chœur. Wagner, qui domine si bien les masses vocales, les a écartées de son œuvre. Aussi, avec quelle joie salue-t-on la chevauchée des amazones, un petit chœur où l'on entend huit voix de femmes à la fois. On respire un instant ; mais arrive la scène finale, celle où le Dieu Wotan repousse la Walkure de son Olympe sur la terre pour la punir d'avoir, contrairement à ses ordres, sauvé Siegmund dans le combat contre son beau-frère. Sur ce dialogue finit l'acte, et sans la longueur démesurée de ce morceau l'effet en serait énorme. Mais tel que il est encore saisissant. La lutte de Wotan, le combat intérieur entre le père qui voudrait pardonner et le Dieu qui doit punir est émouvante. Wagner, dans les situations pathétiques, réduit souvent ses chanteurs à la pantomime et laisse à l'orchestre le soin de traduire leurs sensations. Il abuse de ce procédé qui n'est pas sans effet d'abord mais qui, répété si souvent, devient horriblement agaçant. Sauf ce détail, la scène est d'un grand effet. Wotan, après avoir fermé les yeux à la Walkure, ordonne que les flammes enveloppent la montagne où elle reposera jusqu'au jour où un chevalier sans peur et sans reproche viendra la délivrer. Cette apothéose, car ce n'est pas autre chose, est fort belle comme décor; de tous les côtés, de vraies flammes sortent des rochers; cet incendie suffirait à faire le succès d'une féerie parisienne.

En somme, et vous savez que je dis la vérité rigoureuse, malgré le duo, le chant des Walkures et la scène finale, cette deuxième soirée n'est encore qu'un succès d'estime. On a payé les rares beautés de l'œuvre par un si colossal ennui qu'on ne sait plus gré au musicien des quelques émotions qu'il vous a données. Si cette partie des Nibelungen n'intéressait pas par le côté légendaire, si cher à ce public spécial, elle n'irait pas jusqu'au bout. On ne trouvera nulle part un auditoire capable de soutenir de telles fatigues, tant d'absurdités, un si grand nombre de monologues et de dialogues, terrifiants. Non, ce n'est pas une œuvre théâtrale; c'est un rêve d'halluciné, qui compte imposer au monde un art épouvantable; c'est bien le cas de répéter que, seul, ce qui n'est pas de la musique de l'avenir proprement dite, est vraiment bon.

Eh bien, dût-on me lapider je proteste devant tout Bayreuth assemblé contre cet inqualifiable galimatias d'un esprit grandement doué et encore plus ébranlé, qu'on veut substituer aux grands musiciens allemands. Grands et chers génies à qui nous devons les plus belles émotions de notre vie, soyez tranquilles. Cette soi-disant musique de l'avenir, sauf quelques rares morceaux, est vouée à un oubli certain. Ne croyez pas que cet homme, un instant triomphant par ses mamelouks, puisse jamais vous remplacer dans les cœurs reconnaissants de ceux que vous avez enivrés, et dont vous restez la suprême consolation. O pauvre Beethoven! toi qui as écrit dans la simplicité de ton âme les symphonies qui seront l'éternel orgueil de la nation allemande; grand Mozart, toi dont l'œuvre enivre le monde; doux Haydn, toi qui as écrit ces pages charmantes et magnifiques avec la simplicité de ton cœur naïf; vous tous, grands et immortels génies de la musique allemande, souffrez qu'un simple mortel vous envoie de Bayreuth un souvenir reconnaissant pour les joies infinies que vous lui avez déjà données, et dont il vous sera redevable, tant que son cœur battra. Déjà les fêtes de Bayreuth, qui devaient être la consécration de cet audacieux qui veut vous faire oublier, commencent à ébranler sa puissance auprès de la fraction sensée du public. On peut encore pendant quelques années le suivre dans sa voie funeste, on peut recueillir les épaves précieuses de ce naufrage, où la musique allemande est en train de se noyer, mais voilà tout! Je ne sais quelle émotion pénétrante s'empare de moi en écrivant ces lignes; mon cœur déborde de reconnaissance et de joie en pensant aux musiciens du passé, en même temps qu'une effroyable tempête de colère et d'indignation éclate dans mon cerveau contre l'homme qui aurait pu être un grand artiste, s'il avait composé avec son âme et non avec sa raison affolée par une vanité démesurée.

Et toi, grand et immortel Heine, toi qui as eu le courage de braver l'impopularité des Allemands pour fustiger les ridicules de ton temps, pourquoi ne te réveilles-tu pas dans la tombe ou tu es descendu si tôt? Si ton esprit erre encore dans l'infini, qu'il revienne un instant au milieu de cette foule — toujours la même — que toi, la connaissant, tu as si justement méprisée. Viens à Bayreuth et regarde ce peuple, oublieux des grandeurs resplendissantes de sa musique d'autrefois. Contemple cette jeunesse, élevée dans le culte de Schiller et qui se contente maintenant de la poésie de M. Wagner. Reprends ton fouet pour un instant, et que les coups pleuvent sur le dos de ce peuple égaré, qui danse autour du veau d'or de la musique. Il se pourrait que ton sublime ricanement, qui entre comme un bistouri dans la peau des hommes, fît crever cet anthrax musical, la pire des épidémies qu'on ait connue dans les arts.

Mais hélas ! les morts ne reviennent pas, et s'il est une autre vie comme on nous l'apprend dans notre jeunesse, à cette heure Henri Heine doit fermer les yeux pour ne pas voir ce spectacle affligeant, et se boucher les oreilles pour ne pas entendre !

19 août.

La grande supériorité que j'ai sur bien des personnes, c'est que j'ai entendu un duo entre un monstre et un ténor, ce qui ne se voit pas tous les jours. Une indisposition du dieu Wotan a retardé ce curieux spectacle d'un jour ; cet ennuyeux personnage a pu reparaître sur le théâtre de l'avenir, dans *Siegfried*, troisième partie des Nibelungen.

A quatre heures précises, le trompette de M. Wagner a exécuté sa fanfare, et aussitôt le dragon a commencé à grogner à l'orchestre par l'organe du Bass-Tuba en contre-fa dièze. Tout le prélude roule sur ces grognements, qui doivent préparer le lecteur à la lutte du deuxième acte.

Le premier acte me donne une occasion excellente de dire en peu de mots en quoi la deuxième manière de Wagner se distingue de la première. Le compositeur a élargi le cercle de l'ennui. Ce premier acte où Siegfried, le fils de Sieglinde, demande au nain Mime une épée pour courir l'aventure, ce premier acte dure une heure et demie. Trois personnes sont en scène ;

Wotan, le nain et Siegfried. Quand je dis trois, j'exagère, car sur ces trois personnages, il n'y en a jamais que deux sur le théâtre : et c'est une sorte de dialogues en musique plus insupportables les uns que les autres. Ces messieurs, ont l'air de se raconter entre eux les *Nibelungen* : ils chantent tour à tour ; quand l'un à fini, l'autre commence avec un accompagnement de l'orchestre, dont les dessins s'arrêtent toujours à moitié chemin. Le principal personnage, le nain Mime, ne quitte pas la scène un seul instant pendant une heure et demie ; il cause tantôt avec Wotan, tantôt avec Siegfried, quand il ne se parle pas à luimême. Jamais on n'entend deux voix à la fois : c'est de la déclamation musicale, mais du théâtre... jamais.

On ne se figure pas à quel point cet exercice devient fatigant. Aussi, le premier acte, moins la forge de l'épée qui le termine, est purement assommant, je ne trouve pas d'expression plus douce.

Dans le prélude du deuxième acte, reprise des grognements. L'affaire se corse. Siegfried, qui n'a peur de rien, se couche à l'ombre d'un chêne pour guetter le dragon. Ici se place un morceau adorable ; le jeune héros, avec les sensations émues de l'adolescent, sent s'éveiller en lui des sentiments tendres ; il pense à ses parents qu'il n'a jamais connus ; il interroge le ciel sur son origine ; il voit les oiseaux joyeux dans leurs nids avec leurs enfants, et lui est seul au monde. Quelques phrases nous mettent au courant de la situation, et l'orchestre se charge du reste ; il exécute un morceaux merveilleux, qu'on peut appeler la *symphonie de la forêt!* une rêverie d'une impression exquise, qui vous envahit, vous empoigne et vous ramène aux heureux jours de l'enfance où, dès l'aube, on pénétrait dans les bois pour respirer à pleins poumons les senteurs du matin.

Oui, je le répète, cette symphonie est une petite œuvre d'art comme Wagner ne les prodigue malheureusement pas dans les *Nibelungen*. Je ne décolère pas depuis que j'entends de telles beautés d'un homme qui tantôt me transporte et tantôt me plonge dans un si cruel ennui par la musique de l'avenir. Cette symphonie n'a rien à faire avec l'avenir : elle est de tous les temps, c'est jeune, frais, délicieux !

Mais, me direz-vous, cela ne peut pas durer ! Parbleu ! A cet enchantement succède aussitôt une scène de Guignol des plus ridicules. Le Bass-Tuba annonce que le dragon sort de sa caverne ; le monstre est énorme ; de ses naseaux sort une épaisse fumée ; l'intrépide Siegfried s'avance ; le dragon commence à chanter ; le ténor lui répond ; une conversation s'engage entre le chanteur et cette masse de carton peint, puis une lutte ; le dragon tombe frappé au cœur, mais, avant de mourir, il chante un morceau pour annoncer à Siegfried qu'il mourra comme lui. M. Wagner a trouvé un truc pour nous faire croire que c'est le monstre qui chante et non l'artiste caché derrière un portant ; le monstre, grâce à ce truc, ouvre et ferme la gueule en mesure et roule des yeux qui rappellent le ballet de la carpe amoureuse dans je ne sais plus quelle féerie de la Porte-Saint-Martin. Il n'est pas possible de voir une chose plus insensée au théâtre. Vous croyez peut-être que le public a ri ? Point ! il a donné quatre cents francs pour entendre à Bayreuth le grand art, et il n'en aura pas le démenti.

Et bien, soyons sincère jusqu'au bout ; j'étais encore à ce point ému par la symphonie interrompue par le dragon, que le petit Guignol ne m'a pas fait rire ; il m'a attristé profondément. Voir un homme de tant de talent, descendre à de telles erreurs, voilà qui est cruel. M. Wagner était lui-même au premier rang parmi les spectateurs et semblait très satisfait de la scène. En ce moment, je n'aurais pas été surpris du tout de voir entrer l'acteur Lebell s'écriant :

— Encore une étoile qui tombe dans mon assiette.

Le dragon mort, la symphonie de la forêt continue, et cette fois les oiseaux s'en mêlent pour dire à Siegfried que la plus belle des femmes dort au milieu de la montagne en feu. Mais cette reprise ne vaut pas le commencement.

Le troisième acte commence par un suprême ennui. Le dieu Wotan s'en charge. Cet animal m'agace tellement depuis trois jours que je ne suis pas fâché que ses heures soient comptées ; il disparaîtra ce soir dans le *crépuscule*, ou pour mieux dire « *la fin des dieux.* »

Siegfried arrive sur la montagne où dort la Walkure ; le réveil de l'amazone est étonnant. L'orchestre exécute un accord fait par les instruments en bois et les cors ; puis une grande tenue de tout l'orchestre *pianissimo* pendant laquelle les harpes exécutent un grand arpège auquel succèdent des accords, tandis que les violons divisés font une tenue en sons harmonieux.

C'est clair, n'est-ce pas ? Vous n'y comprenez pas un mot ? Moi, pas davantage : j'ai demandé ce renseignement à mon ami Guiraud, pour avoir l'air d'un critique musical de profession.

Dans ma langue habituelle, cela veut dire que le réveil de Brunhielde est une chose délicieuse et que le duo qui succède et termine l'acte est un morceau de tout premier ordre, tenez-le pour dit : Grâce à ce duo, le succès de *Siegfried* a été plus grand qu'on ne le croyait. Voyez comme on se trompe au théâtre. Depuis trois jours, les amis de Wagner me disaient :

— N'allez pas voir *Siegfried*. C'est une œuvre que que nous n'osons pas défendre.

La soirée d'hier a un peu réchauffé le public, mais il faut que M. Wagner renonce à son rêve de faire tous les ans, jouer sa tétralogie sur son théâtre de Bayreuth ; son poème est tellement fou et son œuvre est à ce point bourrée d'insenséisme, qu'il ne trouvera jamais plus un public pour ses fêtes artistiques. D'ailleurs, il y a une autre question. La première donne un déficit de quatre cent mille francs ; qui les paiera? Il paraît que ce ne sera pas le roi de Bavière. Le seul espoir de l'entourage de Wagner, est que l'empereur d'Allemagne paie les quatre cent mille francs et subventionne le théâtre modèle pour les années suivantes. Mais il est plus que douteux que l'empereur, qui est un esprit positif, donne une telle somme et prenne de tels engagements pour encourager M. Wagner dans ses rêves irréalisables, car aucun théâtre ne pourra jouer ces longs opéras sans faire de coupures, et Wagner n'y consentira jamais; il ajoutera plutôt quelques animaux et deux ou trois heures de musique.

Tout à côté du théâtre est située une maison de fous. Vous comprenez que la plaisanterie est si facile que je ne la risquerai jamais. Mais voici textuellement ce que, sans le vouloir, l'auteur du *Guide de l'étranger dans Bayreuth*, a écrit à la page 2 :

« *Nous laissons la gare à notre droite et nous prenons l'allée qui conduit au théâtre Wagner; après avoir vu à notre gauche l'hospice départemental des aliénés, nous entrons dans le théâtre*, etc., etc. »

Je n'aurais jamais pu écrire cela, moi qui ne suis pas le journaliste officiel de M. Wagner; j'ai tout simplement l'honneur d'être ce qu'on appelle sa bête noire. Ceci ne m'empêchera pas de dire ce que je pense de ses élans et de ses chutes. Le maître des maîtres finira par s'y habituer; je l'y engage fortement.

Si cette maison de fous à côté du théâtre fait rire,

vous le pensez bien ! Une des plus jolies histoires qu'on se raconte est celle-ci :

Une dame âgée se présente chez le directeur de l'hospice ; elle est accompagnée par un jeune homme au teint blême, à l'œil hagard.

— Pourriez-vous me donner une place pour mon fils ? demande-t-elle.

— Vous vous trompez, ma bonne dame, vous cherchez sans doute une place pour le théâtre ?

Et la dame irritée :

— Non monsieur, mon fils n'est pas encore assez fou pour cela !

Toutes ces plaisanteries n'empêchent pas M. Wagner d'être un grandissime artiste, quand il n'est pas le plus dangereux des insensés. Ses imitateurs lui prendront ses défaut sans le talent et c'en sera fait de la musique dramatique en Allemagne et peut-être partout ailleurs. En attendant, M. Wagner n'est pas fier ; il se montre volontiers au peuple ; il vient s'asseoir au premier rang des fauteuils ; il soupe quelquefois comme un simple mortel au restaurant, en face de son buste orné d'une couronne de lauriers ; il ne craint pas davantage d'aller prendre son bock dans une brasserie, où pas plus tard qu'hier, dans la chaleur de la discussion, on s'est jeté les verres à la tête.

L'empereur d'Allemagne est parti après *la Walkure* ; le lendemain, le comte Andrassy est venu. Je renonce à vous donner les noms marquants de cette foule bariolée qui encombre Bayreuth. Je n'insisterai pas davantage sur le nom des artistes, qui n'intéressent pas le public français. Mais laissez-moi faire une exception pour madame Materna, du Théâtre-Impérial de Vienne, qui est vraiment tout à fait remarquable dans le rôle de Brunhielde. Il faut dire aussi un mot de M. Niemann, qui est une vieille connaissance des Parisiens, car c'est lui qui a chanté *Tannhauser* à l'Opéra. On ne l'a pas assez écouté à Paris; réparons cette injustice en constatant qu'il a dit avec un art très grand le fameux duo du premier acte de la *Walkure*. C'est M. Niemann qui a fait le plus joli mot de la saison. Le premier acte de la *Walkure* représente un intérieur; un feu immense flambe dans l'âtre, et pour rendre l'illusion plus complète, M. Wagner a demandé au machiniste d'y ajouter des nuages de fumée qui incommodaient le ténor à ce point, qu'à la dernière répétition générale, il dit au maître des maîtres :

— Pardon, est-ce que vous ne pourriez pas faire supprimer la fumée ?

— Jamais, répondit M. Wagner, de même qu'il n'y a pas de fumée sans feu, il n'est pas de feu sans fumée.

— Mais cette fumée m'empêche de chanter.

— Vous chanterez quand même ; la fumée est nécessaire à l'ensemble de mon œuvre d'art !

— Dans ce cas, fit M. Niemann, rien de plus facile que d'arranger l'affaire : Faites chanter la cheminée : c'est moi qui fumerai !

Je ne prétends pas juger en dernier ressort la question de l'orchestre invisible. Gevaert, le directeur du Conservatoire de Bruxelles, en est électrisé. Mais ne pensez-vous pas que la chose valait la peine que M. Ambroise Thomas se dérangeât? On a souvent envoyé des commissions au bout du monde pour une affaire moins grave. Je sais bien ce qu'on peut répondre ; mais ce n'est pas une réponse. Il s'agit ici d'une question d'art et pas d'autre chose. Les nations intelligentes ne doivent jamais s'isoler sur le terrain artistique ; c'est bien dangereux : on peut craindre de se démoder. J'aurais voulu aussi que M. Garnier l'architecte de l'Opéra, vint voir la salle. Peut-être lui serait-il possible de combiner de nouveaux théâtres de façon à obtenir en même temps l'orchestre invisible, s'il triomphait définitivement, et les loge, de côtés. Dans tous les cas, il n'y a pas de théâtres où l'on entre et d'où l'on sorte plus facilement que celus de Wagner. Pour trois rangs de stalles, il y a une sortie des deux côtés de la salle.

Ici le public a vingt-quatre portes par où il peut s'échapper en même temps, en cas de sinistre. Les portes de la salle correspondent avec celles de la façade. Le public n'a que deux pas à faire pour être en plein air. C'est encore une question intéressante à étudier pour les architectes ; bref, je crois qu'il y a beaucoup de bonnes choses à cueillir dans les idées de M. Wagner, tout en lui abandonnant les mauvaises. Tout cela valait la peine d'être vu et étudié.

Vous me direz qu'il fait bien chaud : Parbleu. Est-ce que vous croyez que nous ne le savons point. Je voudrais bien vous voir vous constituer prisonnier au théâtre, à quatre heures de l'après-midi, pour écouter des drames lyriques (c'est le terme consacré), dont un seul acte dure souvent plus de deux heures. Nous y allons tout de même, et je vous prie de croire que ce n'est pas pour notre agrément personnel ! Ah ! mais non.

En somme, la main sur la conscience, voici le résumé des trois premières représentations, deux succès d'estime et un succès agréable; mais vu les prétentions de Wagner, une grande désillusion.

Le public allemand entend depuis quinze ans parler des fameux *Nibelungen*; les fanatiques, je ne parle pas des mameloucks du maître, mais des gens de bonne compagnie qui sont sincères, avouent sans détour leur découragement. Dans le cercle que je fréquente, et il est très nombreux, j'ai vu le fanatisme se changer en un enthousiasme modéré, puis en tristesse.

Quel que soit le sort du *Crépuscule des Dieux*, dont on se promet beaucoup, le triomphe attendu ne viendra pas dans les proportions espérées.

Il s'est opéré ici une singulière fusion entre les deux camps ennemis, — je ne parle toujours pas des mameloucks qui sont des énergumènes. Les adversaires de M. Wagner ont été forcés d'avouer qu'il est un bien grand symphoniste et de ci de là un puissant compositeur dramatique. Les fanatiques, de leur côté, ont pu se convaincre que, dans les œuvres confuses de M. Wagner, tout n'était pas de premier ordre, et bien des choses pas même de second plan. Mais, en somme, voici le résultat absolu : le maître des maîtres est discuté même par ses partisans : cela ne lui était pas arrivé jusqu'ici.

Richard Wagner était un Dieu ! Ce n'est plus qu'un simple mortel. A ce titre, il occupera une grande place dans l'histoire de la musique : mais s'il persiste, et c'est certain, dans la voie funeste où il est entré, c'en est fait à jamais de cette belle organisation : elle succombera sous sa prodigieuse vanité. Richard Wagner finira par mettre l'histoire universelle en vingt-quatre opéras. Déjà, me dit-on, il travaille depuis longtemps à une nouvelle série de drames lyriques, mais comme il ne l'aura pas terminée avant une quinzaine d'années, il n'y a rien à craindre pour le moment.

LE CRÉPUSCULE DE M. WAGNER.

Nuremberg, 23 août

Les dieux s'en vont! Après Wotan, c'est le tour de M. Wagner; il est tombé du haut du piédestal où l'avait placé l'enthousiasme de ses fanatiques. Le voici étendu sur la terre avec sa couronne de lauriers en argent! Les journaux de tous les pays sont d'accord pour constater la désillusion du public, et à présent que nous sommes loin de Bayreuth, maintenant que je me trouve avec mes amis Guiraud, Alphonse Duvernoy et Armand Gouzien dans cette vieille ville de Nuremberg, je me demande s'il est bien vrai que nous avons trouvé la patience nécessaire pour écouter jusqu'au bout la conférence musicale de Bayreuth? Tantôt, assis devant le cabaret où après le labeur du jour se réunissaient Albrecht Durer, Peter Fischer, Adam Kraft, Hans Sachs, tous ces grands artistes et poètes, la même pensée a traversé nos cerveaux. Nous nous sommes regardés comme des gens qui se demandent :

— Lequel de nous quatre est le plus grand badaud ?

Ce qui nous console, c'est que nous ne sommes pas les seuls qui ayons acheté quelques instants de plaisir au prix d'un si long voyage, de tant de fatigues, de tant de souffrances couronnées par le plus prodigieux ennui qu'un mortel puisse supporter.

On ne reverra plus jamais un pareil spectacle ! Comment, un homme surgit tout à coup et dit : je suis l'art de l'avenir ; il trouve l'argent pour faire bâtir un théâtre ; autour de ses folies on fait tant de bruit que les plus récalcitrants viennent et que le monde entier ne parle pendant une semaine que de M. Wagner. L'entreprise habilement menée pendant quinze années, s'écroule en quatre soirées et le monde stupéfait apprend que sauf une demi-douzaine de grandes inspirations, tout ce fatras dit de l'avenir n'est que supplice, ennui et désillusion. Ils ont beau se réunir et mettre une couronne en argent sur cette tête au vaste front, au menton de polichinelle et au nez écrasé, Richard Wagner n'en dégringole pas moins du haut de son nuage. Les *Nibelungen* sont jugés désormais.

Figurez-vous un fou qui viendrait vous dire :

— Le *Moïse* de Michel Ange est une œuvre incomplète. Moi je vais refaire cette statue du passé. Moïse n'a qu'un nez je lui en ferai deux ; il n'a que deux yeux, j'ajouterai un troisième œil sur le front ; il n'a qu'une bouche, je lui en ferai trois ou quatre ; plus, quatre pattes au lieu de deux jambes et vingt-cinq doigts à chaque main et j'appellerai le tout la sculpture de l'avenir !

Eh bien, si cet homme persiste pendant une quinzaine d'années, il réunira autour de lui un grand public qui finira peut-être par répéter :

Nous avons enfin un grand statuaire national !

Richard Wagner n'a pas fait autre chose pour rassembler les badauds autour de sa baraque. De parti pris il a éloigné de la musique dramatique tout ce qui en faisait le charme et la beauté ; au lieu d'un récitatif il en a mis deux cents, il a réduit la voix humaine à des proportions telles qu'elle n'occupe dans l'ensemble que la place d'un violon ou d'une contrebasse ; il a suffi que les grands maîtres aient cherché l'opposition au théâtre pour que celui-ci eût recours à la monotonie. Avant lui les chœurs étaient un concours précieux dans une œuvre dramatique ; le musicien les a supprimés ou à peu près. Le théâtre vivait d'action et de situations ; c'était une raison suffisante pour que cet insensé n'en voulût plus ; il a fait juste le contraire de ce qu'on a fait avant lui et, une fois le monstre terminé, il a dit carrément :

— Voilà l'art nouveau et national !

Et il s'est trouvé un public pour le croire. Ce n'est pas la première fois qu'un tel phénomène se présente. L'histoire des arts et des lettres nous apprend qu'il arrive de ci de là, dans la vie des peuples, un moment où le goût public se perd dans des œuvres inférieures. C'est une affaire de mode, pas autre chose. Le bon ton exige alors qu'on ait l'air de marcher avec son temps et de se montrer supérieur à ses devanciers en acclamant l'art faux. C'est ce qui est arrivé pour Richard Wagner, je parle du compositeur de la deuxième manière et non de l'auteur du *Tannhauser* et du *Lohengrin*... Mais depuis, la folie des grandeurs a envahi le cerveau de Wagner, il a voulu culbuter tout ce qui existait avant lui, détruire par l'ennui et la monotonie les œuvres du passé, et s'élever une petite tour de Babel au sommet de laquelle il comptait placer sa statue pour qu'on la vît des quatre coins du monde.

Dans les errements d'un artiste, il faut chercher la femme aussi bien que dans les causes célèbres des annales judiciaires. La femme est un être sensible, fait de nerfs ; elle ne réfléchit pas ; elle se passionne. Il faut donc chercher la femme dans le cas de M. Wagner : il y en a deux : la princesse de Metternich pour l'Autriche, la comtesse de Schleinitz pour l'Allemagne ; Madame la princesse de Metternich est à la tête du mouvement à Vienne ; Madame la comtesse de Schleinitz tient un salon de l'avenir à Berlin. Le troisième corps d'armée, placé entre les deux autres, est commandé par l'abbé Listz à Weimar ; de ces trois foyers l'art faux de l'avenir s'est répandu sur une grande partie de l'Europe. Par sa haute situation et son esprit, Madame de Metternich, dont l'enthousiasme demeure respectable, a entraîné toute la haute société autrichienne. Madame la comtesse de Schleinitz a fait mieux : elle a ouvert ses salons aux journalistes récalcitrants et elle les a vaincus par une éloquence ardente autant que par la grâce incontestable de sa personne. Je demande bien pardon à Madame la comtesse de Schleinitz de l'entraîner dans ce débat public ; mais je pense qu'elle ne craindra pas de m'entendre affirmer son fanatisme pour Wagner dont elle ne s'est amais cachée ; la comtesse a le courage de ses opinions, c'est une justice à lui rendre. De même que la la princesse de Metternich a tenu tête à l'orage du *Tannhauser* à Paris, rien ne peut ébranler l'enthousiasme de la comtesse de Schleinitz ; elle avait fait des fêtes de Bayreuth une affaire personnelle ; elle a harangué les artistes pour leur donner du courage à la veille de la bataille ; elle était à toutes les représentations bien en vue, comme Napoléon parmi ses vieux grenadiers ; elle a réparé et mis en scène le triomphe de Wagner ; elle était l'âme de l'enthousiasme, le foyer d'où le fanatisme s'est répandu sur la ville de Bayreuth ; elle a tenu son emploi de protectrice jusqu'au bout. De même que Madame la comtesse de Schleinit. a eu sa part dans la peine, elle a parcouru la salle au bras de Wagner, la comtesse semblait vouloir dire :

C'est mon œuvre. »

On n'a jamais vu spectacle plus curieux que celui-ci. A l'aspect de la comtesse l'œil en feu, la tête haute dans une attitude triomphante, au bras de ce petit homme portant la couronne de lauriers sur la tête on aurait pu croire que la vaillante Brunhielde s'appuyait sur le nain Mime.

Eh bien! à présent que je viens de lire une grande partie des journaux et que, loin des influences de Bayreuth, je réfléchis moi-même à ce que j'ai vu et entendu, je vois bien par les articles de mes confrères de tous les pays qu'il y a une force autrement grande que l'esprit ou la beauté d'une grande dame ; cette force n'est pas l'avenir ; elle est de tous les temps et ne périra jamais, car c'est l'essence même de l'humanité et cela s'appelle : le bon sens public.

Ce bon sens a déjà fait justice de toutes les intrigues, de tous les fanatismes ; la vérité se fait entendre partout et on est maintenant d'accord dans tous les pays sur le point capital, à savoir que M. Richard Wagner est tout simplement un musicien de talent, mais qu'il ne fera rien oublier du tout et ne fermera la route à personne. On est d'accord sur un autre point ; c'est qu'il faut considérer l'entreprise de Bayreuth comme l'œuvre d'un cerveau en démence.

Dans les hallucinations de son puissant cerveau, M. Richard Wagner a entrevu un idéal respectable ; c'est l'excuse et la justification de l'entreprise de Bayreuth ; il a rêvé la fusion de tous les arts, de la musique, de la littérature, de la peinture décorative pour créer un ensemble magnifique. Mais sa prodigieuse vanité l'a empêché de comprendre qu'on ne peut pas créer à la fois une œuvre de premier ordre comme musique et comme poésie. Sans le théâtre des

19.

grands écrivains la musique ne peut jouer qu'un rôle secondaire. Mendelssohn s'est contenté d'écrire de la musique de scène pour le *Songe d'une Nuit d'été* de Shakespeare, comme Beethoven a subordonné son génie à celui de Gœthe en composant les entr'actes et la musique de scène d'*Égmont*. Un poème d'opéra ne peut et ne doit être qu'un prétexte de développer les qualités d'un musicien et de fondre en une même sensation toutes les ressources de cet art, l'orchestre et la voix humaine. L'insensé qui rêve la fusion absolue de la poésie et de la musique tue ou l'une ou l'autre quand il ne les étrangle pas toutes les deux. Les *Légendes des siècles* n'ont pas besoin de la musique pour devenir une œuvre d'art de premier ordre ; de même que la symphonie héroïque peut se passer de la poésie et rester un chef-d'œuvre impérissable. Jugez quelle machine défectueuse et folle a dû créer Wagner qui n'est ni Beethoven, ni Victor Hugo, ce qui ne l'a pas empêché de vouloir être en même temps l'un et l'autre.

A présent que, dégagé de l'atmosphère pestilentielle de Bayreuth, je considère froidement la tentative de M. Wagner, je me demande s'il ne serait pas utile de lui faire subir un régime de douches pour le ramener à la raison et pour sauver ce qu'il y a en lui de vraiment supérieur : le symphoniste. Du théâtre, il ne se soucie pas, des exigences de la scène il ne sait pas le premier mot et il veut être auteur dramatique. comme compositeur dramatique, il assigne à la voix humaine le rôle d'un simple instrument dans l'ensemble comme à la clarinette ou au hautbois; pour mieux agir sur les sens, il vous plonge dans l'obscurité comme les frères. Davenport quand ils faisaient voltiger les guitares dans l'armoire; il a recours à tous les trucs, à toutes les jongleries; il lui faut une chaudière pour reproduire des nuages et des incendies; il évoque les dieux et en fait des êtres grotesques qui paraissent au théâtre au milieu de la lumière électrique comme mademoiselle Amanda quand elle joue le bon génie dans une féerie de Clairville. Et de tout cela il ne reste à la fin de la quatrième soirée que cinq ou six morceaux admirables parce que l'insensé, vaincu par son propre talent, a ses moments lucides.

Quelle folie d'ailleurs de vouloir inventer un art! On invente une locomotive dont la construction repose sur les données pratiques de la science positive. Mais on n'invente pas un art, car l'art est fait de sensations et d'inspirations que le génie subit mais qu'il n'a pas la prétention de créer. Le grand art est inconscient; ce n'est pas une mécanique que la raison de l'homme peut perfectionner, c'est l'âme même de l'humanité parcourant l'espace et s'infiltrant dans quelques cerveaux privilégiés assez grands pour la saisir en passant. Croyez-vous que Molière ait pensé à créer un art nouveau en écrivant ses impérissables chefs-d'œuvre? Pensez-vous que les tragédies de Shakespeare soient le résultat d'un calcul? Pouvez-vous vous figurer Beethoven se plaçant devant son piano, en disant : Je vais créer un art nouveau ! Vous imaginez-vous que les grands maîtres de la statuaire antique soient entrés dans leur atelier avec l'intention arrêtée de créer un art nouveau? Est-ce que Raphaël ou Michel-Ange, Rembrandt ou le Titien, Corneille ou Gœthe ont voulu inventer quoi que ce fût? Non! Les uns et les autres ont tout simplement traduit par la plume ou le pinceau les sensations intimes de leur âme! Qu'est-ce que vous me chantez donc avec votre art nouveau ! Sans ceux qui vous ont précédé, est-ce que vous existeriez seulement? Sans ce passé resplendissant oseriez-vous seulement rêver un avenir? Shakespeare à qui votre ami Listz vous a comparé, avait-il besoin de tout ce tra la la d'une féerie de la Porte-Saint-Martin ? Croyez-vous que Molière ne reste pas impérissable quoique son œuvre ait été représentée entre deux quinquets fumeux? Vraiment, vous me faites pitié ! Ce n'est pas un art, mais un procédé nouveau que vous avez inventé! Laissez-nous donc tranquilles avec vos grandes phrases! Vous nous croyez donc bien bêtes pour nous raconter que vous avez inventé un art et un art national?

Qu'est-ce que cela veut dire à la fin un art national? Qu'y a-t-il de national dans votre œuvre? Le dragon? le cheval? les oiseaux? l'ours? les corbeaux? Il n'y a de national que la légende sur laquelle repose votre ennui et vous en avez fait un spectacle de dernier ordre, plein de flammes de bengale, d'arc-en-ciel, de lumières rouges ou vertes, comme une féerie du Châtelet? Et quand de ci, de là, vous nous avez charmés, c'est que vous n'aviez plus rien de national du tout, c'est que vous étiez tout simplement un artiste, forcé de suivre, malgré lui, la voie que, hélas! il a abandonnée, contraint d'imposer silence à sa raison affolée et d'écouter ce qui reste de son âme de musicien!

Eh bien, vous voici bien avancé, monsieur Wagner ! Vous auriez pu laisser une œuvre supérieure et vous ne léguerez à la postérité que l'exemple attristant d'une grande intelligence, vaincue par ses propres folies! Vous êtes un alchimiste; vous croyez pouvoir faire de l'or à volonté; vous êtes un de ces hallucinés qui se figurent avoir trouvé la quadrature du cercle. Pendant quinze années vous avez fait sonner la fanfare de la réclame, et nous autres badauds, nous avons fini par croire qu'à Bayreuth on découvrirait une muse nouvelle, une muse à deux têtes comme on n'en a jamais vu chez aucun peuple, quelque chose comme la femme géante du théâtre, ou les Milly-Christine de la composition dramatique. Déjà vos amis avaient commandé la couronne en argent; le conseil municipal avait désigné d'avance la place où devait s'élever la statue du grand homme avec cette inscription :

A Wagner, les aubergistes reconnaissants.

Mais vous avez compté sans le bon sens, sans la révolte des gens que vous avez exposés à subir toutes les privations à Bayreuth, pour écouter une demi-douzaine de pages remarquables enfouies sous quatre journées du plus mortel ennui. C'est alors que le public mystifié s'est aperçu enfin qu'en somme vous n'avez rien découvert du tout, que les réelles beautés de votre œuvre ont existé avant vous; que vous n'avez découvert qu'un procédé et non un art; que ce que vous appelez la musique de l'avenir n'est, en réalité, qu'une forme nouvelle de la musique du passé, et que vous voulez léguer à la postérité comme un impérissable chef-d'œuvre l'*Anneau des Nibelungen*, qui n'existe pas comme ouvrage dramatique, dont la poésie est ridicule et dont la musique n'est pas toujours bonne. On a vu enfin que vous n'avez trouvé qu'une chose secondaire dans les arts, une manière. C'est seulement dans les époques de décadence artistique, qu'un procédé nouveau peut être confondu par la foule avec le génie créateur!

Allez! M. Wagner a eu bien raison de faire entendre ses opéras à Bayreuth; ce malin savait bien ce qu'il faisait en nous réunissant dans cette petite cité insupportable, où rien ne rappelle les grandeurs passées de l'art; il nous a enfermés dans une ville d'ennuis, afin de mieux nous faire admirer ce qu'il appelle lui-même son œuvre d'art. Dans cette intéressante ville de Nuremberg, d'où je vous écris, dans cette ville, si grande par les admirables chefs-d'œuvre que lui a légués une poignée d'artistes, l'art de M. Wagner n'aurait pas duré ce que durent les roses. Je ne retire aucun des compliments que j'ai adressés à M. Wagner, quoique, à mesure que je m'éloigne du centre de ses opérations, le souvenir s'efface de plus en plus. Je sais bien qu'il me reste quelque chose dans la tête des *Nibelungen*, mais je ne pense pas que mon cœur ait reçu une impression pareille à celle que j'ai ressentie ce matin en entendant dans une des admirables églises de Nuremberg une messe d'Haydn, exécutée tout naïvement par les amateurs de la ville, sans lumière électrique, dans la simplicité imposante d'un chef-d'œuvre indestructible.

Mais de cette musique de l'avenir, sauf quelques morceaux, que reste-t-il quand, dégagée de la fantasmagorie dont Wagner l'a entourée, elle se présente toute seule ! Est-ce que la Vénus de Milo a besoin d'être éclairée par la lumière électrique ? On peut entendre *Don Juan* sur une petite scène, on peut le jouer au piano dans l'intimité et éprouver de grandes sensations. Mais avec cette musique de l'avenir, plus de sensation intime possible : il lui faut des décors, des flammes de bengale, des salles obscures, des orchestres invisibles, des dragons qui chantent, des oiseaux qui parlent, des ours, des nuages qui défilent devant les yeux. Éteignez donc seulement la machine à vapeur derrière le théâtre de Bayreuth, cette machine à laquelle on a recours toutes les cinq minutes, pour produire un effet de mise en scène. Plus de charbon, plus d'œuvre d'art !

Et c'est bien à cause de tout cela que les *Nibelungen* ne peuvent être qu'une œuvre d'un ordre inférieur qui n'existe pas par sa seule valeur intrinsèque. On ne peut pas vivre dans l'intimité de cet art compliqué ; il faut à la fois le voir et l'entendre avec les décors, les costumes, les dragons et les incendies. Sans le tra la la de la féerie, plus de drame lyrique, plus de musique. La magnifique scène de la conjuration des cantons dans *Guillaume Tell* peut être exécutée dans un vieux décor délabré sans perdre de sa grandeur; les *Noces de Figaro*, de Mozart, demeureraient un chef-d'œuvre, lors même qu'on les chanterait sur une petite scène. Débarrassez le *Freyschütz* des apparitions, de la fonte des balles, et il vous restera une œuvre d'art de premier ordre! Mais ces pièces de l'avenir s'évaporent comme la fumée d'un cigare, quand on veut les réduire seulement pour le piano. Tous les musiciens sont d'accord sur ce point ; ils peuvent lire *Don Juan*; mais il faut pour s'en rendre compte, qu'ils voient la musique de l'avenir dans le cadre de la scène, avec les décors, les géants, les nains, la lumière électrique et les flammes de bengale. Art inférieur, vous dis-je, art inférieur! Enlevez le plafond de Michel Ange de la chapelle Sixtine et placez-le dans une grange. Pourvu qu'on puisse le voir, on peut l'admirer ! Il n'est pas besoin de voir le *Roméo* de Shakespeare dans un décor éblouissant pour jouir des beautés qu'il contient. Il n'est pas indispensable qu'on voie le *Faust* de Gœthe sur un théâtre de premier ordre pour en comprendre la poésie; on peut le lire chez soi, au coin du feu et ressentir de grandes émotions; mais laissez-moi donc tranquille avec votre art dit de l'avenir qu'on ne peut pas dépouiller d'une seule flamme de bengale sans le frapper au cœur! Art inférieur, vous dis-je, art inférieur!

Il m'est vraiment pénible de ne pas être de l'avis des deux grandes dames et du vénérable abbé de Weimar qui comptent imposer au monde cet art faux d'un musicien puissamment doué, mais les trois salons de Vienne, de Berlin et de Weimar ne sont pas de taille à lutter contre l'opinion des esprits sages et contre la monotonie désespérante de la musique de l'avenir. Cette opinion publique est d'accord maintenant. Elle sait à quoi s'en tenir ; elle est convaincue que M. Wagner ne lui donnera désormais que des œuvres impossibles où, de ci de là, on retrouve encore le compositeur inspiré de *Lohengrin!* Que M. Wagner essaie donc l'année prochaine de recommencer les fêtes de Bayreuth comme il en avait l'intention ! Il n'y a plus sur la surface du globe que le maître des maîtres, les trois salons de Vienne, de Berlin et de Weimar et les aubergistes de Bayreuth qui peuvent se nourrir de pareilles illusions ! La tour de Babel de Bayreuth vient de s'écrouler et les peuples épouvantés ne se remettront pas de sitôt au travail. Ils s'enfuient dans toutes les directions et racontent ce qu'ils ont vu et entendu. Cela suffit! Il se pourrait toutefois qu'un théâtre allemand essayât de donner l'un de ces opéras de l'avenir : *la Walkure* par exemple, en coupant un tiers de l'ouvrage, peut réussir sur une scène mais sans jamais dépasser les proportions de ce que nous appelons un succès d'estime. On ira voir et entendre cela par curiosité, mais on n'y retournera jamais.

C'est ainsi que l'étoile de M. Richard Wagner a pâli sur cette colline de Bayreuth, d'où elle devait projeter une lumière si vive sur l'univers que, selon les Mamelucks du compositeur, le soleil se montrerait jaloux ! Cette aimable folie, sortie du cerveau d'une poignée d'hallucinés, s'est transformée en un spectacle moins imposant, mais plus consolant. Le crépuscule des Dieux a été en même temps le crépuscule de M. Wagner. Comme le dieu Wotan, l'homme de l'avenir succombe sous le poids de ses fautes. Il a beau se mettre une couronne de lauriers sur la tête et se figurer qu'en rentrant chez lui il pénètre dans le château de Walhalla sur un arc-en-ciel le public qui le voit sait fort bien que cet arc-en-ciel est en carton peint et que la Walhalla de Bayreuth n'est pas la demeure d'un dieu. Le dénoûment sera le même que dans Nibelungen. De même que Wotan, le dieu de Bayreuth sera enseveli sous les décombres du monument qu'il a essayé d'élever à sa propre gloire. Plus tard, en fouillant son œuvre ensevelie sous l'oubli, on découvrira dans les ruines, au milieu des poutres pouries et des pierres rongées par le temps, une demi-douzaine d'inspirations que la postérité conservera dans les musées comme des objets d'art ! Cela suffira pour assigner à M. Richard Wagner une place marquante dans l'histoire de la musique. Mais, en ce qui est d'accaparer à lui seul tout l'avenir, c'est une autre affaire.

Demain est à Dieu! a dit le poète. Demain ce théâtre de Bayreuth sera probablement un cirque, une salle de bal ou un tir national.

VII

EN RUSSIE

SAINT-PÉTERSBOURG. — MOSCOU ET LE COURONNEMENT. — CHEZ LE GÉNÉRAL TRÉPOFF

Saint-Pétersbourg, hôtel Demouth, 1883

Quitter Paris en plein printemps et retrouver, trois jours après, la neige amoncelée dans la campagne, c'est là une de ces surprises qui aurait fait reculer un Romain, mais qui n'arrête pas un Parisien, bien décidé à assister au couronnement de Moscou et à en rendre compte. Le but de mon voyage est là; c'est vous dire que je ne me suis pas mis en route pour découvrir la Russie, ce qui est fait. De la sorte j'épargnerai à mes lecteurs l'étude du passé et l'excursion obligatoire dans l'histoire, pour le moins jusqu'au règne de Pierre le Grand; le Dictionnaire de la conversation suffira pour rafraîchir la mémoire des amateurs de dates historiques. D'autre part, je ne me sens pas de taille à juger un si vaste empire après une simple promenade en voiture à travers la capitale russe dont le pavé réhabilite celui de Pontoise que je jugeais le plus mauvais de l'Europe. Ce pays traverse une grande crise qui a déjà ses dates sanglantes et qui remplit les esprits d'amères appréhensions. Entre le peuple, toujours fidèle à son Tzar, qui est pour lui le chef incontesté de l'État, la souveraine incarnation de la religion, et l'aristocratie étroitement groupée autour du trône, une minorité d'esprits aventureux et de rêveurs s'agite et s'accentue comme une puissance ténébreuse, mais redoutable à ce point que c'est sur cette minorité que sont dirigés en ce moment les regards de l'Europe autant que sur la solennité de Moscou.

Il faudrait un long séjour en Russie, une étude consciencieuse de ses institutions et de sa civilisation, une recherche approfondie des causes à travers les âges avant de hasarder une opinion personnelle sur la façon dont il convient de gouverner la Russie. Je n'ai pas cette ambition ; je ne séjourne pas en Russie, je la traverse au bruit des cloches, des tambours et des musiques militaires qui, dans une semaine, salueront l'entrée de Sa Majesté le Tzar dans la ville sainte de Moscou où l'empereur vient chercher la suprême consécration de son pouvoir, sans laquelle, aux yeux du peuple, la puissance impériale ne serait ni définie ni acceptée. C'est donc autour de cette solennité, particulièrement attrayante par les circonstances politiques qui l'entourent, que je dois chercher la matière de ma relation de voyage; j'essaierai de donner des fêtes de Moscou un tableau exact, naturaliste, puisque le mot est à la mode, c'est-à-dire s'appuyant sur la vérité des faits et non sur le désir d'éblouir le lecteur par des scènes de pure fantaisie.

Tout me porte à croire que les Parisiens trouveront partout ici l'accueil le plus sympathique. En ce qui me concerne j'ai pu me rendre compte de cette prévenance dès mon entrée sur le territoire russe. Le capitaine de Biedermann qui commande la station de la frontière et à qui j'avais été recommandé m'a donné la première preuve de l'hospitalité russe en m'assistant dans les formalités à remplir envers la douane et le bureau des passeports. Grâce au capitaine, je me suis à peine aperçu que j'entrais dans un pays dont l'accès est, dit-on, difficile. J'ai trouvé la douane fort courtoise, non seulement pour moi, le protégé, mais pour tous les autres voyageurs; les employés sont polis, empressés, disciplinés à merveille, les seuls peut-être en Europe qui considèrent encore les voyageurs qui les font vivre comme des supérieurs et non comme des êtres d'une espèce inférieure, destinés par la Providence à végéter sous le rayonnement de messieurs les employés de chemin de fer.

L'entrée en Russie est bien nette : ordinairement aux frontières les races fusionnent; sans la différence de la langue on ne les distinguerait pas sans peine;

ici, c'est tranché. La frontière prussienne est à trois minutes de la première station russe, et ici c'est déjà une toute autre civilisation qui surgit aussitôt. Le gendarme russe est là, vêtu de la grande capote grise, coiffé de la casquette en fourrure qui tient le milieu entre la toque et le béret. A la façon asiatique, le sabre est suspendu à une simple courroie en cuir se croisant sur la poitrine avec une seconde courroie au bout de laquelle est le revolver dans sa gaine en cuir fauve et la cartouchière. Celui-ci ne ressemble plus du tout au soldat prussien, serré dans son uniforme luisant et coiffé de son casque aux garnitures en cuivre poli. Les employés du chemin de fer portent, avec le vieux costume national, une sorte de redingote-blouse croisée, avec les jupes plissées et la ceinture en cuir; le large pantalon russe, rentré dans les bottes qui montent au-dessus du mollet, le béret en fourrure qui est la coiffure uniforme depuis que le casque a été aboli dans l'armée; ce bonnet est en quelque sorte l'emblème de la Russie, depuis le plus humble employé, en passant par l'armée, jusqu'à l'Empereur qui le portera également à son entrée solennelle à Moscou, comme le complément naturel de son uniforme de général.

On sait que l'écartement des rails est beaucoup plus large en Russie que dans le reste de l'Europe. Le pays veut être maître chez lui et sa volonté de s'isoler du reste de l'Europe se manifeste dans la voie ferrée qui ne permet à aucun wagon étranger de circuler en

Russie. Il faut changer de train; le nôtre, qui est le plus rapide, ne fait pas plus de quarante kilomètres à l'heure; en revanche, les wagons sont supérieurement aménagés avec tout le confort qui nous manque encore en France. Ce qui me rend ce long voyage plus agréable, c'est la prévenance des autres touristes envers l'étranger. Le capitaine de Biedermann m'a signalé à la frontière à un officier supérieur et à quelques autres voyageurs de distinction.

En si aimable compagnie, la route me semblait moins longue; elle est du reste de peu d'intérêt, car ce sont les provinces les plus pauvres de la Russie que nous traversons. Le paysage est une plaine sans fin, coupée seulement de loin en loin par la lisière de quelque pauvre forêt de sapins ou de bouleaux; les arbres sont d'aspect chétif comme toute la nature; le terrain est marécageux, c'est-à-dire malsain; les villages sont rares, à de si grandes distances les uns des autres, si peu peuplés, qu'on ne peut pas entretenir de voies de communication qui ressemblent à nos belles routes. Cela ne ressemble pas du tout à nos campagnes souriantes, à notre sol, dont chaque pouce est cultivé, à nos pâturages où le bétail, gras et réjoui, se vautre dans l'herbe épaisse, à nos paysans solides qui, la tête haute, marchent derrière la charrue dans la conviction que la moisson abondante les récompensera de leur dur labeur. Aucune trace ici de nos villages propres, de nos fermes pittoresques, de ce rayonnement de bien-être qui réjouit la vue et le cœur du touriste et qui vous fait respirer à pleins poumons les senteurs bienfaisantes d'une campagne en fleur au mois de mai.

Rien de pareil ici. Il est vrai que ces provinces sont pauvres, mais la population en Russie n'est aussi en aucun rapport avec l'étendue de ce vaste empire ; les paysans ne se sentènt pas les coudes, comme on dit ; les villages sont à de grandes distances l'un de l'autre, ce qui, ajouté à la pauvreté du sol, rend impossible la construction et l'entretien de routes communales ou départementales. C'est pour cela que le paysan est confiné ici dans son village, courbé éternellement sur le même sol ingrat ; sans communication avec la ville, il naît, grandit et meurt dans son village ; il quitte cette vallée de misère aussi pauvre qu'il y est entré. Pauvreté du sol, misère de celui qui le cultive. Le bétail, petit et maigre, broute péniblement l'herbe clairsemée ; devant la charrue marche un petit cheval efflanqué et malingre. Les villages en bois suent la pauvreté ; tout y est misérable, à ce point qu'on ne distingue pas l'habitation de l'étable. Ce n'est certes pas là la Russie tout entière, mais ce premier échantillon serre le cœur, c'est certain.

Après une course de vingt-trois heures à travers toutes ces désolations, nous arrivons à Gatschina. L'Empereur, qui a passé tout l'hiver à Pétersbourg, habite maintenant cette résidence. On le devine par le déploiement de troupes qui occupent militairement la voie entre la résidence impériale et la capitale. Les quarante kilomètres que nous parcourons maintenant sont garnis de factionnaires qui, enveloppés dans leur manteau gris, le fusil en bandoulière, s'acheminent entre les différents corps de garde établis en pleine campagne ; ces factionnaires sont partout sur les rails et sous la voie quand elle traverse un pont ; tantôt dans les tranchées, tantôt sur les remblais, ils sont divisés de telle sorte qu'aucun point de la ligne ferrée n'échappe à leur vigilance. C'est là le premier symptôme des mesures exceptionnelles que commandent les circonstances. Le jour où Sa Majesté se rendra à Moscou, l'occupation militaire du chemin de fer sera la même sur une longueur de six cents kilomètres.

Il est certain que ces mesures de surveillance ne sont pas exagérées dans la situation actuelle, non que la Russie soit en deuil et tremble de haut en bas devant l'inconnu. La capitale, à la surface, a son aspect des meilleurs jours. Son activité ne se ralentit pas ; les rues sont animées ; chacun court à ses affaires avec une apparente tranquillité, mais au fond un tremblement nerveux secoue les âmes. Sans être un pessimiste, sans me faire l'écho de tous les racontars, sans décourager ceux qui viendront après moi et sans me laisser décourager moi-même par des appréhensions démesurées, on peut constater toutefois que les mesures de prudence ont été prises pour empêcher que les grandes solennités de Moscou fussent troublées par quelque incident grave. Ainsi, pour les fêtes, on a délivré à toutes les personnes non officielles, mais qui par la nature de leurs fonctions doivent approcher la famille impériale, des laisser-passer personnels ornés de la photographie du titulaire. C'est là une mesure excellente et qui nous permet aux uns et aux autres de circuler partout sans être soupçonnés par personne. Mon Dieu, à distance, ces mesures peuvent paraître excessives, mais il ne faut pas oublier que nous ne sommes pas très loin de la journée terrible où Alexandre II tomba sous les coups des conspirateurs. Saint-Pétersbourg s'en souvient et l'étranger aussi, car la première chose qu'on lui montre, c'est la chapelle, encore provisoire, élevée sur l'emplacement où mourut l'auguste père du Tzar actuel et dans une église, dont le nom m'échappe en ce moment, on vous montre encore sous une vitrine l'uniforme que l'empereur Alexandre II portait le jour de son assassinat et son sabre dont le fourreau en acier conserve de nombreuses taches du sang impérial.

Mon objectif demeure Moscou ; je ne puis donc qu'en passant consacrer quelques lignes à ces souvenirs lugubres et qui détonnent dans les préparatifs de la grande cérémonie qui se prépare. Le ciel plus clément depuis hier est d'un bleu limpide qui contraste singulièrement avec les glaçons que charrie la Néva. La capitale paraît souriante ; pleine de confiance en l'avenir. Les coupoles dorées des cathédrales et chapelles scintillent au soleil. Cette ville est un étonnement. Tout y est grand, magnifique, éblouissant ; elle n'est pas comme les autres capitales, qui toutes se ressemblent, l'une singeant l'autre. Tout a un caractère ici, chaque chose à sa couleur, tout est également intéressant, parce que l'élément particulier de la nation se retrouve partout, dans le costume de l'homme du peuple dont la coupe n'a pas varié à travers les siècles, dans la tenue du cocher de fiacre, enveloppé dans son long kaftan et coiffé du petit chapeau rond, très évasé dans le haut, dans l'uniforme des soldats, dans les attelages particuliers, dans la façon dont galopent les chevaux et dont marchent les hommes. Après les misères entrevues hier dans la campagne, voici la capitale luxueuse avec ses palais, ses monuments, ses églises magnifiques, dont les colonnes sont souvent en malachite et même en lapis-lazzuli, ses chapelles aux images de sainteté en or repoussé et garni de pierres précieuses du plus grand prix, avec le luxe de la cour, de l'aristocratie et de la religion. C'est un tableau éblouissant autant que celui de la campagne était désolant hier, et c'est ainsi qu'en deux jours j'ai eu sous les yeux et les richesses immenses du pays qui font sa force, et les misères déchirantes dont il souffre.

Je ne saurais vous dire l'impression que fait sur moi cette ville admirable. Tout y est grandiose. On dit qu'il faut voir Pétersbourg en hiver, couvert de neige ; je ne crois pas ; le ciel noir de l'hiver ne peut pas donner à cette immense cité le rayonnement qui lui vient en ce moment du soleil printanier, qui rend les eaux de la Neva bleues et transparentes, qui fait miroiter les coupoles dorées des églises et se joue dans les façades étincelantes des palais. Avec cette température douce, la vie des rues se présente sous un aspect plus gai ; ces milliers de fiacres, pas beaucoup plus grands que des vélocipèdes, attelés de petits chevaux pas plus hauts que des poneys, mais qui courent comme des chevreuils sous le fouet du cocher penché en avant comme s'il voulait, par cette attitude, les pousser encore ; tout cela est admirable de vie et de pittoresque. Et puis, pour les passionnés de l'art, Pétersbourg a le plus beau Musée du monde, l'Ermitage, supérieurement aménagé pour mettre chaque tableau à son plan et où les grands maîtres, les Hollandais surtout, sont chacun représentés par des douzaines d'incomparables chefs-d'œuvre. C'est une ville superbe, étonnante, renversante.

Pour le moment, l'intérêt est tout entier à Moscou. Nous ne sommes plus qu'à quelques jours des solennités impériales, et personne, ni en haut ni en bas, ne peut ou ne veut donner la date exacte de l'entrée de Sa Majesté à Moscou ; sur ce chapitre, il faudra nous attendre à quelque surprise de la dernière heure. Tout ce qu'on a pu me dire, c'est que l'entrée aura lieu le 21 ou le 22 ; rien d'absolument certain sur les deux dates. En attendant, tout le matériel de la maison impériale est déjà parti pour Moscou, et la chancellerie du ministère de la cour se mettra en route samedi. Les carrosses-gala, les vieux carrosses tout dorés et dont les panneaux sont peints par Boucher et Fragonard, sont déjà au Kremlin, et, depuis deux jours, la garde s'est mise en mouvement. La division de cuirassiers, plus connus chez nous sous la dénomination de chevaliers-gardes que les régiments, jadis formés par des gentilshommes, ont conservée du temps de la grande Catherine, y sera tout entière; les autres régiments fourniront chacun un escadron; de même les deux plus anciens régiments d'infanterie partent au grand complet; les autres n'envoient à Moscou qu'un bataillon. A ce déploiement de troupes, il manquera cette fois les deux escadrons asiatiques qui firent si grande sensation au couronnement de S. M. Alexandre II, et qu'on a vus dans les tableaux militaires russes avec leurs costumes si riches et si pittoresques. On a licencié les deux escadrons, composés exclusivement de jeunes princes de l'Asie centrale ; ils ont été répartis dans la cavalerie avec le brevet d'officiers. Il est certain que l'éclat militaire de l'entrée à Moscou souffrira de la suppression de ces deux escadrons de volontaires d'Asie qui étaient comme une garde-noble de l'Asie centrale formant un corps d'élite autour de l'Empereur. Leur dévoûment était si grand, qu'ils déplorèrent comme un malheur, presque comme une tache à leur honneur militaire qu'aucun des leurs ne fût mort à côté de l'empereur Alexandre II qui, le jour de son assassinat, se rendait en petit cortège chez une grande-duchesse et n'était escorté que par des cosaques, dont une dizaine furent fauchés par les éclats des bombes.

Mais si les deux escadrons asiatiques doivent manquer à Moscou, l'Asie sera néanmoins représentée par les princes et les députations qui viendront saluer l'Empereur. On y verra aussi pour la première fois en pareille circonstance les représentants directs du peuple, les députations de paysans de tous les districts, des conseillers généraux et autres fonctionnaires populaires qui ont été installés depuis quelques années seulement comme une première transformation du pays, dont l'achèvement demanderait peut-être un siècle et que les violences révolutionnaires retardent forcément quand elles pensent servir la marche du progrès. Nous verrons donc pour la première fois à Moscou le peuple convié directement et officiellement à la grande solennité. Je n'ai pas à rechercher ici si c'est assez, car je veux éviter de parti pris d'entrer dans des considérations d'un ordre social que mon ignorance de la Russie, de ses mœurs et de ses réelles aspirations, ne me permet pas d'aborder. En revanche je m'efforcerai de mettre sous les yeux de nos lecteurs un tableau exact des journées émouvantes et pittoresques de Moscou.

Des deux grandes journées, celle de l'entrée de Sa Majesté à Moscou sera la plus émouvante : le sacre a lieu dans l'intérieur du Kremlin, qui est à la fois le

Palais et l'Église, le monument où fusionnent la puissance temporelle et le pouvoir religieux. L'entrée de l'Empereur et de la famille impériale sera la fête de la rue, que Sa Majesté, précédant son état-major, parcourera à cheval devant le peuple assemblé.

Nous autres qui sommes les hôtes de la Russie, nous devons faire des vœux sincères pour que rien ne vienne troubler l'éclat de ces fêtes auxquelles le gouvernement russe nous a fa. l'honneur de nous convier. Nous le souhaitons non seulement pour le Souverain de ce grand pays, mais aussi pour la nation tout entière, car la rentrée triomphale de Sa Majesté à Saint-Pétersbourg sera probablement le signal d'une ère d'apaisement. Il suffit d'avoir passé quelques jours en Russie pour s'apercevoir, combien du haut en bas de l'échelle sociale, chacun aspire au repos après tant d'alarmes qui tiennent la prospérité publique en suspens.

LE COURONNEMENT.

Moscou, 28 mai 1883.

La cérémonie qui s'est déroulée sous mes yeux dépasse tout ce qu'on peut rêver en grandeur véritable, en pittoresque, en pompe éblouissante. Le cérémonial même du couronnement, avec ses étrangetés incompréhensibles pour nous autres Parisiens, ne peut même pas donner une idée approximative de cette solennité éblouissante et, par moments, profondément émouvante, du couronnement d'un Tzar. Tout ce que j'ai vu en cette journée, tous ces souvenirs extraordinaires que j'ai emportés se livrent à une danse folle dans ma pauvre cervelle surexitée; je suis encore aveuglé par le sors qui scintillent, les diamants qui brillent, les cierges qui brûlent; j'ai encore dans l'oreille les chants des prêtres, les sons des cloches; mon front est brûlant encore par l'atmosphère surchargée d'encens, et il me faut donner une idée de ce couronnement qui, raconté en détail, exigerait la matière d'un volume. Maintenant, procédons par ordre.

Tout est surprenant, étrange, magnifique dans cette cérémonie du couronnement, tout, depuis le début jusqu'à la fin. Je vais faire défiler sous les yeux de mes lecteurs ce que j'ai vu. Commençons par planter les décors de cette véritable féerie.

A L'INTÉRIEUR DU PALAIS.

A leur entrée solennelle à Moscou, Leurs Majestés ont pénétré dans le Kremlin par la porte Sainte ou porte du Sauveur, et de là, suivant la plus grande place dite Algunor, le cortège s'est arrêté sur la place des cathédrales ; à droite l'Assomption, où a lieu la cérémonie du sacre et à gauche les églises de l'Archange Michel et de l'Annonciation. Quand on se place de façon à avoir l'Assomption à droite, l'escalier des Lions monte au premier étage du Palais et derrière nous, masqué à son soubassement par les tribunes, s'élève le beffroi d'Yvan le Grand, tout blanc, sans dorures ni peintures. Ce n'est pas la grande façade du Palais que nous avons devant nous ; elle longe la terrasse d'où l'on a une si belle vue sur Moscou ; c'est la façade latérale, si j'ose m'exprimer ainsi ; elle s'appuie sur ce qui reste du vieux Kremlin, et l'escalier des Lions n'est pas davantage l'escalier d'honneur qui nécessairement est sous le vestibule de la grande entrée. L'escalier des Lions ne semble être là que pour mettre le premier étage du Palais, où se trouvent les salles des fêtes, en communication avec les cathédrales.

Les appartements privés de Leurs Majestés et de la famille impériale sont au rez-de-chaussée, à gauche, sous le vestibule. De toutes les fenêtres, on a la vue magnifique sur Moscou. La description des appartements privés ne servirait à rien, car ils sont loin des fêtes. En passant, je dirai seulement que le cabinet de l'Empereur, toujours très simplement meublé, est orné des portraits des Tzars Nicolas et Alexandre II ; plus, de nombreux tableaux retraçant tous des scènes de la Retraite de Russie, et dont la fierté française aurait tort de s'offenser, car ce sont des copies ou des reproductions des toiles de nos musées : de Gros, de Vernet et de Bellangé. Sur le bureau de l'Empereur, au milieu, une photographie de l'auguste mère d'Alexandre III.

Après la cérémonie de l'entrée la famille impériale s'était retirée dans l'appartement, dit de Catherine, où elle s'assemble aux jours de grande cérémonie, pour pénétrer ensuite en cortège dans les salons officiels. L'appartement de Catherine n'est habité que dans les circonstances exceptionnelles, par quelque souverain en visite. Le dernier qui ait couché dans le lit de parade a été le Shah de Perse.

C'est de ces appartements privés que nous suivrons d'abord la famille impériale, à travers tout le premier étage du palais, par l'escalier des Lions, jusqu'à l'Assomption, dont les tribunes ainsi que celles qui sont élevées sur la place sont, dès huit heures du matin, occupées par les invités. Les princes mahométans et les envoyés d'Asie à qui leur religion interdit de se découvrir dans un temple, restent pendant la cérémonie du sacre, sur la place, dans une tribune qui leur a été réservée.

Tandis que la famille impériale se réunit donc à l'extrémité du premier étage, tout au bout de la longue enfilade de salons plus vastes les uns que les autres, tous les personnages faisant partie du cortège officiel s'assemblent dans les salles voisines. Sur tout le parcours du cortège qui va se former, dans toutes les salles, sur l'escalier, jusqu'à la cathédrale, la haie est composée de troupes appartenant à toutes les armes; dans la salle du trône, ce sont les grenadiers de la compagnie du Palais, compagnie d'élite formée de vétérans éprouvés. La veille, vers quatre heures, toutes les cloches de Moscou se sont mises en branle pour annoncer le *Te Deum* chanté dans toutes les églises sans exception. La veille aussi les insignes impériaux ont été cherchés en grande pompe au Musée des armures et transportés au Palais par l'archi-maître, le grand maître et les simples maîtres des cérémonies, précédés de hérauts d'armes et accompagnés de grenadiers.

LES INSIGNES IMPÉRIAUX

Les deux manteaux du couronnement de Leurs Majestés sont pareils : en brocart d'or, garni d'hermine ; les traînes ont près de trois mètres et l'aigle impérial, brodé en noir sur le fond de ces manteaux, a plus d'un mètre de hauteur.

La couronne de Sa Majesté l'Empereur est faite de deux mille quatre cents diamants, enchâssés de telle sorte que nulle part on ne voit l'or dans lequel ils sont incrustés ; cette couronne n'est pas une des vieilles couronnes des Tzars qu'on voit au musée des couronnes et qui sont beaucoup trop lourdes ; elle remonte au règne de Catherine II ; une croix en diamants la surmonte, cette croix a pour socle un rubis de la grosseur moyenne d'un œuf.

Le globe est en or ; une guirlande de brillants et de perles l'entoure ; sur ce globe, également une croix en diamants dont le centre est un saphir de trois centimètres environ.

Le sceptre est fort simple et très léger de forme ; il est en or, pas très grand et la main de justice tient un des plus gros diamants du monde, *le Lazareff* vendu à Catherine II par un Arménien qui l'avait apporté des Indes. La légende qui se tait sur la façon dont l'Arménien s'appropria le brillant, ajoute que, pour plus de sécurité, l'Arménien se fit une incision dans le mollet et y cacha la pierre précieuse ; la plaie fermée, il se mit en route avec son trésor que les chirurgiens ont ensuite extrait à Moscou.

Les grands colliers de l'ordre de Saint-André de Leurs Majestés sont entièrement en diamants; l'Empereur a, de plus, l'Étoile de l'ordre en brillants.

La couronne de S. M. l'Impératrice est petite, une véritable couronne de femme, destinée à être portée sur la coiffure; comme celle de l'Empereur, elle est entièrement en diamants; la croix repose sur un brillant énorme.

Tous ces insignes sont éblouissants de luxe, et je dois ajouter aussi qu'ils sont d'une forme élégante.

Les autres insignes impériaux sont le grand sceau de l'État et le glaive de l'Empire, un grand glaive, que le colonel des chevaliers-gardes tient pendant la cérémonie religieuse et enfin l'étendard de l'Empire.

Ces insignes ont été transportés la veille au palais et seront tenus maintenant dans le cortège par de hauts fonctionnaires. Les couronnes et les colliers, le sceptre et le globe reposent sur des coussins en velours rouge garnis de bandes d'or. Je n'essaye même pas de donner le titre officiel de chaque fonctionnaire qui prend part au cortège; les grades ici sont si nombreux, si variés et se décomposent ensuite en une infinité de sous-grades dans lesquels on se perd.

DU TRONE A L'AUTEL

La famille impériale, dès huit heures et demie, est donc assemblée dans les appartements de Catherine, tandis qu'à côté d'elle se réunissent les personnes qui figurent dans le cortège. Le corps diplomatique s'est réuni ce matin à sept heures chez son doyen, M. de Schweinitz, ambassadeur d'Allemagne, et s'est rendu en corps à la cathédrale; des centaines de carosses-gala escortés de cavaliers, des milliers de voitures particulières ont conduit les invités soit dans les tribunes extérieures, soit sur tous les points d'où l'on peut apercevoir le cortège. Les cloches sonnent, le canon tonne. Sur la galerie qui mène du vestibule sacré à l'escalier des Lions apparaissent des hérauts d'armes qui, à son de trompe et au roulement des timbales, annoncent que l'heure solennelle approche. Comme curiosité, et afin de donner la note exacte des préoccupations de cette journée, je dirai que, pour pénétrer dans la cathédrale, les membres du corps diplomatique ainsi que les missions extraordinaires doivent exhiber leurs cartes d'invitation, pour rendre impossible la venue d'un intrus déguisé en ambassadeur.

Le temps est froid et couvert.

Vers neuf heures, la famille impériale, en grande cérémonie quitte son centre et, précédée des grands chambellans, chambellans, archi-ministre, grand maître et maîtres des cérémonies, se dirige vers la salle du trône au milieu d'un enthousiasme que l'austérité de la situation ne peut même pas contenir. Ah! que n'ai-je la science particulière d'Étincelle pour décrire en détail les costumes! Pourquoi ne suis-je qu'un simple ignare en pareille matière? c'est tout au plus si je sais distinguer le velours de la peluche; la traîne de l'Impératrice, soutenue par les pages, a quatre mètres de longueur, et est en drap d'argent. S'il y a des diamants, des diadèmes, des colliers de perles incroyables, ne me le demandez même pas. Tout ce luxe extérieur du cortège impérial a été fourni, en ce qui concerne les soieries et les velours, par la ville de Lyon; j'ai vu l'un des fournisseurs : la plus modeste des robes est de trois cents francs le mètre. C'est incroyable, ahurissant, aveuglant de luxe, de goût et de richesse.

Leurs Majestés prennent place sur le trône dans la salle Saint-André, dont le mobilier a les couleurs de l'ordre. Elles ont traversé quelques petits salons et la salle des gardes, puis la salle Saint-Georges, la plus belle du Kremlin, bien plus belle que la salle du Trône; elle est longue de soixante-un mètres, large de vingt-un et a dix-sept mètres d'élévation; dix-huit colonnes où courent des ornements d'or sur le marbre supportent le plafond; sur les murs, en lettres d'or incrustées dans le marbre, les noms des régiments qui se sont distingués en campagne ainsi que les noms des officiers décorés de l'ordre de Saint-Georges, la plus élevée des décorations militaires, et qui ne s'accorde que pour faits de guerre.

La salle Alexandre, qui vient ensuite, est rouge et or ; elle porte son nom de l'ordre d'Alexandre Newsky, le grand patron russe. C'est dans la salle Saint-André que s'élève le trône. Comme je ne suis pas venu en Russie pour tout acclamer dans un même enthousiasme, je dirai que, malgré les richesses de ces salles, elles ne soutiennent aucune comparaison avec Versailles ou même avec ce que furent les Tuileries. Il manque généralement à la décoration des salles du Palais le style, le goût des détails dans l'ornementation.

Ensuite le ministre de la cour s'avance vers Leurs Majestés et annonce qu'un premier *Te Deum* a été chanté, que les *Heures* ont été dites et que le moment du couronnement approche. Précédé de toute sa maison et suivi de tous les membres de la famille impériale et des princes étrangers, le Czarewitch devance ses augustes parents à la cathédrale. La maison impériale y est reçue par le clergé et conduite aux places qui lui sont réservées sur l'estrade où va avoir lieu le couronnement.

LE CORTÈGE

Quelques minutes après, le cortège impérial proprement dit se met en mouvement. Les cloches sont toutes en branle, le canon tonne ; les musiques mili

taires jouent l'hymne, les tambours roulent ; depuis
le trône jusqu'à la cathédrale, un commandement retentit. Les chevaliers-gardes, des hommes superbes
sous leurs cuirasses dorées et le casque orné de l'aigle,
ouvrent la marche ; ils sont suivis de pages, chambellans, dames du palais, dames d'honneur, maîtres
des cérémonies, des chefs suprêmes de toutes les
grandes administrations, des syndics des communes
rurales ; des présidents des grandes institutions commerciales, des représentants de tous les tribunaux de
l'Empire, des fonctionnaires de première classe du
Palais, que sais-je encore ? car ici il y a pour chaque
administration autant de titres que pour les dignitaires de la cour. Nous arrivons maintenant à la
partie intéressante du cortège. Un sous-officier des
grenadiers du palais, portant le drapeau de son régiment, précède les insignes impériaux qui sont portés par les plus hauts dignitaires, entre une double
haie d'aides de camp, généraux de division. Et voici
enfin leurs Majestés. L'Impératrice porte une robe en
drap d'argent, brodé d'argent ainsi que la traîne,
avec garnitures de diamants et de pierres précieuses.
Cette magnifique toilette a été exécutée par MM. Isambard et Chanceau, une grande maison française établie à Saint-Pétersbourg.

Leurs Majestés descendent l'escalier des Lions,
qu'au moment de leur sortie du vestibule sacré, le
clergé vient d'asperger d'eau bénite. L'escalier et
toute la place des Cathédrales sont couverts d'un

tapis rouge. Au bas de l'escalier attend le dais sous lequel les souverains prendront place dans le court trajet entre l'escalier et le parvis de la cathédrale, cent mètres, pas plus ; les cordons du dais sont tenus par trente-deux généraux de division. On me montre dans le nombre le général Ignatieff ainsi que le général Treppow, l'ancien grand maître de la police à Saint-Pétersbourg, plus connu chez nous par la balle de Vera Zassoulitsch, qu'il porte toujours dans le flanc. L'un des premiers généraux tenant le cordon est un diplomate que tout Paris connaît et qui ne rencontre chez nous que de respectueuses sympathies, S. E. le prince Orloff.

Le dais sous lequel Leurs Majestés marchent de là au parvis de la cathédrale, est rouge, en velours à bandes et glands d'or. L'aigle de Russie est brodé partout ; au milieu du dais, des deux côtés, le chiffre de Leurs Majestés entouré du collier de Saint-André. Douze énormes panaches au-dessus du dais et au milieu surplombant tout, une grande couronne en or et pierres précieuses sur un coussin en velours rouge. Des chevaliers-gardes ferment la marche. Au moment où Leurs Majestés prennent place sous ce dais, sur un signal venu je ne sais d'où, toutes les cloches sonnent à toute volée ; les troupes massées sur le parcours présentent les armes, et leurs drapeaux s'inclinent devant les souverains aux sons des tambours, des fifres et de la musique militaire.

Les trois métropolitains de Novgorod, de Moscou,

de Kiew sont sur le parvis avec tout le clergé. Le métropolitain de Moscou souhaite la bienvenue à Leurs Majestés, dans la maison de Dieu. Celui de Novgorod présente aux souverains la croix qu'ils baisent, et celui de Kiew leur offre l'eau bénite. En ce moment, le tableau est vraiment saisissant. Dans les tribunes, tout le monde est debout, silencieux, devant cette imposante cérémonie. Si sceptique qu'on soit, on se sent envahi d'une sensation mystérieuse et recueillie dans ce décor sans pareil qui a pour cadre trois cathédrales, un palais, l'imposant beffroi de Yvan le Grand et où miroitent les habits sacerdotaux des prêtres, au milieu des uniformes surchargés de broderies. La situation politique, avec ses angoisses naturelles chez tous les assistants, russes et étrangers, rend la cérémonie encore plus imposante.

Le cortège tout entier n'entre pas dans l'Assomption, qui ne contient que à peu près cinq cents places pour tous les invités, mais un représentant de tous les corps d'État pénètre dans l'église, où va se dérouler la cérémonie la plus majestueuse qu'on puisse imaginer. Le couronnement et le sacre sont maintenus dans la tradition des autres siècles ; rien n'est changé. Je suis d'ailleurs de l'avis de S. E. le général Trepoff, à qui j'ai fait une visite à l'hôtel des Princes. Dans le cours de la conversation le général m'a dit :

« Ce sont là des cérémonies auxquelles on ne peut toucher sur un seul point, sans leur faire perdre leur caractère et sans ouvrir la porte à toutes les concessions. »

C'est aussi mon avis.

USPENSKY SABOR

On ne peut rien rêver de plus surprenant que cette cathédrale byzantine de l'Assomption avec ses cinq coupoles dorées; elle est de forme carrée et dominée par la coupole du milieu; on ne peut rien voir de plus riche. En entrant pour la première fois dans cette église, on est ébloui par la profusion des dorures et l'accumulation inouïe d'images vénérées en or et garnies de pierres fines dont tout le mur qui sépare le sanctuaire de l'église est couvert de haut en bas et de long en large.

C'est la vieille cathédrale où de tous temps furent couronnés les Tzars; c'est ici également que furent enterrés les patriarches. Si les murs ont subi des changements, l'emplacement du couronnement est resté le même à travers les siècles. L'église primitive n'avait ni ce développement ni ce luxe; elle était modeste, et la première transformation de l'Assomption date de la fin du quinzième siècle; un architecte de Bologne, Fioravanti, construisit Uspensky Sabor en style lombardo-byzantin, en s'inspirant de la cathédrale de Saint-Dmitri à Wladimir, qui n'est pas très loin de Moscou. Pendant les seizième et dix-septième siècles, l'Assomption eut beaucoup à souffrir des guerres et des pillages ; l'incendie de Moscou en 1812 détruisit également une partie de la cathédrale.

Je donne ces indications historiques quand c'est nécessaire, et non pour faire étalage d'une érudition qu'il est facile de puiser dans les guides. Si j'insiste ici sur les crises qu'Uspensky-Sabor a traversées, c'est pour indiquer à mes lecteurs que la cathédrale n'est pas conservée dans sa pureté primitive et qu'à côté des parties anciennes qui sont restées debout dans la tourmente, elle porte de nombreuses traces des restaurations qu'elle a subies.

La grande coupole repose sur quatre colonnes dont le diamètre est de deux mètres ; elles supportent toutes les voûtes qui s'appuient dans le milieu de l'église sur ces colonnes ; elles sont dorées comme le reste, et sur ce fond d'or sont des peintures multiples, des saints, des anges, des moines, des chevaliers bardés de fer ; de chacune de ses coupoles une tête gigantesque du Christ qui en tient toute la surface, semble contempler les fidèles en bas. Sur les murailles, c'est la même profusion de peintures sur fond d'or. Le mur qui sépare l'autel du reste de l'église semble en or pur ; les images vénérées, repoussées dans le métal précieux, y sont suspendues en si grand nombre que nulle part on n'aperçoit une trace de la pierre. Douze lustres, dont la plupart ont été refaits sur le modèle des anciens qui sont en minorité, descendent des coupoles. On ne peut imaginer un plus complet éblouissement des yeux ; la première impression, tant qu'on ne recherche pas trop l'art intrinsèque dans le détail, est imposante, je dirai même écrasante.

Autour de la cathédrale on a construit des tribunes pour le couronnement où, sur trois rangs, prennent place les princes, le corps diplomatique et les plus hauts dignitaires de l'État, une réunion qu'il a fallu trier sur le volet, car pour tous les hôtes éminents, représentants d'un trône ou d'une nation, pour tous ces fonctionnaires occupant les plus hautes charges à la cour, on ne dispose, je l'ai dit, que de cinq cents places.

Le centre de l'église, c'est-à-dire toute la surface entre les quatre colonnes, est occupé par une vaste estrade où, sur un tapis rouge garni d'or, s'élèvent les trônes sous un baldaquin rouge brodé d'or, empanaché et suspendu à la coupole centrale par de gros cables d'or. Les chiffres de Leurs Majestés sont au fond, brodés sur le velours. Cette estrade, où a lieu la cérémonie du couronnement et du sacre, est entourée d'une double galerie en bois doré; entre les deux se tiennent les membres de la famille impériale et les princes étrangers, sauf les Mahométans qui n'ont pas pu entrer dans le temple de l'église orthodoxe. Sur les gradins inférieurs se placent l'archigrand maître du couronnement, le grand maréchal de la cour, le grand maître et quelques maîtres des cérémonies. Le ministre de la Maison de l'Empereur, le ministre de la guerre et l'aide de camp général commandant la maison militaire se tiennent près de la table où viennent d'être déposés les insignes impériaux. Le commandant des chevaliers-gardes, par une vieille prérogative du régiment, se tient entre les deux fauteuils et derrière eux, tenant le casque d'une main et le sabre nu de l'autre. La mise en scène, on le voit, est digne de la circonstance.

LE COURONNEMENT

L'acte solennel auquel nous assistons maintenant n'est pas seulement la seule manifestation de fastes renouvelés des vieilles monarchies. Ce qui lui donne surtout une si haute et vraiment empoignante signification, c'est que la cérémonie se continue bien au delà des murs de cette cathédrale, au delà du Kremlin et de Moscou ; elle se répand en quelque sorte sur le pays tout entier, qui, en ce jour, de haut en bas, dans les villes comme dans les villages, se confond en une seule prière. Ce n'est pas là, croyez-le bien, une flatterie envers un souverain à qui je n'ai demandé aucune faveur, de qui je n'espère rien et qui, je ne le dis pas sans orgueil, malgré sa toute-puissance, ne peut rien pour moi, l'humble. C'est l'expression de la vérité absolue, et ceux qui ont vu l'étroit lien qui unit ici le trône et le peuple dans une même et profonde croyance, en attesteront comme moi. Dans ce pays, quand les cloches sonnent, les âmes se recueillent et n'ont plus d'autre pensée que celle de Dieu. Cette dévotion est profonde, enracinée dans les cœurs depuis le Tzar jusqu'au moujick. Je ne sais pas s'il en sera éternellement ainsi, mais pour le moment cela est, croyez-le bien. Le couronnement est la cérémonie qui, devant l'Église, affirme la puissance du Tzar ; le sacre est la solennité qui élève le Tzar plus près de Dieu, lui donne les prérogatives du prêtre, de communier à l'autel, sous les deux espèces, et la façon dont s'accomplit ce double acte est empreinte d'une si réelle grandeur qu'il est impossible de se soustraire à ces impressions.

A leur arrivée au parvis de l'Assomption, Leurs Majestés ont été reçues par le clergé. En tête, les trois métropolitains, dans leurs magnifiques habits sacerdotaux, leurs mitres à formes rondes et évasées dans le haut, couvertes de pierreries; derrière eux, le clergé avec la croix, les bannières et les images saintes que les souverains vénèrent. Les admirables chœurs entonnent un chant religieux, tandis que les cloches sonnent et que la cathédrale tout entière s'enveloppe dans des nuages d'encens, à travers lesquels les cierges luisent comme des feux follets. Précédées du clergé, Leurs Majestés entrent dans la cathédrale, s'inclinent devant les images saintes; montent sur l'estrade et prennent place sur les trônes. Au bruit des cloches, au roulement des tambours, au son des musiques militaires, au canon qui tonne depuis une heure succède le silence. L'Empereur est un peu pâle, l'Impératrice l'est encore plus que lui. Et comment en pourrait-il être autrement en ce moment où les plus hautes pensées religieuses se confondent dans l'esprit de Leurs Majestés avec les plus graves préoccupations terrestres? Peut-on être surpris que l'Empereur sente tressaillir son cœur comme celui d'un humble mortel, à l'heure où il va recevoir la suprême consécration, à cette place où l'ont précédé ses ancêtres et où le souvenir de son malheureux père, le défunt Tzar Alexandre II, surgit naturellement, depuis son sacre en 1856, jusqu'à cette mort épouvantable sur le quai d'un canal de Saint-Pétersbourg.

Je ne suis pas de ceux, il est vrai, qui attribuent sans contrôle toutes les vertus aux puissants de la terre, mais d'autre part il faut se garder de leur disputer les grandes sensations qui envahissent toute créature humaine dans les moments solennels de la vie. Toute la famille impériale est près de Leurs Majestés et notamment le Tzarewitch, âgé de quinze ans, avec les jeunes princes, orgueil des parents comme le sont les enfants des humbles dans les plus modestes demeures. Toutes ces pensées, qui ne s'arrêtent pas sur l'estrade, mais s'envolent mystérieusement à travers la cathédrale et pénètrent dans tous les esprits, donnent un caractère particulièrement touchant et émouvant à cette grande cérémonie.

Sans doute, en lisant cette analyse, les profanes ne peuvent pas se rendre compte des impressions qui se dégagent de ce milieu où tout enveloppe l'esprit le plus sceptique et le pousse à la méditation recueillie.

Je n'écris pas seulement ici pour ceux des citoyens de la République française chez qui la pensée politique est dominante, mais aussi pour ceux qui, dégagés de toute autre préoccupation, ont senti palpiter en eux un cœur accessible aux grandes émotions de l'intimité.

Quant à la cérémonie même qui pourrait donner matière à des discussions ardentes, elle étonne certainement par les détails, rappelant d'autres âges et les monarchies disparues, elle vous semble toute naturelle une fois qu'on est dans ce milieu entraînant. Il y a un peu plus d'une heure que durent les chants et les prières, quand l'Empereur revêt le manteau impérial d'abord et se fait présenter la couronne par le métropolitain de Novgorod, qui la prend des mains de l'archigrand maître des cérémonies.

On n'attend pas de moi, je pense, tous les détails de cette cérémonie si compliquée par une étiquette extraordinairement sévère. Le sceptre par exemple, avant de parvenir dans la main de l'Empereur, passe par une demi-douzaine de dignitaires qui figurent dans le couronnement. Et il en est ainsi pour toutes choses ; on remplirait un volume avec tous ces détails. Il me faut donc indiquer seulement les grandes phases du couronnement.

Une heure s'est écoulée depuis l'entrée de Leurs Majestés dans la cathédrale ; les chants et les prières n'ont pas cessé, quand l'Empereur, prenant la couronne, la pose d'un geste simple sur sa tête. Les dignitaires de la cour aident Sa Majesté à revêtir le magnifique manteau, le collier et l'étoile de Saint-André en brillants. Toutes les cloches du Kremlin mêlent leur voix aux chants religieux; l'église tout entière est enveloppée dans une buée d'encens à travers laquelle brillent les cierges et scintillent les ors. L'Empereur, après avoir pris le sceptre et le globe, dépose les insignes un instant après sur la table, l'Impératrice s'approche et s'agenouille pour être couronnée par son auguste époux, qui vient de se couronner lui-même. A côté de l'Empereur dont je tracerai tout à l'heure le portrait, l'Impératrice représente la grâce à côté de l'image de la force; Sa Majesté n'est pas très grande; le Tzarewitch, qui suit cette cérémonie avec une émotion bien naturelle, a les yeux fixés sur ses parents et je remarque combien Son Altesse Impériale ressemble à son auguste mère.

L'Impératrice s'est agenouillée et le Tzar, ôtant sa couronne, en effleure le front de son épouse, comme si, par ce symbole, il voulait faire passer une partie de sa puissance sur la tête de l'Impératrice. Les dames d'honneur fixent la couronne dans les cheveux à l'aide d'un peigne y attenant et aident Sa Majesté, qui vient de se relever, à revêtir les autres insignes impériaux. Maintenant l'Empereur ressaisit le sceptre et le globe que pendant le couronnement il a déposés sur la table, et les deux souverains sont devant nous, avec tous les insignes de leur puissance. Les cloches repartent, le canon tonne de nouveau, le métropolitain entonne le *Domine salvum fac Imperatorem* et

Domine salvam fac Imperatricem. Les chœurs répètent *Ad multos annos!* Les chantres entonnent une hymne religieuse, admirable de mélodie et d'exécution, et, au milieu de l'émotion générale, la famille impériale, lentement et solennellement, gravit les gradins pour présenter ses félicitations à Leurs Majestés, un spectacle qui devient tout à fait touchant quand l'Empereur embrasse le Tzarewitch, l'espoir de son trône, l'avenir de la Russie, et qui doit remplir le cœur du Tzar de bien des joies paternelles, auxquelles se mêlent sans doute, même en ce moment d'une si intense grandeur, les amertumes des crises que la cour de Russie traverse.

LA PRIÈRE

La famille impériale ayant regagné ses places, le silence se fait de nouveau. Le Tzar dépose le globe et le sceptre et s'agenouille au milieu de l'estrade pour réciter à haute voix la prière d'après le livre que le métropolitain de Novgorod présente à Sa Majesté. Je sais peu de choses aussi poétiques dans leur simplicité que cette prière impériale dont voici le texte exact.

« Seigneur, Dieu de mes pères, Tzar des Tzars dont un mot a créé l'univers et dont la sagesse dirige les destinées humaines. Tu gouvernes le monde par la justice et la sainteté!

« Tu m'as choisi pour le Tzar et le juge de tes créatures. Je crois en ton infinie bonté pour moi. Je te remercie et je m'incline devant ta toute puissance.

« Toi, mon Seigneur et mon Dieu, guide-moi dans la mission que tu m'as confiée, donne-moi la science du bien; fortifie-moi pour cette grande tâche.

« Que la Sagesse qui rayonne de ton trône me pénètre! Qu'elle descende sur moi des lieux où tu règnes! Inspire-moi ce qui est selon tes commandements.

« Que mon cœur soit entre tes mains afin que mon œuvre soit charitable aux hommes qui me sont confiés, profitable à ta gloire, afin qu'au jour de ton jugement, je puisse répondre sans remords par la grâce et les bienfaits de ton fils unique dont je bénis le nom ainsi que le tien et celui du très miséricordieux, très vivifiant et très saint Esprit dans tous les siècles des siècles. »

L'Empereur se relève. Devant Sa Majesté le métropolitain tombe à genoux; de même toute la famille Impériale, le clergé tout entier et les fonctionnaires qui sont actifs dans le couronnement. Tous adressent des prières à Dieu pour l'Empereur qui, seul, au milieu de l'estrade, est debout comme un être de plus haute essence que tout son entourage, comme le chef de la famille, le chef de l'État et même le chef du clergé qui est à ses pieds.

L'Empereur seul debout; entre Sa Majesté et l'Impératrice, le Métropolitain agenouillé; sur les douze gradins de l'estrade, les prêtres à genoux forment une haie qui se continue en bas jusqu'à la porte-sainte ; dominant toute l'assemblée, le Tzar revêtu de tous les insignes impériaux ; près de lui, l'étendard de l'État. Je n'essayerai même pas de donner une idée de la réelle grandeur de ce moment et de l'image de terrifiante puissance qui se dégage de toute la personne de Sa Majesté. Je dis bien que cette puissance terrifie, car à nous autres, hommes d'une autre civilisation et d'institutions plus modernes, ce pouvoir énorme, réuni dans les mains d'un même homme fut-il le Tzar, nous effraye encore plus qu'il ne nous remplit d'étonnement. Il faut dire aussi que Sa Majesté le Tzar est de taille à donner à cette incarnation de la puissance humaine, une raison d'être. Le Tzar est grand, ses épaules sont larges, les traits de son visage rappellent ceux de l'empereur Paul, dont j'ai vu le portrait au palais du Kremlin ; l'expression de la figure est énergique sans dureté ; la barbe blonde, d'un blond foncé et les yeux bleus donnent beaucoup de douceur à ce visage et atténuent ce qu'il peut y avoir d'épais dans l'apparition générale du souverain qui est, je l'ai dit plus haut, une image de la force. L'Empereur passe pour un des hommes les plus forts de son Empire ; c'est une nature herculéenne qui renouvelle, en se jouant, les expériences des preux de jadis en tordant un fer à cheval dans ses mains robustes ou en cassant entre ses doigts une pièce de cent sous comme il ferait d'un verre. Si ces détails sur la force physique de Sa Majesté n'entrent pas précisément dans le cadre du couronnement, je les donne néanmoins, parce qu'ils complètent l'aspect de la scène que je viens de décrire.

LE SACRE

Au couronnement, parvenu maintenant à son point culminant, succède le sacre. Toutes les cloches du Kremlin sonnent de nouveau, et au milieu de ce bruit retentit le *Te Deum* des chœurs que je ne saurais assez louer et qui ajoutent à cette cérémonie si bien faite pour parler à l'imagination, les intimes sensations du pur régal artistique. Leurs Majestés, après avoir baisé le saint livre des Évangiles que leur présente le métropolitain, descendent de l'estrade, l'Impératrice restant en arrière ; un magnifique tapis en brocart d'or a été étendu sous les pieds du souverain depuis l'estrade jusqu'à la Porte-Sainte où le métropolitain procède à la Sainte-Onction du Tzar d'abord, en passant avec un rameau d'or le Saint-Chrême sur le front, les paupières et les mains de Sa Majesté. Pour l'Impératrice, la sainte Onction ne se fait que sur le front.

S. M. l'Impératrice reste en arrière tandis que S. M. l'Empereur est introduit par le Métropolitain dans le sanctuaire, les autres prélats soutiennent le manteau impérial, devant la Sainte Table, le Czar communie comme les prêtres sous chacune des saintes espèces.

Le droit qu'a l'Empereur de communier sous les

deux espèces n'existe que pour la cérémonie du sacre. C'est le symbole qu'en ce moment la grâce divine descend sur Sa Majesté. Après le sacre, le Tzar devient le premier croyant de l'Empire, mais plus jamais Sa Majesté ne communiera à la manière du prêtre, c'est à-dire sous les deux espèces.

L'Empereur Alexandre III réunit désormais en sa personne toute la puissance du souverain et toutes les prérogatives des serviteurs de Dieu. Après la sortie de l'Empereur du sanctuaire, l'Impératrice s'approche davantage de la Porte-Sainte et devant elle, car en dehors du prêtre et du Tzar oint, nul ne peut franchir le seuil du sanctuaire, l'Impératrice reçoit la sainte communion. Puis leurs Majestés reprennent leurs places sur les trônes. Le *Domine salvum fac imperatorem et imperatricem* retentit de nouveau et les chœurs répètent trois fois *ad multos annos*. L'Empereur se revêt de nouveau de tous les insignes impériaux et le sceptre à la main droite, le globe dans la main gauche, Sa Majesté reçoit les félicitations de toute l'assistance, qui s'incline trois fois devant elle. La cérémonie a duré cinq heures.

Le cortège se reforme. S. A. I. le Tzarewitch et les membres de la famille impériale se retirent. Leurs Majestés reprennent place sous le dais qui est resté sur le parvis et, précédées du clergé, acclamées de hourrahs formidables par l'armée, les tribunes et même par le peuple dont les premières rangées ont pu pénétrer presque dans l'enceinte des cathédrales,

Leurs Majestés font un pieux pèlerinage aux deux autres églises de l'Archange Michel et de l'Annonciation. L'impression est tout autre maintenant. Un recueillement religieux a salué les souverains à leur venue, la sainteté de l'acte qui se préparait n'admettait pas l'explosion bruyante. A présent que le sacre est consommé, rien ne retient plus l'enthousiasme. Il faut avoir vu cela pour y croire. Cette visite aux deux autres églises où Leurs Majestés sont reçues par des évêques et des sous-diacres qui leur présentent la croix à baiser, toute cette partie de la cérémonie n'est plus qu'une promenade triomphale au milieu des troupes qui entourent leur Empereur, des tribunes qui poussent des vivats formidables. C'est en même temps, de la part du public, un immense cri de joie qui salue l'heureuse issue du sacre, en même temps que sa propre délivrance des craintes que cette grande cérémonie inspirait depuis de longs mois et des angoisses qui avaient atteint le maximum d'intensité dans cette dernière semaine.

A présent je puis le dire, puisque le sacre s'est accompli dans les plus heureuses circonstances, depuis huit jours on ne vivait plus dans la ville sainte de Moscou. Malgré toutes les précautions prises, chaque jour, chaque heure, pouvait amener une catastrophe terrible, un attentat sur Sa Majesté, des représailles des troupes, une épouvantable collision entre le peuple même et ceux qui auraient essayé de troubler les fêtes. Vous savez comment, en pareille circonstance, la panique invente les légendes les plus invraisemblables, trouvant une facile croyance. On parlait de mines découvertes ; on citait comme un exemple le suicide de l'abbesse d'un couvent ; car en enfonçant les pieux pour les tribunes devant ce couvent on avait découvert une galerie souterraine. Je n'exagère pas en disant que beaucoup de familles avaient quitté Moscou ; d'autres avaient envoyé leurs enfants à la campagne. Moi-même, dans la riche maison bourgeoise où j'ai trouvé le plus sympathique accueil, j'ai de mes yeux vu les costumes de paysannes que les dames comptaient endosser pour fuir éventuellement devant un massacre. Jugez de là par quelles émotions, les uns et les autres, nous avons passé depuis huit jours, et vous vous expliquerez l'explosion de la joie indicible ; en ce moment, c'est du délire ! Je pense aussi que Leurs Majestés, les princes, le clergé et le corps diplomatique, dégusteront maintenant en calme le déjeuner dinatoire qui vers deux heures leur est servi au Palais.

LE COUVERT DE LEURS MAJESTÉS

En sortant de l'église, le cortège remonte solennellement l'escalier rouge et, sous le vestibule sacré, il se sépare ; Leurs Majestés, suivies du haut clergé, des grands dignitaires de l'État, des chambellans et des échansons se dirigent à droite vers la salle où le couvert impérial est dressé sous un trône devant lequel la diplomatie s'incline pour féliciter Leurs Majestés.

C'est une des plus anciennes salles du palais. Malheureusement les peintures qui couvrent les murs ont subi de désastreuses restaurations. Les quatre voûtes reposent au centre, sur une énorme colonne carrée, autour de laquelle on a établi le dressoir, chargé de magnifiques pièces d'orfèvrerie anciennes. D'étroites banquettes courent le long des murs des trois quarts de la salle. Ici, debout, le clergé et les ministres attendent qu'un signal de l'Empereur leur permette de s'asseoir et de déguster le dîner, qui est servi sur d'étroites tables, placées devant les banquettes. Il a fallu ménager la place, car la vieille salle, dite de Granit ou des Facettes, n'est pas grande. Le trône sous lequel dînent Leurs Majestés n'est pas au milieu, mais dans l'angle de droite. Un tapis en peluche cramoisie est fixé sur les trois gradins par des câbles en or; les tentures rouges sont doublées d'hermine; l'aigle russe, entouré des armes des principaux gouvernements de l'Empire, tient tout le fond du trône. Le commandant des chevaliers-gardes, casque en tête et le sabre nu en main, se tient devant Leurs Majestés.

Leurs Majestés prennent place sur deux fauteuils derrière la table; en face d'elles, sous le plafond, une petite fenêtre donnant sur la salle située plus haut où dînent les autres membres de la famille impériale. Au premier rang, debout, les jeunes princes attendent comme le commun des mortels qu'il leur soit permis de s'asseoir. A droite du trône se tiennent les échansons.

Dans les dîners gala qui suivront le couronnement, les choses ne se passeront pas ainsi. Le couvert sera mis alors dans la salle Saint-Georges, une des plus grandes ; comme ailleurs il y aura une table d'honneur, où se placera la famille impériale, mais le couvert de Leurs Majestés fait aujourd'hui partie du cérémonial même, tel qu'il eut lieu dans les siècles reculés. Le dîner du haut du clergé et des dignitaires de première classe est servi par des officiers de la cour en grande tenue gala, aucun valet de pied n'entre dans cette salle aujourd'hui. Le dîner de Leurs Majestés est servi à part; chaque plat fait une entrée solennelle, il est porté en pompe jusqu'au dressoir par un général, précédé de ministres des cérémonies, accompagné et suivi de chevaliers-gardes, le sabre nu. Ici le grand maréchal du palais prend le plat et le porte aux souverains. Le cérémonial est rigoureusement observé ; deux pas en avant, un profond salut, deux autres pas et ainsi de suite. La retraite s'opère de la même façon quand le grand maréchal a déposé e plat sur la table impériale. Les grands chambellans servent Leurs Majestés et les grand échansons leur versent à boire. L'uniforme des dignitaires de la Maison impériale se compose d'une tunique verte surchargée de broderies d'or à ce point qu'on aperçoit à peine le drap, le pantalon gala en drap blanc avec une large bande d'or ; les chambellans ordonnateurs, c'est-à-dire maîtres des cérémonies, tiennent à la main un long bâton en or, en haut duquel l'aigle russe étend ses ailes. Le tapis entièrement brodé à la main et qui couvre la salle tout entière, a été offert à l'Empereur par un monastère.

Oui, je sais bien, ce sont là des cérémonies en dehors de notre temps, mais cela n'empêche pas qu'elles soient imposantes de mise en scène, entourées de tous les prestiges des richesses et donnant dans l'ensemble avec les murs couverts de peintures sur fond d'or, les uniformes brodés des dignitaires, le costume pittoresque du clergé, un tableau admirable des fastes des antiques cours monarchiques. Ajoutez à tous les éblouissements la partie musicale du dîner, les chants des artistes groupés sur une estrade dans l'angle à gauche de la porte d'entrée. La seule chose qu'on ait changée dans le cérémonial, c'est que jadis les princes, le clergé et les ministres restaient debout pendant tout le dîner de Leurs Majestés. Voici comment les choses se passent maintenant. On sert le potage à Leurs Majestés devant l'assemblée debout, aussi bien que les princes qui sont à la fenêtre indiquée plus haut. Leurs Majestés prennent quelques cuillerées de potage, puis le grand échanson verse du champagne à l'Empereur, qui porte le verre à ses lèvres. C'est le signal; tous les convives peuvent s'asseoir.

Pendant le dîner de Leurs Majestés dans cette salle, et celui de la famille Impériale plus haut, le dîner du corps diplomatique est servi à deux pas de la salle à manger Impériale dans une des pièces les plus anciennes du palais; on l'appelle la salle Dorée, car tous les murs ainsi que les voûtes sont en or, et en or passé qui donne une si belle couleur à toutes les choses qui l'entourent. C'est ici que fut couronné Yvan le Grand. C'est haut la main la plus intéressante pièce de tout l'ancien palais du Kremlin. Pas la plus grande assurément, mais tout y est conservé dans une pureté admirable.

Dix dîners sont servis en même temps dans les salles du Kremlin; on a couvert quelques galeries pour en faire des salles à manger supplémentaires. L'ordonnateur de toute cette partie est le camer-fourrier de S. M. M. Inghano, italien de naissance, un homme de génie dans sa partie, et dont on pourra juger l'importance quand j'aurai dit qu'il commande à deux cents cuisiniers et à quinze cents domestiques.

Toute cette magnifique et inoubliable cérémonie s'est terminée au milieu d'un enthousiasme immense, malgré les pluies d'orage qui, par moments, troublaient l'éclat extérieur de la fête.

LE BILAN DU COURONNEMENT.

Le couronnement d'Alexandre II a coûté trente-trois millions de roubles. Quand on a présenté les devis du couronnement actuel à Alexandre III, Sa Majesté a biffé le premier 3 en disant que trois millions devaient suffire, vu les besoins de l'État et qu'on ferait infiniment mieux de consacrer le reste à des créations d'utilité publique. On a fait observer au Tzar que c'était impossible. Sa Majesté a ensuite exprimé le désir qu'on fît le plus d'économies possible. Le chiffre officiel du couronnement de Leurs Majestés a donc été réduit à une quinzaine de millions de roubles ou quarante-cinq millions de francs.

Moscou doit être admirablement illuminé ce soir de haut en bas ; il est à craindre, malheureusement, que ces illuminations ne soient un peu contrariées par la pluie ; elles se reproduiront pendant trois jours, et pendant trois jours, toutes les cloches sonneront en signe d'allégresse. Il y a de quoi vraiment, après les angoisses de la dernière quinzaine. La population est dans une joie délirante.

CHEZ LE GÉNÉRAL TREPOFF

3 juin 1883.

Le dimanche, après la messe, toute la société de Moscou se rencontre dans les salons du gouverneur général, prince Dolgoroukow. Je choisis ce jour pour me faire présenter à Son Excellence, qui me fit le meilleur accueil. Le prince voulut bien m'emmener dans un petit salon où l'on cause à l'aise, loin du flot des visiteurs ; il me demanda avec une grande bienveillance l'impression que la Ville-Sainte avait faite sur moi et m'affirma que je pourrais compter sur son appui pour toutes choses qui me seraient utiles et agréables. Nous causions de Moscou, de Paris, du Sacre, quand un nouveau visiteur entra tout droit dans ce petit salon ; c'était un vieillard, très vert, faisant encore très bonne figure sous son brillant uniforme de général ; d'épaisses moustaches blanches reliées à des favoris coupés court ; un nez aquilin, des yeux très brillants donnaient à ce militaire une allure particulièrement énergique. A la façon dont le général-gouverneur reçut ce visiteur, je devinai que ce n'était pas là le premier général venu ; ainsi que la discrétion me le commandait, je me retirai dans les salons voisins.

— Connaissez-vous le général qui vient d'entrer chez le prince ? demandai-je à un ami.

— Parbleu ! c'est le général Trepoff, l'ancien grand maître de la police de Saint-Pétersbourg que Vera Zassoulitsch a failli tuer.

— Pouvez-vous me présenter au général ?

— Certainement ; aussitôt qu'il quittera le gouverneur, ce sera chose faite.

Après les premières formalités de la présentation :

— Mon général, dis-je, vous tenez une si grande place dans l'histoire des dernières années, que je serais très heureux de causer un instant avec vous : voulez-vous me permettre de vous faire une visite ?

— Tous les jours de quatre à six, vous serez le bienvenu, me répondit Son Excellence.

Je profitai largement de cette permission. Le général habite un appartement au second étage à l'hôtel des Princes. Mais ce n'était pas facile de causer dans cet éternel va-et-vient des visiteurs, tantôt russes, tantôt polonais ; ces derniers venus pour les fêtes, profitaient de leur séjour pour revoir le grand maître de la police de tout le royaume de Pologne avant que, après le premier attentat, il y a une quinzaine d'années, le Tzar Alexandre II l'appelât à Saint-Pétersbourg. Un jour, cependant, j'eus la chance de me trouver seul avec le général et sa fille la comtesse Niéroth, je saisis l'occasion pour entamer le chapitre du nihilisme.

— Et vous, général, demandai-je, aviez-vous des craintes pour la vie de l'Empereur, lors de l'entrée à Moscou ?

— Les craintes d'un complot organisé ? Non ! Mais il est fort difficile d'empêcher un homme, qui fait d'avance le sacrifice de sa vie, de tuer un autre homme, fût-il un empereur et gardé comme le nôtre par toute l'armée et tout le peuple. Une bonne police sait toujours déjouer une conspiration en règle, mais elle ne peut jamais répondre d'une tentative criminelle de la part d'un insensé. J'ai été douze ans grand maître de la police à Saint-Pétersbourg et par conséquent je connais parfaitement le personnel nihiliste, je lui ai fait une chasse sans pitié. On pouvait croire que, lors de la dernière guerre, en l'absence de Sa Majesté partie pour l'armée, il tenterait un coup de main. En prenant congé de mon souverain, je lui dis : « Sire, je remettrai à Votre Majesté, à son retour, la capitale dans l'état où elle me la laisse ! » Et j'ai tenu parole !

— Mais alors, général, vous deviez vous-même devenir l'objectif des nihilistes. Vous ne sortiez sans doute jamais sans une bonne escorte ?

— Une escorte ? Mais, Monsieur, si j'avais pris la

peine de garder ma personne, Vera Zassoulitsch n'aurait pas pu me loger, à bout portant, dans le corps une balle qui y est toujours. Il a été établi au procès que, bien avant Vera, une femme nommée Philipow était venue de Moscou pour me tuer. Comme Véra, elle avait pris pour prétexte une pétition à me remettre. Au dernier moment la Philipow n'a pas osé. Vera, elle, n'a pas eu d'hésitation. Ma porte a toujours été ouverte à tout le monde ; j'ai toujours circulé dans les rues sans le moindre souci de ma vie. C'est pour cela qu'un jour, à Varsovie, j'ai reçu, en pleine rue, le coup de hache qui a failli me fendre le crâne.

— J'étais à côté de mon père, ajouta la comtesse. Il est dans ma destinée d'être près de lui dans les grandes crises de sa vie. Enfant, je fus couverte de son sang dans l'attentat de Varsovie ; femme mariée, après une absence de six mois, j'étais revenue depuis deux jours à Saint-Pétersbourg, pour recevoir mon père, ensanglanté dans mes bras, quand j'accourus au bruit de la détonation, lors de l'attentat de Vera.

— Général, dis-je, Vera a-t-elle agi de sa propre initiative, ou faisait-elle partie d'un complot ?

— Ici le complot est évident ; la mission avortée de la Philipow le prouve. Je vous dirai, Monsieur, que les conspirations nihilistes étaient devenues fort difficiles à Pétersbourg ; elles se réorganisèrent alors à Moscou, qui n'était pas confié à ma surveillance. La Philipow et la Vera étaient toutes deux venues de Moscou.

— Et le mobile du crime était-il bien celui qu'on a donné, général ? Ici je touche à un point délicat, que je demande à Votre Excellence la permission d'aborder franchement.

— Oui, je sais, interrompit le général, les mauvais traitements que personnellement j'aurais fait subir aux prisonniers nihilistes. Je ne crains point, Monsieur, de parler de ces infâmes calomnies. Pouvez-vous admettre qu'un homme de mon rang, un soldat comme moi, qui occupe un grade élevé dans l'armée, puisse s'oublier au point de bâtonner de sa propre main des prisonniers sans défense ? Aurais-je pu faire quelque chose de pareil sans me dégrader devant mes inférieurs ? Il est certain que, dans mes visites aux prisonniers, j'ai été plus d'une fois insulté par l'un d'eux ; mais c'était le rôle du directeur de la prison, et non le mien, de punir ces révoltés, selon la discipline qui doit régner dans les prisons ; e n'ai pas à me défendre contre ces accusations infâmes, moi qui, en un seul jour, ai destitué tout le personnel d'une prison, parce que les plaintes des prévenus n'étaient que trop fondées...

— Je vous demande pardon d'insister, général, mais parmi les prisonniers maltraités se trouvait-il le fiancé de Vera Zassoulitsch, ainsi qu'on l'a prétendu ?

— C'est un roman inventé par la défense, un pur roman, fit le général, je vous en donne ma parole. Il fallait bien trouver quelque chose pour atténuer le crime, pour le motiver ou pour l'excuser.

— Votre Excellence m'ayant permis de l'interroger, dis-je, je prendrai la liberté d'aller jusqu'au bout. Comment expliquez-vous l'acquittement de Vera ?

— De la façon la plus naturelle du monde, fit le général. Nous étions alors en pleine terreur nihiliste; les menaces de mort produisirent un effet d'autant plus grand que moi, blessé à mort, j'étais un exemple que de la menace à l'exécution il n'y avait pas loin. On croyait aussi, de bonne foi, pouvoir désarmer les nihilistes par la clémence. C'est du moins ce que pensait mon successeur Loris Melikoff. Vous avez vu le résultat : conspirations sur conspirations ; un attentat suivait l'autre. Quand, par hasard, je risquais une observation sur le côté dangereux de ce système d'indulgence, on me traitait d'oiseau de malheur. Le matin même du jour néfaste où fut assassiné Alexandre II, je me trouvais auprès de Sa Majesté. J'ai toujours eu mon franc parler avec le Tzar. Ce matin-là, en souriant, Sa Majesté me dit : « Eh bien, Trepoff, tu vois que Loris a eu raison ! Pétersbourg est tranquille ! » Et, devant témoins, je répondis à l'Empereur : « Plût au Ciel que Votre Majesté eût raison, mais je suis loin de partager sa confiance ! » Sa Majesté sourit de nouveau comme pour se moquer de mes appréhensions. Une heure après, le Tzar Alexandre II était assassiné.

— Et maintenant, général ?

— Oh ! maintenant, c'est un peu changé, grâce à

la répression sévère qui a succédé au système de conciliation. Je ne peux plus prévoir l'avenir, mais soyez certain que pour le moment les nihilistes sont bien bas. Leurs chefs sont morts, à l'étranger ou en Sibérie; il en viendra d'autres sans doute, mais s'ils poursuivent la chimère d'établir la République en Russie, ils se trompent. Vous avez vu l'entrée de Leurs Majestés ; vous vous êtes rendu compte non seulement de l'enthousiasme de l'armée, mais encore de celui du peuple tout entier, n'est-il pas vrai?

— Oui, Excellence, c'est la vérité exacte, et c'est pour cela que je le dirai.

— Vous êtes bien convaincu encore, continua le général, que l'homme qui aurait attenté à la vie de Sa Majesté au milieu de cette foule, ne fût pas sorti vivant des mains du peuple.

— J'en ai la conviction intime, général.

— Eh bien, Monsieur, tant que nous aurons pour nous le peuple et l'armée, qu'avons-nous à craindre? Une poignée de misérables assassins. Je vous dirai que, lors de l'entrée solennelle, Sa Majesté, au moment de se mettre en route, s'est découverte et, se tournant vers sa suite: « Avec l'aide de Dieu, Messieurs, en avant! » a dit l'Empereur. C'est notre devise à nous tous, qui donnerions la dernière goutte de notre sang pour le souverain.

— Et vous avez le ferme croyance, général, d'avoir toujours le peuple avec vous?

— Toujours. Ce peuple est bon et doux, profondément attaché à l'Empereur, et il sait fort bien, d'ailleurs, qu'il y a au-dessus de lui une force supérieure à la sienne. J'ai soixante-douze ans ; mes heures sont comptées, mais aujourd'hui, comme au début de ma carrière, j'ai la conviction qu'un gouvernement n'est rien quand il ne sait pas, au bon moment, user de la force pour sa défense et pour le salut du pays. Je vous citerai un exemple récent. Jamais les tristes massacres des Juifs n'auraient pris les proportions que vous savez, si, dès la première heure, on avait démontré au peuple déchaîné contre les Juifs que nous sommes, nous les soldats, plus forts que lui. On a craint de sévir dès la première heure ; vous avez vu ce qui est arrivé. Il faut être bon pour les masses; mais jamais on ne doit leur permettre de prendre le dessus.

Cette profession de foi du vieux soldat était accompagnée de gestes d'une énergie juvénile.

— Je suis trop vieux pour reprendre une place qui exigerait une grande dépense de forces, conclut le général, mais j'ai encore du sang à donner à l'Empereur et je suis prêt. La vie compte peu dans mes préoccupations, et quand vous rentrerez en France, vous pourrez dire qu'en dehors d'une poignée d'assassins, vous avez vu toute la nation, depuis les hommes de mon âge et de ma situation jusqu'au dernier moujik, bien décidée à défendre le Tzar.

De nombreux visiteurs vinrent, à mon grand regret, interrompre cette conversation que je n'ai plus jamais pu renouer avec Son Excellence, dans les visites que le général et sa fille, la comtesse Nieroth, voulurent bien m'autoriser à leur faire encore. J'ai voulu mettre sous les yeux de mes lecteurs cet épisode de mon voyage en Russie, parce que les paroles du général Trépoff sont bien l'expression de la manière de voir dans l'armée et dans les hautes sphères gouvernementales. Sous ce point de vue, ces paroles ont en quelque sorte un caractère officiel. Et nous voici bien loin pour le moment des idées de liberté et de réforme dont ce jour devait être le prologue sinon l'avènement définitif. Il ne faut pas oublier que le général Trépoff a soixante-douze ans et ce n'est ordinairement pas à cet âge qu'on renie les principes d'une si longue vie. On m'a cité deux traits de la vie du général qui peignent son énergie presque sauvage. Le jour où, dans les rues de Varsovie, il reçut le coup de hache dont il est parlé plus haut, il arracha l'arme à son assassin et le mit en fuite lui et ses six acolytes; une autre fois qu'il fut assailli dans les rues de Varsovie par une pluie de pavés lancés par la foule, le grand maître de police du royaume de Pologne fit arrêter sa voiture, descendit, marcha droit sur la foule, tout seul, dans une attitude à ce point courageuse qu'elle désarma le peuple. C'est très certainement quelqu'un, ce général.

J'ai rapporté fidèlement cet entretien qui, on ne

doit pas l'oublier, n'est pas l'expression de ma conviction personnelle. A côté de l'opinion qui prévaut dans les cercles auxquels appartient le général, aide de camp général de l'Empereur, l'homme qui pendant vingt ans a tenu la première place dans la police, je demande à dire bourgeoisement mon petit mot qui repose sur des données puisées à d'autres sources, un peu partout, car ici, on le comprendra, je ne puis plus nommer personne.

Le général Trepoff ne m'a parlé que des nihilistes et de ce qui les concerne. Son Excellence peut avoir raison : on peut toujours répondre par des actes énergiques à des tentatives criminelles, les empêcher en quelque sorte à l'avenir par les châtiments qui atteignent les coupables ou la vigilance qui guette les fauteurs de désordre. Entre le nihilisme et le gouvernement, la lutte, si elle se perpétue de la part des révolutionnaires, sera sans pitié de la part de l'autorité. J'admets même que le nihilisme soit finalement chassé, vaincu pour un long temps. J'admets que ses agissements demeurent sans résultat définitif pour les espérances de ce parti.

Mais il n'en est pas moins vrai qu'en dehors de ces révolutionnaires à qui tous les moyens sont bons, il se forme en Russie un énorme parti, se recrutant dans toutes les classes de la société et dont la fidélité absolue au trône n'exclut pas les idées de progrès qui lentement font leur trouée dans la partie intelligente et sage de la nation, et qu'un grand maître de police si énergique qu'il soit, ne parviendra pas à éteindre parce qu'elles n'offrent aucune prise à son action. Nous confondons généralement, sous une même dénomination de nihilistes, tous ceux qui rêvent l'avènement d'idées plus libérales. Ceci est aussi faux en principe que l'homme qui, de Saint-Pétersbourg, confondrait par exemple ce que nous appelons les anarchistes avec les hommes d'ordre, vraiment libéraux par les aspirations, sans être pour cela des révolutionnaires prêts à détruire ce qui existe par le fer et le feu, sans se soucier de ce qu'ils pourraient mettre à la place.

Ce grand parti libéral qui ne rêve pas la substitution du chef de l'Etat par un autre, mais qui veut les lentes et sages réformes modifiant successivement toute l'administration de l'empire dans un sens moins personnel et plus en rapport avec l'idée moderne, ce grand parti existe réellement en Russie, sinon dans le bas peuple, du moins dans la bourgeoisie, dans les rangs des fonctionnaires éclairés, de la jeunesse qui grandit, des poussées nouvelles qui s'avancent et dont chaque génération nouvelle apporte un contingent plus considérable que la génération précédente.

Ceci n'est pas un rêve, une utopie, une folie, c'est une idée saine qui fait son chemin et qui finira par s'imposer. Quand? Est-ce que je le sais? Nous ne pouvons pas prévoir la fin de ce mouvement, puisque nous en connaissons à peine le commencement, c est-à-dire ce tressaillement contenu de toute la fraction intelligente de la nation, qui aspire vers un même but, espérant de l'avenir ce que le présent refuse de lui donner.

FIN

TABLE

I

LONDRES TÉNÉBREUX.................. 1

II

LES CHAMPS DE BATAILLE. — La ligne du Mein. — Sadowa............................ 46

III

DE PARIS A CONSTANTINOPLE.............. 104

IV

EN AUTRICHE. — Les villes d'eaux. — La famille impériale. — Le chancelier de fer et son chien à Gastein........................... 185

V

L'ESPAGNE. — Madrid. — Les courses de taureaux. — Les grands d'Espagne.   221

VI

TÉTRALOGIE DE BAYREUTH. — La ville. — Les Niebelungen. — Le crépuscule de M. Wagner.   259

VII

EN RUSSIE. — Saint-Pétersbourg. — Moscou et le couronnement. — Chez le général Trépoff.   344

www.ingramcontent.com/pod-product-compliance
Lightning Source LLC
Chambersburg PA
CBHW052035230426
43671CB00011B/1655